俗人的壯舉

當我們遭遇工業革命

THE RISE
OF THE
COMMON

金木水 —— 著

目錄

推薦序・人類文明經歷了一個
　　　　前現代到現代的轉變　　吳國盛 —— 005
序一・俗人與現代 —— 007
序二・工業革命之謎 —— 011
序三・歷史不是一堆砂子 —— 016

第一篇　壯舉——究竟什麼發生了革命？
第一章・人是追求財富與技術的動物 —— 028
第二章・貧窮與落後的定律 —— 046
第三章・現代人一夜暴富 —— 059
第四章・大分流與大合流 —— 068
第五章・人沒變，速度變了 —— 076

第二篇　俗人——什麼引發了革命？
第六章・工業革命背後不止一條線 —— 092
第七章・蒸汽機背後不止一位發明者 —— 112
第八章・天才是怎麼升起的 —— 122
第九章・人沒變，人數變了 —— 131

第三篇　時代——為何在那時、那地？

第十章・動機乃發明之母 —— 144

第十一章・小店主之國，讓錢流通 —— 152

第十二章・農業先行，讓地流通 —— 166

第十三章・行會解體，讓人流動 —— 179

第十四章・君主立憲，讓國王退休 —— 188

第十五章・權利是如何下沉的 —— 204

第十六章・人沒變，激勵變了 —— 214

第四篇　潛能——為何沒能更早或在別處？

第十七章・明君、盛世、天才、重獎 —— 226

第十八章・為什麼歐洲大陸起步較晚 —— 237

第十九章・來自阿拉伯、鄂圖曼、印度帝國的啟示 —— 252

第二十章・四大發明何以可能 —— 260

第二十一章・四大發明之後發生了什麼 —— 278

不妨讀的附錄：科學魅影 —— 289

（可不讀的）附錄：關於工業革命為何發生的太多答案 —— 304

致謝 —— 322

推薦序

人類文明經歷了一個前現代到現代的轉變

吳國盛

  我的北大校友金木水的新作《俗人的壯舉：當我們遭遇工業革命》殺青，希望我寫幾句話。改革開放四十多年來，有越來越多的中國人走出國門，不僅睜眼看世界了，而且還親身經歷體會了現代世界現代社會，因此都有一個越來越強烈的感受，那就是人類文明的確經歷了一個前現代到現代的轉變。瞭解了這個「現代性」的轉變，就能瞭解中國人的歷史處境，不瞭解這個「現代性」的轉變，就經常誤解中國人的歷史處境。我認為，一部中國近現代史就是一部中華文明的轉型史，即從「前現代」轉型成為「現代」。這就是為什麼「現代化」成為現代中國人深層共識的原因。

  如何標定「前現代」與「現代」的分野呢？有不同的看法。有人認為是15、16世紀文藝復興，有人認為是16、17世紀科學革命，有人認為是啟蒙運動，有人認為是18世紀工業革命。本書的作者持最後一種觀點，我認為值得傾聽和關注。

  簡單說來，現代中國的文化轉型就是農耕文明向工業文明的轉型，因此理解工業文明的本質、農耕文明與工業文明的差異，對於中華文明的成功轉型至關重要。正像農業文明有無法精確斷定年代的開端一樣，工業文明也很難說是從18世紀英國開始，但是，18世紀的英國工業革命的確展示了工業文明的第一種成熟狀態，以之為標準，是一種比較方便的敘事。

  本書理路清晰。第一篇講「什麼是」工業革命，第二篇和第三篇講「為

什麼」發生工業革命，第四篇講中國「為什麼沒有」發生工業革命。本書作者是理科出身的史學愛好者，在邏輯清晰的前提下，也旁徵博引歷史資料和史學著作，使本書擁有比較堅實的基礎和依據。作者有近三十年的工業製造業經歷，對於現代工業和現代技術的「系統性」有切身的瞭解，因此對工業革命的多線索和複雜性有很好的認知。另外，本書語言通俗易懂，說理簡明扼要，也是一個很大的優點。我讀完這本書受益良多，因此也願意推薦給更多的讀者朋友。是為序。

中國清華大學科學史系教授　吳國盛

序一

俗人與現代

一直希望寫一本關於「俗人」的書，初衷如封底所示：我們都是俗人，世界是我們的創作。先釐清下本書標題中的兩個關鍵字：俗人與壯舉。

俗人

本書中的「俗人」，指的是追求世俗利益的普通人，因為「俗」字本來就含有兩層含義：[序1-1] 一是身分上、出身於平民階層的「俗」，二是精神上、追求世俗利益的「俗」。按說這兩個範疇有差異才對，但奇怪的是，在歷史上的大部分時間裡，它們都是重合的。

在原始時代，人沿著既有的傳統追求世俗利益，那時還沒有等級之分，每個原始人都是追求世俗利益的普通人。這樣的傳統可以追溯到更早的動物祖先那裡：物質是每個物種生存的基礎，而物質只能靠物種自己去爭取，細菌如此，植物、動物、人類也如此。

進入古代文明後，社會通常被分為（至少）三個等級：貴族階層負責戰爭、被認為是高貴的人；僧侶階層負責祈禱、被認為是高尚的人；平民階層負責勞作、被認為是既不高貴也不高尚的、追逐世俗利益的普通人。這是俗人不等於所有人的唯一階段，但即使在此時，俗人也占據社會總人口的絕大多數。

到現代，社會結構再次出現顛覆：房子、食物、衣服、車票等都變成了

商品，凡人與聖賢都要用貨幣去購買，前者的一塊錢與後者的一塊錢等值，我們在抨擊市場經濟俗不可耐的同時，也無法否認其平等。另一層平等來自現代法治，法律面前平等，凡人與權貴享有相同的權利，如果大家覺得這太過理想，那只說明我們仍在現代化的過程中。

人類歷史在「俗」的特性上體現出驚人的連續性，因為人性本俗。而現代人更俗，因為我們都是俗人的後代，且現代體制把生在、活在這個時代的人都變成了現代利益體系中平等的一分子，包括我自己、各位讀者、周圍的人。區別只在於意識或者沒意識到罷了。縱使那些不承認自己「俗」的人，也在抱怨老師俗、同學俗、親戚俗、同事俗、仇人俗、路人俗、無人不俗，這讓我想起一個故事：從煤礦中出來的礦工們，看到別的工友的臉黑覺得好笑，只是因為看不到自己臉的緣故……

有沒有例外呢？在古代，出身高貴或精神高雅的人被視為「不俗」，而今天，人們稱政治家、科學家、企業家、藝術家、作家、教育家為「精英」，這難免引發對號入座的聯想。我不反對精英的存在，並且以他（她）為學習與奮鬥的榜樣。但想想看，我們以這些「家」為榜樣，前提是差距可以通過後天努力縮小，否則的話，大眾的學習與奮鬥豈不變得毫無意義？！因此確切地講，我反對的是一種精英主義的幻覺，即以為精英與大眾間，仍然像古代的貴族與平民間，仍然存在著不可逾越的鴻溝。這樣的幻覺所有人都可能有，與是否精英無關，此處謹舉兩例：

比如，鑒於張三現在成功、李四現在失敗，就推論張三「天資」卓越、李四「天資」愚笨；既然「天資」已經註定，那張三必然繼續成功、李四只能繼續失敗。這樣的推論基於一種試圖把當下固定化到未來的心理傾向，而非基於事實，所以我稱之為幻覺。

再比如，鑒於張三從事的職業或職位在古代是貴族所為，就推論張三今天仍然是「上等人」；鑒於李四從事的職業或職位在古代是平民所為，就推

論李四今天是「下等人」。這同樣基於一種試圖把當下固化到過去的心理傾向／幻覺。

　　事實是，今天生物學已經反覆證實，所有人都屬於智人這同一物種。沒錯，生理機能存在微小差異，但總在一定區間之內，否則的話，該物種就無需存在了。比如百米賽跑，沒有任何人能在幾秒之內完成，而飛鳥能輕易完成；大多數人能在一分鐘內跑完百米，而烏龜需要爬一個小時以上。不僅每個現代人的先天潛力差不多，而且，現代體制又在很大程度消除了後天實現潛力的障礙，結果暫時不同，但絕非永恆：今天被稱為各種「家」的人，過去與未來可能平庸；今天被視為凡人的人，過去與未來可能優異。套用革命導師的話講，就是「人所具有我皆具」，這裡的「皆具」不僅指生理屬性，更指社會權利。本書希望發出的資訊是：既然現代人都是俗人，精英也不例外，那就沒理由忽視自己的、乃至周圍任何人的潛力！

壯舉

　　我們無需以「俗人」的身分為恥，還不妨以此為榮，這就涉及另一個關鍵詞「壯舉」。把俗人與壯舉放在一起，聽起來有些不搭：「俗人」似乎是追求利益的市井小民，而「壯舉」理應是英雄或天才所為，但這正是本書的用意：我希望指向一座名為「現代」的豐碑，作為有史以來最偉大的「俗人的壯舉」的見證。如果不假說明的話，各位難免以為標題中的「壯舉」二字指的是工業革命，從狹義上講也沒錯，因為工業革命也是一場普通人為追求自身利益而開始的革命，但從更完整意義上講，「俗人」創造了自工業革命以來的整個現代！

　　要證明「俗人創造著現代」不難，既然現代人都是俗人，而現代生活日新月異，那麼自然，俗人創造著現代的一切，環視周圍即可為證。但要證明「俗人創造了現代」，就需寫一本歷史書了，因為現在式變成了過去式，而

過去無法觀察、只能追溯。注意，「追溯」當然從現在往前，但不等於要到古代那麼遠。我們僅僅需要追溯古、今之交，以便回答「是誰把人類社會從古代送入了現代」？

這意味著，下面兩種說法都與本書的關注點不同。

一種是「人民群眾創造了歷史」，這無疑正確，人民群眾始終在創造，但創造的方式不同，唯有把古、今區分開來審視，我們才能理解從古代到現代的轉型。

還一種說法是「精英創造了歷史」，這聽起來與本書對立，但其實也是沒有區分古、今的緣故。晚至19世紀，著名的精英主義者湯瑪斯・卡萊爾還宣稱：「只要有人類存在，就會有英雄崇拜。」【序1-2】【序1-3】對這類「英雄傳記」、「天才傳奇」，史學界早有警覺，梁啟超在《新史學》中就指出，「歷史愈低度，則歷史的人格者愈為少數所壟斷，愈進化則數量愈擴大……愈古代則愈適用，愈近代則愈不適用。」【序1-4】本書認同這樣的批評，只是希望澄清「進化」一詞：依照今天的科學，人種並沒有進化，那什麼進化了？

社會。本書的主旨在於，所謂「古代」與「現代」，不僅僅是時間概念，更是社會概念。古代之所以被稱為古代，不僅僅因為時間早，更因為那是等級分明的社會，現代之所以被稱為現代，不僅僅因為時間晚，更因為這是普通人為平等權益而組成的社會。既然時代演變與社會進步是同步的，那麼自然，是俗人而非精英開啟了現代！

顯然，不管精英主義者還是作者，要證明自己的信仰，都要從歷史中尋找依據。精英主義者以英雄、天才為榮，依據的是「英雄傳奇、天才傳記」，正是這樣的歷史，讓少數精英陶醉於自我崇拜之中、讓大眾陷入精英崇拜，媒體更是推波助瀾地呼喚下一位救世主的出現，好像國家與民族的命運與希望仍然寄託於少數人身上似的。而作者以俗人為榮，依據的是俗人創造了近代的歷史，希望傳遞與精英主義相反的資訊：既然現代乃俗人所創，那麼，未來的希望就寄託在我們——身分最普通、目的最世俗的——每個人身上！

序二

工業革命之謎

　　要追溯「誰創造了現代」，就要追溯現代的起源，而要追溯現代的起源，就繞不過工業革命的話題。[序2-1]這裡又有兩個關鍵字需要限定下範圍，現代與工業革命。

　　現代當然是相對於古代而言，但本書對它們的劃分，不僅僅基於時間，更基於性質——不同的學者曾從不同角度總結過他們眼中的現代性轉變，大致包括如下：文化轉型、社會轉型、財富增長、技術進步。[序2-2]前兩類屬於精神層面，不在本書討論範圍之內。本書關注的是以財富增長與技術進步為標誌的、物質層面的「現代性」。[序2-3]基於此並從整個人類歷史的角度來看，本書中的「現代」大致對應的是西元1800年之後到今天，而「古代」大致對應的是1800年之前的人類歷史。漫長的「古代」又包含了頭與尾兩個特殊時期：「原始時代」指文字出現前的古代早期；「近代」指的是約從1500年到1800年間、從古代到現代過渡的古代晚期。

　　至於另一關鍵字「工業革命」，理論上它發生過很多次、至今仍在持續。但萬事開頭難、從無到有難，當本書追問「工業革命為何發生」時，關注的只是開頭：即，18世紀中葉到19世紀早期英國的、以動力機械為標誌的第一次工業革命。[序2-4]

　　從上述定義中，我們已經可以看出兩個關鍵字之間的關聯：技術是工業的過程，財富是工業的結果，那麼，一場以「工業」為名的「革命」當然與財富增長、技術進步、物質層面的現代性有關。更直接的證明來自歷史：第

一次工業革命的發生導致了第二次工業革命,及一波接一波的工業化、城鎮化、科技化浪潮、大分流與大合流,現代生活及現代世界由此形成。

為何發生之謎

對第一次工業革命,我們並不陌生,因為中學課本已經將它印入所有人的腦海中,可見其意義重大。但奇怪的是,對意義如此重大的革命,我們的大腦又有種疏離感。在提筆前,作者不得不稍作反思。

首先,「工業」一詞就令人敬而遠之。今天,我們在享用著新材料、新產品、新應用的同時,很少關心背後的技術。這也不能怪誰,當水、電、氣、化工製品、金屬製品、食品、服裝等製品奇蹟般地出現在我們家中時,水廠、電廠、氣廠、石化廠、冶金廠、食品加工廠、服裝廠等正離我們遠去,它們並沒有消失,只是被轉移到城市之外。世界正向後工業化時代轉變,而最好的提醒來自歷史。人是健忘的,現代人很容易忘記自己的好日子開始沒多久,工業革命距今只有兩百多年的光景,在此前的兩百多萬年間裡,我們的祖先都生活在貧窮與落後中;沒有工業革命就沒有工業化,就談不上後工業化;今天的衛星、互聯網、基因科技等,何嘗不建立在工業化的基礎上?今天的清潔能源,何嘗不是舊能源的延伸?

繼「工業」之後,「革命」一詞也加分不多。因為相比起法國大革命、美國大革命、辛亥革命等有標誌性的開始、人物、趣聞,為人津津樂道,工業革命有幾個奇怪的特點:無硝煙、無領袖、無明確開始時間,加起來,它實在不像一場正常的「革命」。以至於幾十年後,從四散而去的彈片中,後人才意識到曾經發生過一場「爆炸」。[序2-5] 晚至第一次工業革命已經結束的 1840 年,恩格斯才在《英國工人階級狀況報告》中使用了「Industrial revolution」一詞。[序2-6] 再晚至第二次工業革命時期的 1884 年,經濟學家阿諾德・湯恩比才在《產業革命》一書中回顧了第一次工業革命的發生。[序2-4]

序二／工業革命之謎

話說回來，從過程看最不像革命的「工業」革命，從結果看卻最配得上「革命」的稱謂，因為不管在英文中還是中文的釋義中，「革命」都意味著「深刻而迅猛的改變方向」，[序2-7] 而經濟學家格里高利・克拉克中宣稱，人類歷史中僅發生了一件事，那就是工業革命，依據就是，把人類社會從古代送入現代的這一壯舉，之前的任何革命都未能完成，而工業革命完成了。[序2-8] 對如此深刻改變人類歷史走向的革命，我們當然要追問其發生的原因。事實上，每當聽到媒體激情地呼喚「工業 3.0、工業 4.0、工業 N.0」時，作者總忍不住在想：是否有必要先搞清楚工業 1.0 的發生機制？

但這時，各位會聽到一些「和稀泥」的說法，說歷史複雜到無法用單一原因來解釋的程度。這麼一「和」，就無需回答「為何發生？」了；即使把政治、經濟、技術、文化、宗教、地理、生態等因素簡單羅列出來，也跟沒回答差不多。好在，著名史學家卡爾在其名著《歷史是什麼？》中作過回應：歷史分析的大致要求是，在考慮所有可能因素後，篩選出單一而統一的答案，[序2-9] 因為唯有此，才有助於讀者理解歷史，乃至從過去的經驗中提取對當下或未來的啟迪！

為何沒發生之謎

「為什麼發生？」僅僅是工業革命之謎的一半，另一半是「它為什麼沒更早或在別處發生？」。今天，我們終於可以以一種全新的、綜合的視野來回首人類歷史，不同時段、不同區域的人寫成了一部歷史教科書，能閱讀它是我們的幸運，也引發我們的思考。如果「我們」（本書書名中的）站在人類視角，當然要追問：為什麼工業革命沒能更早出現、現代沒能更早來臨？如果「我們」站在不同文明的角度，則還要追問：為什麼工業革命沒能率先出現在英國之外的其他地區？

對華人讀者來說，更有充分的理由關心：「為什麼工業革命沒能率先發

生在古代中國？」如果說全人類幸會了它，那麼我們祖先則「遭遇」了它。眾所周知，古代早期的中國曾出現改變世界的四大文明，但在1840年的甲午戰爭中，清政府的大門又被列強的堅船利炮打開。雖說今天風水再次流轉，「世界工廠」的桂冠已從工業革命時的英國回到中國頭上，但這中間延遲的兩百年讓中華民族付出了慘痛代價。痛定思痛，我們當然要追問上述逆轉、延遲背後的原因：這恐怕不是腐朽的清政府能解釋的，因為它並不比其他王朝額外腐朽。這也不是堅船利炮能簡單解釋的，因為它在某種程度上來自四大發明的基礎，應該先出現在東方才對……唯有理解過去，我們才能繼往開來。馬克思寫道：「中國這個一千多年來一直抗拒任何發展和歷史運動的國家，現在被英國人、被機器翻轉過來，捲入文明之中。」【序2-10】

這時，各位又會聽到一些「和稀泥」的說法，說已發生的歷史都已經複雜到無法用單一答案解釋的程度，那麼，沒發生的歷史可能性更多、更無法用單一答案解釋。但其實，對這兩類問題的回答，我們有不同的預期。對已發生歷史事實的追問，的確，單一與統一的答案才算破案；但對未發生的虛擬情景的追問，任何合理的可能性都有啟發意義。比如，我們看到前方路牌寫著「觸電危險」，會不會因為「沒發生的觸電不需要解釋」，就昂首挺胸地繼續前進呢？但願不會。

更進一步的試圖取消問題的說法是「不同文明無法比較、無需比較、不能比較」，這麼一「和」，連提問都不妥了。本人當然反對西方中心論，不僅作為非西方人士，更因為「中心」主義者相信民族間存在不可跨越的鴻溝，就像精英主義相信現代人之間存在不可跨越的鴻溝。但如何才算擺脫「某某中心論」，是讓黑人、白人一起比賽算歧視，還是種族隔離算歧視？是把不同文明並列比較糟，還是宣布它們無法比較更糟？正是由於這樣的混淆，最終，以「反西方中心論」起家的歷史學者李約瑟、弗蘭克等也被扣上了「西方中心論」的帽子，何其諷刺！

在我看來，「以人為中心」大概是走出「某某中心論」的唯一出路，即

共通的人性奠定了文明比較的基礎：由於人性相通，所有文明的發展路徑都以追求更高的物質文明為目標、最終都走上了工業化之路；但由於人性對不同環境的反應不同，各文明的發展路徑不同、開始工業革命的時間也不同。

在駁斥了上述取消問題的種種企圖後，工業革命之謎才算成立。有讀者說，請回答我最關心的問題，「為什麼工業革命沒發生在古代中國？」，且慢，那是本書第四篇的內容，因為要回答「為什麼沒發生」，前提是要先搞清楚它「為什麼發生」。讀者可能繼續追問，那請回答我「工業革命為什麼發生？」，那是本書第二、三篇的任務，因為要回答「為什麼」，前提是要先搞清楚「它是什麼」，這是本書第一篇的內容。有讀者說，工業革命已經過去了兩百多年，上述問題均有答案，沒錯，要說本書有何不同，還請各位再讀一章序言——關於解謎的方法。

序三

歷史不是一堆砂子

在破解「工業革命之謎」之前，一個有益的心理準備，是先來破解「答案太多之謎」。工業革命已經過去了兩百多年，其發生的原因已有答案太正常，但答案太多則對普通讀者是種困擾，而答案都「對」則挑戰了所有人的邏輯底線，因為顧名思義，工業革命發生的直接原因是機制與時間都最直接的那一個，不可能都「對」！歷史學界也知道這是亂象但無解，所以才給出了「工業革命之謎」的說法。「謎」不僅指歷史問題，更指史學界的答案！

如果把之前的關於「工業革命為何發生」的答案整理下，大致可以分為偶然因素類、綜合因素類、路徑依賴類、自然地理決定類、技術決定類、制度決定類、經濟決定類、文化決定類、科學決定類等等。每大類因素還可以分出若干要素：經濟決定論可以細分為貿易、金融、價格、人口、教育等要素決定說；制度決定論可以細分為政治、法律、軍事等要素決定說；文化決定論可細分為宗教、科學、資本主義精神等要素決定說；自然環境決定論可以細分為資源、氣候、地理等要素決定說等等。感興趣的讀者可以閱讀下之前的歷史卷宗，由於卷宗太厚重，我把它們集中到書後的附錄中。

如果各位試圖從答案中篩選，就會發現這絕非易事，因為每種原因都有自己的證據與資料支援，這些證據和資料不僅顯示該原因正確，還顯示其他選擇錯誤。再查看這些答案的出處，更奇怪了，它們大都出自嚴謹的學術著作、學術大師之手，也就是說，每位大師的專著都證明了自己的論點，又為同樣權威的其他大師的著作所證偽！如果各位唯讀一本關於工業革命為何發

生的書還好，如果讀太多的話，必然陷入頭腦分裂的狀態。如何幫助自己及讀者的頭腦恢復自洽，也算本書的又一初衷。

向學術規範致敬

出於對學術的尊敬，普通讀者首先會問：以專業的學術視角、專業的學術流程，何以出現上述狀況？恕我直言，根源恰恰出在「專業」二字。敢如此直言，我有充足的理由：本人出身於學術之家，在科學、工業界都工作過，對學者們有十二分的尊重，但就事論事地講，現代科學的建制就決定了任何學者、哪怕再廣博的學者都必須立足於某個專業。大學教授們更先隸屬於某院系，如歷史學系、經濟學系、社會學系、宗教學系、政治學系、物理學系、化學系等，進而隸屬於某領域，如歷史學包含世界史、古代史、近代史、經濟史、文化史、科技史、史學史等領域。於是，任何學者、哪怕再博學的學者都要立足於本專業發言或看問題，否則就有越界之嫌：經濟學家基於經濟學視角與證據，人文學者基於文化視角與證據，宗教學者基於宗教視角與證據，政治學家基於政治視角與證據……具體到工業革命，有多少學科、多少下屬專業，就有多少種視角與子視角。這就解釋了答案之多。

現代學術體制不僅限定了專業，還限定了方法。具體到歷史學就要「言之有據」，即對特定的歷史事件的特定史料進行嚴格考證；嚴格意味著，考察層面越專越好，考察物件越細越好，否則就有學術不嚴謹之嫌。這也意味著學者們雖然也在宣導「跨學科」，但跨度不可能太大，否則就有「越界」與「不端」兩頂帽子的風險。具體到工業革命這一歷史事件，學術界通常分解它到經濟、技術、軍事、地理、文化、科學、社會、制度等某一側面再做考證，唯有針對性這麼強，才能做到證據、資料、結論「言之有據」。這就解釋了答案都對。

顯微鏡的視角加上顯微鏡的方法，呈現出顯微鏡式的圖像。經濟學家、

技術史家、文化學家、宗教學家、社會學家……分別基於各自學科的證據與視角，得出了經濟學、文化學、宗教學、社會學……的答案。很遺憾，不同學科間的視角與證據並不通約，鏡頭一換、圖像就變，這就解釋了答案矛盾。

歷史學家當然懂邏輯分析，但本著「有幾分證據說幾分話」的原則，考據必要且無風險、邏輯額外且有風險；再加上精力有限；再加上對歷史學本身而言，毫無提取意義的必要，於是在史學文章中，考據通常占據了90%以上的篇幅，最後草草引出若干「推論」了事。如果被拉到一起對峙，學者們很可能說這是學術爭論正常現象，云云。這不表示他（她）們的作法是錯誤的，因為如果離開了專業與嚴謹，那就不叫做學術了；即使作者本人做學術，也別無蹊徑。

總之，現狀之「謎」是學術界可以接受的，但遺憾，普通讀者卻不能：想想看，普通人對歷史的興趣，大約在於理解歷史事件之間的關聯；有些還希望進而從歷史中提取對自己、今天及未來的意義，但矛盾的答案等於沒有答案、矛盾的意義等於沒有意義！

從「人」出發

本書要想得出令讀者信服的、有意義的結論，只能從方法上開始改變。各位都聽過盲人摸象的故事：第一個盲人摸到了鼻子就說是管子，這沒錯。第二個盲人摸到了耳朵就說是扇子，也沒錯。第三個盲人摸到了尾巴就說是繩子，還沒錯。第四個盲人摸到了腿就說是柱子，更沒錯。第五個盲人摸到了肚子就說像水桶，同樣沒錯。實證局部的結論多、對，但矛盾！現在想像有第六個盲人，他沒有花太多時間「摸象」，而是綜合分析前面五個的資訊：大象是柱子、大象是扇子、大象是繩子、大象是管子、大象是大桶，能否勾勒出大象的整體形象呢？作者自愧於忽視歷史枝節的不良偏好，因此只好自比為這第六個盲人。

序三／歷史不是一堆砂子

　　首先，本書以「俗人的壯舉」為標題，已經在出發點上與一般的學術書籍不同：歷史學家寫工業革命是為了考察這一歷史事件本身，而本書寫工業革命是為了考察其背後的——「人」。如果要考據單一的歷史事件，學術方法是大卸其八塊、審視其方方面面，但要瞭解「俗人」的歷史，我們就要審視一個漫長的過程：人性本俗，在古代被壓抑，在工業革命中得到釋放，到今天，「俗人」已經變成了現代人的代名詞。在人類追逐財富與技術的歷程中，工業革命是關鍵的節點之一，但僅僅是「之一」，之後還有工業革命的結果，之前還有工業革命的短時間促因、中時段結構原因、長時段根本原因。加起來，這條完整的因果鏈，才是本書審視的物件。

　　本書的主要精力將放到對因果關係的分析上，分析當然必須依據史料，但在這方面歷史大師們已經做得很好，我們引用其成果即可。謹此真誠地建議，想瞭解最新考據成果的朋友可以去讀史學期刊、想知道歷史上某年某月發生什麼的朋友可以去讀史學彙編（見書後參考目錄），而本書中的年代標注，如無特殊說明，均出自辛格、霍姆雅德、霍爾所著的七卷本的《技術史》。[序3-1] 基於上述史實，根據休謨對因果性的定義，[序3-2] 兩件事情一先一後出現並且有促進作用，才稱得上因與果的關係。這意味著，我們尋找的工業革命發生的直接原因應該在時間上與機制上都直接：它應該出現在工業革命稍早之前，太晚出現的只能算其本身或結果，太早出現的又頂多算其間接原因；並且，它應該能解釋工業革命率先發生在 18 世紀英國的獨特性，還能解釋工業化浪潮迅速波及世界各民族的共通性。

　　從人出發、過程的視角、分析的方法，能否指向「單一而統一」的答案呢？道路是曲折的，前途是光明的。過程的視角會告訴我們，人類追逐更好物質生活的歷程中時空在變，貫穿始終而相對不變的是人性。分析的方法會告訴我們，經濟、技術、文化、宗教、科學、制度等環境要素都要通過「人」來發揮作用。於是，我們從哪裡出發，還會回到那裡：「人」是歷史過程的主角，作為重大歷史懸案的工業革命，其始作俑者自然離不開「人」！

部分學者可能會對本書的方法進行如下批評，作者虛心傾聽，但先謙恭說明如下：

一種可能的批評是說本書的視角落入了「宏大敘事的陷阱」。竊以為，宏大敘事本身不是陷阱，對它的簡單化處理才是：人類從財富匱乏與技術落後的原始時代，到新石器—農業—城邦革命，到工業革命，到財富極大豐富與技術快速進步的現代，這容易給人以「註定勝利」甚至「直線般勝利」的錯覺，但人類世界不同於物理世界與神聖世界之處，就在於不存在絕對規律或終極目標！這與宏大敘事本身無關，後者正是普通讀者所需要的，而我們要做的，只是要對其中的因果關係、具體關係，具體分析！

另一種可能的學術批評是說本書的方法不夠嚴謹，不僅因為本書的分析多於考據，還因為本書的分析已有預設立場。其實，考據與分析、歸納與演繹，都是現代科學承認的邏輯範式，只不過史學界習慣於前者、不習慣於後者罷了。在科學實驗中，不也先假設命題、演繹結果、設計實驗、用實驗結果來驗證假設的結果嗎？本書的方法並無二致：假設人性本俗而俗人創造了現代，那麼，工業革命的「發生」就與人性的釋放有關，而「沒發生」與人性的壓抑有關。人類歷史為我們的假設搭建了各種實驗場景，實驗的結果將證實或證偽我們的假設。

最嚴重的學術質疑可能針對本書的立足點：是否存在一種普遍而相對恒定的人性？而這，正是我們在第一章中就要討論的話題！

好在，上述不同僅僅是方法上的，在方向上，民族復興、科技興國是我們這一代知識分子的共同期望。這樣的目標取決於更寬鬆的社會環境，而這樣的社會環境取決於包括學者與大眾在內的所有人的努力。如果能以各自不同的方式盡微薄之力，那也算沒辜負我們共同成長的、改革開放的時代！

參考文獻和注釋

【序1-1】 見百度詞典或維基百科。

【序1-2】 湯瑪斯·卡萊爾，論歷史上的英雄、英雄與英雄崇拜 [M]，北京：商務印書館，2010：15。

【序1-3】 湯瑪斯·卡萊爾，論歷史上的英雄、英雄與英雄崇拜 [M]，北京：商務印書館，2010：1。

【序1-4】 梁啟超，新史學 [M]，中國歷史研究法人民出版社，2008：141-142。

【序2-1】 這是一般歷史學著作的共識，僅舉兩例：

A、歷史學家帕爾默指出，文化上的現代化從1500年開始就開始了，經濟上也開始準備了，但真正的現代化、物質層面的現代化，是以工業化為起點的。帕爾默·世界史01 [M]，北京：世界圖書出版公司，2013：13。

B、大衛·蘭德斯指出：工業革命「在不到兩百年的時間裡改變了西方人的生活，改變了西方社會的性質以及它同世界其他民族的關係」。大衛·蘭德斯，解除束縛的普羅米修斯 [M]，謝懷築譯，北京：華夏出版社，2007：395。

【序2-2】 認為現代化轉型在於文化轉型的學者包括韋伯、梅因、巴特菲爾德等；認為現代化轉型在於社會轉型的學者包括韋伯、湯恩比、西美爾、塗爾幹、桑巴特、滕尼斯等；認為認為現代化轉型在於財富增長的學者包括羅斯托、阿仕頓、波蘭尼等；認為現代化轉型在於技術進步的學者包括芒圖、莫里斯、波蘭尼等。

【序2-3】 A、馬克思主義認為，物質是精神的基礎，物質基礎決定上層建築。B、津師範大學李學智老師也曾提出過類似觀點。C、此外，人類學家萊斯利·懷特用來描述人類歷史的公式 $C=E\times T$，也可以做類似的解讀，其中的E即能量大致對應著作為財富指標的收入，T即技術，兩者作用的結果對應

著C及文化。D、另參考《現代性的五幅面孔》。

【序2-4】 經濟學家T·S·阿什頓在其名著《產業革命》，該書以1760年為工業革命開始的依據是，在接下來的十年中發生了一系列標誌性事件：1764年哈格里弗斯發明了珍妮紡紗機；1768年阿克萊特採用了水利紡紗機；1769年瓦特蒸汽機專利獲得批准；同年，亞當·史密斯發表了《國富論》。以1830年為工業革命結束的依據是，那時，利物浦到曼徹斯特火車正式開通，動力革命的力量得到證明，英國作為世界工業龍頭的地位得到確立。

關於工業革命的時間界定，以下學者略有不同：

卡爾波蘭尼與戈德斯通的界定是1750-1850年。

熊彼特界定的時間是1787-1842年。

蘭德斯認為開始的事件是1760年開始。

WW羅斯托將工業革命作為「經濟起飛」的時間界定為1783年。

羅伯特艾倫將工業革命結束的時間劃定在1830-1850年。

皮爾·弗里斯，1700-1850年。

喬爾·莫基爾：1750-1830年。

【序2-5】 I·伯納德·科恩，科學中的革命[M]，商務印書館，2017：第四章。

【序2-6】 恩格斯《英國狀況十八世紀》寫道：「初看起來，革命的世紀並沒有使英國發生多大變化便過去了。在大陸上，整個舊世界被推毀，歷時25年的戰爭淨化了空氣，而在英國，一切依然風平浪靜，無論是國家還是教會，都沒有受到任何威脅。但是，英國自上一世紀中葉以來經歷了一場比其他任何國家經歷的變革意義更重大的變革；這種變革越是不聲不響地進行，它的影響也就越大……英國的革命是社會革命，比任何其他一種革命都更廣泛，更深遠影響著自然，這場社會革命就是工業革命。」馬克思恩格斯文集第1卷[M]，人民出版社，2009：97。

【序2-7】 關於「革命」一詞：

A、牛津詞典：巨大變革，a great change in conditions, ways of working, beliefs, etc.

B、布羅代爾（Fernand Braudel）則強調「兩類」革命的不同：「（革命）應專指猛烈而迅速的變革。但是一涉及社會現象，迅速與緩慢不可分離的。任何一個社會無不始終處在維護社會和顛覆社會這雙重力量的作用之下。顛覆性力量自覺或不自覺地致力於粉碎這個社會，革命的爆發不過是這一長時段的潛在衝突如火山噴發一般短促而劇烈的表現。我們研究一個革命過程，總要進行長時段的和短時段的比較，確認它們的親緣關係以及不可分離的依存關係。英國18世紀末發生的工業革命沒有違反這條規律。它既是一系列急劇的事件，也是一個顯然設的過程。是一支樂曲在兩個音的同時演奏。」費爾南·布羅代爾, 15至18世紀的物質文明、經濟和資本主義第3卷[M]，顧良、施康強譯，新知三聯書店，2002：622。

C、卡洛·奇波拉稱：「在1780年到1850年期間，一場空前深遠的革命使英國的面貌得到改變。從那時以來，世界就再不是從前的模樣。歷史學家經常使用或濫用『革命』一詞，用其指代徹底的變化，但是沒有任何革命像工業革命那樣具有一種劇烈的革命性。」卡洛·M·奇波拉，工業革命前的歐洲社會與經濟[M]，蘇世軍譯，社會科學文獻出版社，2020：前言·393。

D、霍爾斯鮑姆指出：如果18世紀80年代的那場本質的、基礎性的、突然的變化都不算一場革命的話，那麼，「革命」一詞就失去了常識上的意義。埃里克·霍布斯鮑姆，革命的年代：1789-1848[M]，王章輝譯，北京：中信出版社，2017：35。

【序2-8】格里高利·克拉克，告別施捨[M]，洪世民譯，廣西：廣西師範大學出版社，2020：1-3。

【序2-9】歷史學家卡爾給了個歷史教學中的例子：「如果只滿足於就俄國革命提出十幾個原因而止於此，可能得個第二等，卻很難得到第一等，『見識廣博，但缺乏想像』，這可能會是主考人所下的評語。一個真正的歷史學家，面對著他自己擬定的這張羅列原因的單子，會感到一種出於本人職責方面的

壓力，一定得把它按次第排定，一定得建立起原因的等級制以確定它們彼此之間的關係，也許還得決定哪一個原因，或者哪些原因的範疇，應當『窮究到底』或『歸根結柢』看成最終的原因，即一切原因之原因。」見E‧H‧卡爾，歷史是什麼[M]，商務印書館，2007：96。

【序2-10】馬克思、恩格斯，馬克思恩格斯論中國[M]，中共中央馬克思、恩格斯、列寧、史達林著作編譯局編譯，北京：人民出版社，2018：131-13。

【序3-1】查理斯‧辛格，技術史[M]，潛偉譯，上海：上海科學教育出版社，2004。

【序3-2】大衛‧休謨，人性論：第1卷[M]，賀江譯，第三章，台海出版社，2016：80-81。

參考文獻和注釋

第一篇

壯舉
—— 究竟什麼發生了革命？

我在留學時，曾經與韓國的室友有過一次討論。他是學文科的環保主義者，認為現代應該回歸自然。我是學理工科的現實主義者，認為「現代」與「自然」近似於「反義詞」：人類已經生活在自己創造的家中，自然之家一去不復返了。為了說明自己的觀點，我請室友指認下，宿舍裡有哪個物品是純天然的？

客廳裡的冰箱、電話、電視、吸塵器、檯燈、插座等就不用提了，「電」是人造的。廚房的鍋碗瓢盆，茶杯餐具等也不用講了，用的材料是人造的。

室友指著桌子說：這是木頭的，木頭是天然的吧？我回答：桌子、床、地板都是化學黏結的壓縮板製成的，即使以「原木」為材料，也要通過機械加工成型。

室友又指向床上的毯子說，這是天然的吧？我回答，毯子、被子、地毯、衣服等大都是化纖的；所謂「純棉」也只是棉花，而梳棉、紡紗、編織、印染工序都是機械化的。

室友又打開了龍頭說：水總是天然的吧？我說，真正的純的湖水，放到顯微鏡下，不知道有多少細菌甚至糞便，而我們用的自來水是在自來水廠中經過泵送、過濾、沉澱劑、殺菌劑才達標，再經過水泵、閥門、管道才輸送到家中。

室友打開冰箱門說，牛肉總是自然的吧？我說，今天的牛、豬、雞吃人工飼料、加營養劑、打防疫針，就連牛、豬、雞的品種都是人工培育的，根本就是人工豬、人工牛、人工雞。

室友指向花盆裡說：花，活生生的花，總歸是天然的了吧？我回答說，天然的植物、動物、人體，在自然界中會招來多少蟲咬，幸好一百多年前化學消殺劑的出現……

那次談話的背景是，現如今出現了一股去工業化的浪潮，環保主義者是其中的主力軍。我支持環保，但反對空想：今天幾乎所有的現代用品都來自工業，幾乎所有工業都有或多或少的污染，即使所謂環保產品也難免生產過程中的污染，空想者只是眼不見為淨罷了。我們有理由要求現代工業更清潔，但不可能取消，因為取消了工業，也就等於取消了現代。[1-1]在本書中，我想與地球村的室友們繼續之前的討論：這一切是怎麼開始的？

第一章

人是追求財富與技術的動物

　　各位喜歡讀偵探小說嗎？某時、某地、某公寓發現一具屍體，福爾摩斯接到警報後來到現場，發現躺著的死者已經去世多時，首要任務先判斷死亡的性質——自殺？他殺？還是意外？——才談得上破「案」，福爾摩斯的方法很簡單，他從目擊者那裡瞭解死者生前的狀況，再從法醫或華生那裡瞭解屍體的狀況，從過程的對比中，得出答案⋯⋯

　　與虛構的偵探小說相比，我更喜歡歷史案件，因為它們更真實、影響也更深刻，難怪很多電影都以「根據真人真事改編」來開頭。一樁真實到影響至今的歷史懸疑案件，就是工業革命的發生。參照福爾摩斯的方法，我們也要先搞清楚它的核心：究竟什麼發生了革命？

　　這麼簡單的問題，我以為，從來就沒搞清楚過。如果我們問學者，有說在於市場擴大的，有說發明創造的，有說現代精神的，有說社會革新的，有說蒸汽機的，有說工廠制度的，如此等等。[1-2] 請算算看，如果工業革命的核心已十幾種之多，每種背後又能衍生出幾種可能的原因，那麼不奇怪，工業革命的原因總數必然高達幾十種之多！我們希望將答案減少到唯一，就要先把核心聚焦到一點。好在，學科的視角是分散的，但過程視角統一得多。因此在這一部分中，我們先把鏡頭拉得很遠、宏觀審視下人類追尋財富與技術的歷程：古代什麼情況、現代什麼情況，找到了古、今轉折的關鍵，我們也就逼近了工業革命的核心！

人是財富與技術的動物

讓我們從「頭」開始：人類追逐財富與技術的歷程，源頭在哪裡？如前所述，現代的財富增長與技術進步可以追溯到工業革命，進而可以追溯到近代歐洲的一系列復興事件，16世紀的科學革命、宗教改革，15、14世紀的文藝復興運動、地理大發現，13、12世紀的商業革命、十字軍東征等，它們奠定了近代財富與技術的基礎。再往前，中世紀歐洲的教堂、中國的長城、伊斯蘭的清真寺、印度的泰姬陵、羅馬的市政工程、埃及的金字塔等，也顯示出驚人的財富積累與技術實力。再往前，原始社會的墓葬、小麥、編織、石器、火的出現也標誌著財富與技術的開始。但究竟有多早？

繼續下去，怕就給不出定論了，倒不是說考古缺乏證據，恰恰相反，由於新的考古證據不斷湧現，最早的時間點不斷前移。比如，考古學家發現定居人群儲存糧食、衣服、墓葬等財富，但不篤定更早就沒有，直到新的發掘成果出現。再如考古學家找到了新的石器與火等技術，從來不敢斷定「第一件」，因為不出幾年就會變為「第N件」……說實話，永無止境的追溯是研究者的樂趣，只是，作者與讀者的快樂等不了那麼久。

但我們仍然有最好的老師可以參照，想想看，福爾摩斯沒有親自目擊、沒有親自解剖，按說「沒有實證就沒有發言權」，但他破案了，依據的是對人性的瞭解及邏輯推理。沒聽說有誰指責福爾摩斯的推理不嚴謹，因為人性是共同的，而其中已經包含了邏輯的成分。

這就回到序中遺留的問題：是否存在普遍而相對穩定的人性？作者認為，只要把它限制在極小、極小的範圍內，即人之為人的基本生物屬性，那麼答案就是肯定的，也必須肯定，否則的話，物種就不成為物種了。今天的生理學與心理學都證實，其實不需要實驗室，各位自己就能證實，人之為人的基本生物屬性至少包括趨利避害的本能與抽象思維的能力。[1-3] 它們不僅存在，而且來源也為進化論所解釋：

趨利避害的本能是人類從動物那裡繼承下來，而動物是從生物鏈的更底端繼承來的。繼承的方式簡單而殘酷：具有這樣本能的生物才能在自然選擇中生存下來，反之「趨害避利」的物種在億萬年間都滅絕了。

抽象思維的能力則是人類特有的。作為生物鏈的頂端，人類能把感覺與本能深加工為符號、命題、語言、推理等，從而能超越眼前去想像看不到的景象、超越當下去想像未發生的可能。有了抽象思維的加持，人類才成為萬物之王，反之則會成為萬物的手下敗將。

這兩種最基本的生物屬性保障了人類在自然競爭中的延續，而人類的延續也意味著它們融入到了「人性的基因」中。

在把人性限制在基本生物屬性後，我們就好理解古人關於人性的爭論基本與我們無關。比如中世紀的基督教認為人的欲望有罪，到文藝復興後，歐洲人又開始讚美人性偉大，乃至人的欲望也偉大。再如中國的儒家認為人性本善，法家認為人性本惡。這些爭論不出什麼結果，因為（在今天看來）道德是主觀的，而人性是自然的。

到了科學的時代，人性才被當做像原子、分子、山水、河流那樣來看待，這無疑要理性許多，但又面臨更理性的質疑。同樣，只要我們把人性限制在基本生物屬性的範圍內，就不難回答下面的質疑：

比如，17世紀的哲學家洛克曾列舉傻子、嬰兒等極端例子來說明「心靈是一張白紙」。首先方法就有問題，因為任何生物學分類都經不起極端列舉。如果定義鳥有翅膀，那可以反駁說，雞蛋就不是鳥了嗎、被砍掉翅膀的鳥就不是鳥了嗎？如果定義人有語言，那啞巴就不是人了嗎、昏迷者就不是人了嗎？特殊情況永遠存在，而物種分類指大概率、正常發育下的情況，而大概率、正常發育的人具備趨利避害的本能與抽象思維的能力。在方法之外，「心靈是白紙」的結論也有待說明：嬰兒的心靈內容空白不假，但它具備先天的能力，能很快把白紙寫滿文字。

稍晚出現的另一種質疑是，人性可否被簡化為動物本能，用佛洛伊德的

第一篇｜壯舉——究竟什麼發生了革命？

話來說，是潛意識而非意識支配著人的行為。但其實，當我打下這行字、當各位看到這行字時，大概都想不到「該用本能，還是思維」？我們的大腦自動協調了這兩種能力！按照《格列佛遊記》作者斯威夫特的說法，人不是理性的動物，人是會用理性的動物。而《快思慢想》一書則給出了基於科學的解釋：動物祖先遺贈了本能的基礎，而人腦進化出來思維的補充，既然是補充，那就可用、可不用。

在確定了人性存在後，我們就能理解財富與技術的源頭：人性中天然包含趨利避害的目的及抽象思維的手段，所以，也被稱為人類特有的「逐利本性」。它把利與害「量化」了，能權衡回報與付出之間的差額，並在不同目標中選擇淨值更高的那個。它還把利與害「效益化」了，能權衡回報與付出間的轉換效率，並在不同手段中選擇效益更好的那種。比如常常聽說某小孩很「笨」，但再「笨」的小孩也會用玩具來自娛自樂、玩後也會將玩具藏好，對他或她來說，玩具就是技術，玩具的儲存就是財富。比如我們常聽某人很「聖潔」，但再「聖潔」的人也要穿衣服、也不會穿了隨手扔掉，對他或她來說，衣服就是技術，衣服的儲存就是財富。既然財富是逐利的目標、技術是逐利的手段，那麼，只要是人，就會先天地渴望更多的財富、嚮往更好的技術——這個源頭，考據無法確定，但邏輯必然如此。

從這個源頭出發，我們就可以確定人類追逐財富與技術歷程的起點：它從「人之為人」的那一天起就開始了。再從這個起點出發，人類的早期乃至整個歷史都將更易理解。

技術何用？

一般認為，人類（Homo Sapiens）這個物種出現於距今兩百多萬年前；最早出現的是直立人。稱呼如斯，但「直立行走」本身並不能作為任何動物

的標誌，因為動物的移動方式太多樣，鳥類、昆蟲、恐龍也可以直立行走，此外還有爬行的、飛行的、兩棲的、多棲的，任何一種移動方式都很難為某一物種所獨具。但有一個舉動，把人類與所有其他生物物種都區分了開來，那就是工具的發明。想想看，恐龍、鯨魚等從沒發明過任何工具，即使水獺、猩猩等能使用工具，也無法製造新的工具。而原始人發明了石器這樣的硬技術，作為採集、狩獵、防身、製作之用；又發明了火這樣的軟技術，作為照明、驅趕、禦寒、烹飪之用。原始人還在持續改進，從最初的天然石頭，逐漸變為敲打而成的鋒利石器，再逐漸出現了磨製而成的光滑石器；最早的天然火，逐漸變為山洞中保存的火種，再逐漸演變出鑽木取火的方法。對石器與火的改進持續而間斷的一百多萬年，被稱為舊石器時期。

終於，在距今大約十萬年前到六千年前之間，出現了一波前所未有的技術浪潮。它被認為是人類生產力水準在工業革命前的另一次飛躍，儘管本書無法像對工業革命那樣深究其發生的原因。[1-4] 在不同的書中，它有不同的叫法，有的稱之為新石器革命，有的稱之為農業革命，有的稱之為城邦革命，這些名稱間有怎樣的關聯呢？

再一次，考據無法確定次序，因為那時還沒有文字紀錄，比如在歐亞非大陸上，我們見到穿孔的石針、重達幾噸重的巨石、泥土雕塑、農業、畜牧業、城邦等，大致都對應這一時期，但這幾片大陸是相聯的，只要一個地方發展出某種技術，就很容易複製到其他地區，因此很難說清楚先後。在東方，三皇五帝的傳說似乎也對應這段時期：伏羲發明了結網、狩獵、制衣、針灸；神農氏發明了草藥與農業；燧人氏鑽木取火；有巢氏發明了住所等，但同樣分不清誰先誰後。令人驚訝的是，在遠隔重洋的美洲，西元前3000年左右，[1-5] 美洲文明培育出玉米、大豆、南瓜、火雞、陶器等，比歐亞大陸在時間上晚很多，但可以確定是獨立完成的。

好在，考據無法確定的次序，邏輯可以給出：首先人性是相通的，所以才有上述不約而同的發生。其次，人性中的邏輯是相通的：先有各種新工具

出現的背景，才有農業與畜牧業出現的可能；才讓人類從移動生活向定居生活的轉變成為可能。即，新石器革命─農業革命─城邦革命加起來，才構成一波相對連續的技術高潮。

新石器革命是這波技術浪潮的序曲。從距今約十萬年前到一萬年前，出現了一批磨製更光滑的石器，然後是石頭與木棍綁在一起的矛與弓箭等複合技術，再後是編織、冶金、麻布、漁網等「非」石器技術。就像很多以「新」字開頭的革命那樣，「新」石器革命最終演變為對舊石器的否定及超越。

農業革命是這波技術浪潮的高峰，也最普遍地被當作這波技術浪潮的代名詞。承接新石器時期的新工具浪潮，在距今約一萬年前後，先後出現了農業與畜牧業。農業需要耕種、牲畜需要育種、食物需要儲存及烹飪，於是，鐮刀、陶罐、爐子等硬工具，以及灌溉、耕種、育種、冶煉等軟工藝，都發展出來了。

城邦革命是這波技術浪潮的延伸。生產方式的改變促成了生活方式的改變：流動部落定居下來成為村落，這讓建築、溝渠等技術發展出來了。再隨著人口增加、村落擴張、爭鬥與兼併，在距今六千多年前，在埃及與美索不達米亞地區出現了城邦，於是，宮殿、城市、道路，乃至文字技術發展出來……

這個技術歷程的開始其實有待解釋。如果問一個幼稚的問題，人為什麼渴求技術？今天我們生活在「科技是第一生產力」的時代，想當然地把技術當作好事，但我們的祖先並沒有這樣的先見之明，為什麼也會有發明的欲望？

關於人類社會技術的起源及動力，學術界有如下解釋：靈感、需求、欲望、實踐、知識、頓悟、演進、累計等，[1-6] 大致可以歸為三類：內因說、外因說與過程說。但各有各的缺憾。——有頭腦、天賦、追求、快樂等內在心理，就一定有發明嗎？未必，原始人有洞穴的靈感，並沒發明房子。——

有生活、生產、戰爭等外在需求，就一定有發明嗎？未必，原始人有藏身的需求，也沒發明房子。——有勞動、實踐的過程，就一定有發明嗎？更未必，動物總在築巢，從未搭建房子。——不僅發明的出現，石器技術、火的技術、禦寒技術的持續改進更成謎，都不是內因、外因、過程能獨立解釋的。

本書以為，「人的逐利本性」解釋了發明的動機，而動機貫穿了發明的各個環節：內因、外因與過程。原始人發明了石斧、鑽木取火等尚未發生的功能，因為具備這樣的內在想像力。動機還取決於對外在條件的權衡，原始人很早就發明了石斧，因為回報大於付出；同期的原始人沒有建造房屋，因為在流動狀態下這樣做不值得；定居下來後的人類開始建造房屋，因為那時固定房屋變得划算。動機的實現更離不開過程：磨製石器比敲打石器切割更省力、鑽木取火比天然火更穩定、獸皮比樹皮更禦寒、岩洞比樹洞更安全，這些都需要反覆嘗試。由於人的逐利性始終在那裡，所以早期人類的技術持續進步，但又由於環境與過程不確定，所以早期進步極其緩慢。於是不奇怪，在今天關於人的定義中有一種稱人為「製造工具的動物」。【1-7】

該如何評價原始時代的技術水準呢？首先我們要定義「技術水準」。不同的學術書籍用不同的指標如新產品數量、轉化自然能源的方式、工具材料的種類、單位土地養活人口的數量、新發明的數量等等來衡量。本書審視的是一個漫長的過程，因此更關心有動態而非靜態指標，即本書所說的技術水準其實指技術進步。進而，嚴格地講，技術進步又包括新發明的出現與舊技術的推廣，【1-8】本書更關心的是以重大發明的新增為代表的前者，原因會在後面的章節講到。於是，本書中的「技術」可視為與「重大發明」的同義詞，而「技術水準、技術進步」則依單位時間內重大發明的新增為衡量標準。

其實，對原始時期技術水準的評價，尚且不需要這麼複雜，因為不管從哪個角度看，都只能被冠以「原始」二字。首先，體現在人類轉化自然能源的方式上，狩獵與採集僅僅靠人的體能；即使在定居早期，牲畜也還只能被

當做食物，還沒有被馴化到可以出力的程度。「原始」還體現在基礎材料上：顧名思義，舊石器時期與新石器時期的工具材料僅限於天然的石頭；儘管在新石器革命的晚期出現了提煉黃金與銅的嘗試，但硬度太低，還達不到工具的要求，僅僅適合裝飾。「原始」更體現在重大發明出現的頻率極低，沒錯，早期人類發明了石器、敲打石器、磨製石器、天然火、火種、鑽木取火、弓箭、衣服、農業、畜牧業、建築等，但這些是在兩百萬年間實現的，平均到單位時間，增量少得可憐。

財富何用？

早期人類以打獵與採集為生、以部落為行動單位，游走於草叢與樹林之中，通常的說法是，沒有儲存食物與私人財產。但注意，流動部落不儲存食物，不表示不嚮往財富。獵物與果實顯然是財富，原始人始終在獲取、消耗。至於不儲存，只是受條件所限罷了：想想看，你每天扛一頭鹿走幾十公里消耗的體力值不值得；更何況，這頭鹿在路上還可能被其他猛獸搶走或腐爛變質，於是，理性經濟的方式是能吃多少吃多少、吃不掉的寧可共用、共用不了的寧可扔掉。

另外，流動部落中沒有私人財產，這種說法並不完全絕對。今天的人類學家發現，原始部落中無條件分享的僅限於食物；藏身處分享是有條件的，自己部落離開後才會允許別的部落進入；工具則對應著固定的使用者；而巫師的咒語則是完全專有的。【1-9】

進一步的證據顯示，條件一旦允許，儲蓄與私產就無縫銜接般地出現了。在距今一萬兩千年前發生的農業與畜牧業革命中，剩餘的保存意味著儲蓄的出現，剩餘的保管意味著私有制的出現。今天的考古學家在人類早期定居點的墓葬中發現了工具、飾品、武器、種子、牲畜的殘骸等陪葬品，顯然為死者在世時專用。接下來，私人物品交換產生了貿易；私人物品的繼承則

固化了等級的雛形。

　　上述「財富歷程的開始」同樣有待解釋。如果問另一個幼稚的問題，人為什麼嚮往財富？在今天花花世界中，我們想當然地把擁有財富當成好事，但我們的原始祖先還沒有見過花花世界，為什麼也有對財富積累的衝動？

　　關於人類社會財富的起源與動力，常見的說法是私有制的出現。但從前面的追溯我們已經看出，人類對財富的渴望遠遠早於私有制的起源，甚至可以往前追溯到很遠、很遠。【1-10】退一步講，就算財富因私有制開始，私有制又為何開始呢？

　　按照盧梭的說法，好像某人衝動之下豎起塊牌子、大喊一聲「是我的」就行。【1-11】盧梭是這樣衝動的人，如果他活在那時的話，肯定會首創私有制，但該如何解釋連遠隔大洋的美洲在內的全世界都不約而同地出現了私有制？在普遍現象的背後應該有更必然的原因。

　　於是我們見到另一種解釋，即，從原始社會到農業社會的轉變，是生產力發展的必然。從集體看，沒錯。但從原始個人看，則要補充：他或她每天打打獵、採採果子就滿足了，大概不會想到生產力發展這般大事？更合理的解釋是人性使然。人性中對財富的渴望原本就在那裡，像海邊的礁石在退潮時那樣，自動顯現出來，而無需其他任何理由。所以，在今天關於「人」的定義中，有一種稱「人是創造財富的動物」。【1-12】

　　該如何評價原始時代的財富水準呢？我們還是首先要定義這個詞。好在，經濟學家相對一致地用人均收入作為衡量財富水準的指標，或者換算成能量單位，或者換算成與現代貨幣等值的「工資」。【1-8】本書沿用這樣的定義，但會綜合參考收入最高值、收入最低值、健康、壽命等輔助指標。如果非要嚴格深究，那麼可以這樣理解：本書中的財富水準即單位時間內的人均收入，而財富增長即單位時間內人均收入的提升。

綜合評判下，原始時代的財富水準也只能被冠以「原始」二字。先看代表人均收入的能量指標，「典型的狩獵—採集社會只能獲取每人每天 2,000 千卡的非食物能量，但到早期農業社會時便提高到 8,000 千卡。」【1-13】在收入平均值外，還不妨參考下最高值與最低值，在移動狀態的兩百萬年中，除了灰燼和石器，沒留下什麼遺跡，即使在新石器—農業—城邦革命中的村落、防禦、祭祀等設施，也十分簡陋；移動生活的艱辛及部落間的爭鬥，導致原始人在健康、壽命、人口等指標極低。最「原始」的當屬原始部落的抗風險能力：遇到氣候惡劣的年景，或出現生態災難時，以採集狩獵為生的人群連一兩年都熬不過去，如不整體遷徙，就面臨滅絕。假如所有部落都流動還好，而只要有部落定居下來，定居文明就因為食物儲存、住所固定而形成了「守」的優勢，又因人口增加、建築外延而形成「攻」的優勢，這些都讓繼續保持流動的原始部落難逃被排擠出局的命運。【1-14】

我們該如何衡量人類早期的物質成就？

人的逐利性，不僅解釋了人類追逐財富與技術歷程的早期，還預言了其後續。想想看，開始不等於持續。假如人對財富與技術的渴望稍縱即逝的話，那麼人對財富與技術的追逐即使開始了，也無法持續。但如果它來自人性，我們就可以推測：只要這個物種存在不變，那麼其對財富與技術的追逐就會繼續下去，這樣的本性將伴隨著人類社會走過原始時代、古代、工業革命、現代……

這裡要對本書的「人性推動歷史說」做下簡單說明，相對於兩種反面的極端：一種是否定人性的作用，古人相信人性的存在但寧願迷信神定或命定，也不願意相信自己的力量；而科學時代也有對人性存在的質疑，那更談不上「推動」了，對此序中已經回應過：人類的基本生物屬性決定了人類的某些共同傾向，這些傾向必然貫穿並影響人類歷史。【1-15】另一種極端則認為人

性像自然規律那樣決定著歷史,對此序中也回應了:人類歷史不存在被決定的目標或軌跡。本書的模式介於兩者之間:人性推動著人類追逐財富與技術的歷程前行,但無法決定具體的軌跡,表現為,在不同的環境中,該歷程時而進步、時而停頓、時而倒退!

工業革命的發生是最好例證:由於所有人都有財富增長與技術進步的夢想,今天全世界的所有地區都走上了或正在走上工業化的道路;假如背後沒有一種共通的人性,這將難以解釋!但另一方面,各民族進入革命的時間有早有晚、工業化的進程也有快、有慢,假如共通的人性決定一切,將同樣難以解釋!

說來難以置信,我們在第一章中就找到了工業革命發生的根本原因:人的逐利本性。這樣看來,工業革命的發生、現代的到來似乎指日可待——歷史當然不會那麼簡單!

> **參考資料**
>
> ### 理性經濟人
>
> 一個可以借鑒的概念是亞當·史密斯在《道德情操論》中提出的、為約翰斯圖亞特等後續的古典經濟學派所總結的、現代經濟學的基本假設,理性經濟人。顧名思義,「理性」基於抽象思維的能力,「經濟」基於趨利避害的本能,因此,它與「人逐利性本性」都來源於人之為人的基本生物屬性。區別只是在於,亞當·史密斯從前者出發演繹經濟學,而本書從後者出發演繹人類追逐財富與技術的歷程。這對本書來講不奇怪,因為人的歷程當然要追溯到人性,但亞當·史密斯講經濟學,為什麼不從經濟要素講起,而也要立足於「人性」?

要知道，任何學科都需要一個原點。從那裡出發，才能演繹出一整套體系；唯有這個原點是堅實的，其演繹的體系才是堅實的。【1-16】事實證明，亞當・史密斯的學說占據了現代經濟學界的主流，在兩百多年間歷久彌堅，證明它的「原點」是堅實的，否則的話，現代經濟學的大廈早就坍塌了。借鑒同樣的思路，我們追溯人類追逐財富與技術的歷程，同樣要從一個堅實的原點出發，即人的逐利本性。

亞當・史密斯的學說長期占據現代經濟學界的主流的事實，也帶來一個副作用，那就是兩百年間的詮釋數不勝數，已經分不清哪些來自亞當・史密斯本人，哪些來自其學生的學生的學生。作者作為「第六個盲人」，只能依據原文理解。

讓我們看看亞當・史密斯邏輯的開始：他從理性經濟人出發，引出了貿易、私利、公益之間的關係，並且，第一次提到了「無形的手」的比喻。亞當・史密斯指出：

——「人類有一種交換與交易的傾向，這種傾向是人類獨有而其他動物沒有的。」【1-17】顯然，動物也有交換的需求，但缺乏人類的想像力；而人能想像出尚未發生的交換的意義的原因，在於其「理性經濟」的大腦。【1-18】

——貿易的意義在於協調公益與私利。每個人將自己的利益最大化，是合理的經濟選擇，也是私利。但這樣的出發點不意味著道德的反面，因為人要先自助，才能助人，而在自助之後，人往往會助人；最常見的互助方式就是貿易：交換雙方原本是為了各自的利益，卻也滿足了對方的需求，這就是公益。【1-19】

——不是所有貿易都必然能實現上述功能。要發揮上述神奇功能，前提是市場中的競爭與互惠。【1-20】如果賣方只照顧自己的利益則沒人買，被其他賣家所淘汰；如果買方只顧自己的利益也沒人賣，被

其他買家所淘汰。這樣的機制迫使私利適應公益，又迫使公益適應私利，就好似一雙無形的手在操作。

讓我們回顧下亞當·史密斯在《道德情操論》中的原文：「一隻看不見的手引導他對生活必需品做出幾乎同土地在平均分配給全體居民的情況下所能做出的一樣的分配，從而不知不覺地增進了社會利益並為不斷增多的人口提供生活資料。」

至此，亞當·史密斯已經演繹出了人的層面上的市場機制的意義，至於它在物的層面上的作用，還請待繼續演繹。

參考文獻和注釋

【1-1】　丹尼·羅德里克，貿易的真相[M]，卓賢譯，北京：中信出版社，2018：90-94。「迄今為止，工業化可以說是通向高生產力社會的唯一道路。」

【1-2】　關於工業革命的本質，下面是部分學者的觀點：

阿諾德·湯恩比：「工業革命的本質在於以競爭取代了中世紀的各種規章條列。」

芒圖：大工業的興起。

哈特威爾，羅斯托：經濟增長。

蘭德斯：《解除束縛的普羅米修斯》，技術進步。包括機器、動力、礦物能源。

R·R·帕爾默、喬·科爾頓、勞埃德·克萊默，工業革命：變革世界的引擎[M]，蘇中友、周鴻臨、范麗萍譯，北京：世界圖書出版公司，2010：4。「從手工工具向動力機械轉換的這一過程，這是工業革命的含義。」

里格利：「從有機經濟到礦物經濟」，即，動力取代人畜力。

阿仕頓：「一批小工具發明潮席捲了整個英國。」

卡爾奇波拉：機器取代手工工具。

麥克洛斯基：「現代」思想取代舊思想。

牛津詞典：「指18、19世紀，歐美使用機器、工業迅速發展的階段。」

需要說明的是，如果用定義來說明工業革命性質，屬於循環論證。我們知道，所有關於工業革命的定義都是在幾十年後追問的，因此，不可能把分析的結果當成分析的證據，再來作為支持分析結果的依據。比如牛津詞典對工業革命的定義是「18、19世紀，歐美使用機器、工業迅速發展的階段」。我們並不能說使用機器就是工業革命的核心，因為這是編寫牛津詞典的專家從眾多的分析中選擇了一個答案作為詞條。用定義來說明工業革命性質

的另一個錯誤在於，權威定義的來源不只有一家，比如，本書在第五章第二段中列舉的不同領域的學術大師，其學術專業性誰也不比誰差，而不同版本的詞典與教科書的定義只是選擇了其中某一種罷了。

【1-3】 https://wap.sciencenet.cn/blog-2371919-1399652.html?mobile=1.
理論上，思維可以細分為形象思維，抽象思維與邏輯思維。此處用統稱為「抽象思維」。

【1-4】《人類簡史》中猜測的機制是，距今20萬年左右智人大腦結構升級帶來了更複雜的語言、交流、想像的能力，由此引發了認知上的革命。

【1-5】 賈雷德·戴蒙德，槍炮、病菌與鋼鐵 [M]，王道還、廖月娟譯，北京：中信出版集團，2022：390。

【1-6】 可參考莫基爾、厄舍爾、巴薩拉、勃特勒、皮特·里弗斯、奧格本、吉爾菲蘭等學者的技術演進論。

【1-7】 關於「人是製造工具的動物」：
A：馬克思說，「最蹩腳的建築師從一開始就比最靈巧的蜜蜂高明的地方，是他在用蜂蠟建築蜂房以前，已經在自己的頭腦中把它建成了。」
B：詹姆斯·E·麥克萊倫三世、哈樂德·多恩，世界科學技術通史 [M]，王鳴陽譯，上海：上海教育出版社，2020：8。「人類似乎是能用工具來製造工具的唯一生物。」

【1-8】 關於經濟水準與財富水準的定義，僅舉幾例：
A、格里高利·克拉克，告別施捨 [M]，洪世民譯，桂林：廣西師範大學出版社，2020：39、133。
B、希歐多爾·W·舒爾茨，改造傳統農業 [M]，梁小民譯，北京：商務印書館，2006：64。
C、伊恩·莫里斯，文明的度量：社會發展如何決定國家命運 [M]，李陽譯，北京：中信出版社，2014：7、39、138。社會達成目標的各項能力「終究只是使用能量的方式」。

D、關於技術進步大家都能感到難以具體衡量的說明，見丹尼爾·貝爾，《後工業社會的來臨》，P179-185。

【1-9】 伊恩·莫里斯，人類的演變[M]，馬睿譯，北京：中信出版社，2016：42。「生活的每一件物品均有一個單獨的所有者來決定其用途及去向。」「每一件工具，石斧、魚叉、弓箭都是有主的，世代相傳。」生態學家賈雷德·戴蒙德補充了一個更生動的例子：咒語。原始部落很看重咒語，從巫師那裡獲得的咒語都是專有的，甚至作為自己家族的護身符而相傳下去。

【1-10】 馬克斯·韋伯，世界經濟簡史[M]，李慧泉譯，上海：立信會計出版社，2018：4。

【1-11】 盧梭，論人類不平等的起源[M]，高修娟譯，上海：上海三聯書店，2009：49。

【1-12】 關於人是創造財富的動物：

A、恩格斯，家庭、私有制和國家的起源[M]，編譯局譯，人民出版社，1999：184。「財富，財富，第三還是財富，不是社會，而是這個微不足道的單個的個人的財富，這就是文明時代唯一的具有決定意義的目的。」

B、馬克思、恩格斯，馬克思恩格斯全集[M]，人民出版社，1972：82。「人們奮鬥所爭取的一切，都同他們的利益有關。」

【1-13】 庫克提出，轉自：伊恩·莫里斯，文明的度量：社會發展如何決定國家命運[M]，李陽譯，中信出版社，2014：57。

【1-14】 伊恩·莫里斯，人類的演變[M]，馬睿譯，北京：中信出版社，2016：31。採集狩獵者的數量從兩百萬年前的100%，縮減到500年前的10%，縮減到今天的不到1%。

【1-15】 人類的普遍願望包括權力欲、性衝動、物質欲等。但對普通人而言，權力欲無法企及；性欲或多或少都可以實現；唯有物質欲望，是普通人都能企及但需要努力實現的。關於人類的共同欲望，亦可參考：

A、伊恩·莫里斯，人類的演變[M]，馬睿譯，北京：中信出版社，2016：

253。「人類發展的動力在於恐懼，懶惰，貪婪。」

B・弗雷德里克・巴斯夏，經濟學的詭辯[M]，麻勇愛譯，北京：機械工業出版社，2010：116。「每個人都希望麵包越多越好，而付出的汗水越少越好。翔實的歷史證明了這一點。」

【1-16】 亞當・史密斯的概念之間是存在推演關係的，但為了證明其觀點，他常常列舉很多事例作為證明。由於現在經濟學中普遍採用數學演繹，經濟學家常常把亞當・史密斯的邏輯當做歸納。而本書所指的「演繹」是邏輯演繹，這是本書與部分經濟學著作對「演繹」一詞的不同理解。

【1-17】 亞當・史密斯，國富論[M]，郭大力、王亞南譯，南京：譯林出版社，2011：1。這裡的邏輯是，如果雙方不能自主決定、自願進入、自願退出、自願成交，那就可能出現強行受益或強行壟斷的情況。因此，只有在自由的情況下，市場中的互惠與競爭才發揮作用。

【1-18】 亞當・史密斯開創的學說雖然占據著現代經濟學界的主流，但支流學派也對「理性經濟人」假設提出挑戰。貝克爾在《人類行為的經濟分析》第一篇中解釋道，「理性經濟人」有三個前提條件：A、經濟，即效用最大化；B、偏好，即個人選擇穩定；C、競爭，即社會選擇趨於均衡。在大多數情況下，這些條件均成立，於是理性經濟人也成立。但如果某個條件不成立，則會表現出非理性的偏離。

【1-19】 亞當・史密斯，道德情操論[M]，李嘉俊譯，台海出版社，2016：3。「無論我們認為人類是多麼自私，仍然有證據表明在人類的天性裡有一些準則，在這些準則的引導下，個體開始關注他人的命運。」

【1-20】 亞當・史密斯，國富論[M]，郭大力、王亞南譯，南京：譯林出版社，2011：184-185。書中強調了自主決策的必要性：「每一個人處在他自己的角度來判斷其經濟利益，顯然能比政治家或立法者可以為他作的判斷好得多。」而經濟學家麥克米蘭在《重新發現市場》[M]，余江譯，中信出版社2014：6，書中詮釋了自主決策的反面，「存在權力關係的任何情況下，比

如一方管轄著另方,或者雙方都受另一個更高的權力機構管轄時,所發生的交易都將是其他形式的交易,絕不是市場交易。」

第二章

貧窮與落後的定律

　　人性中對財富與技術的渴望始終在那裡；但願望是一回事，實現是另一回事。在人類早期，我們的原始祖先用低水準的工具、維持低水準的生活水準，這不奇怪；奇怪的是，在城邦文明出現後的數千年中，人類社會仍然在貧窮與落後的泥潭中打轉！好在，今天的學者們對此已有解釋：全因兩條規律的詛咒，一為馬爾薩斯循環，一為卡德維爾定律！

古代世界的斷裂

　　我知道，將漫長的古代文明形容為「在貧窮與落後的泥潭打轉」，亟待說明，因為各位腦海中會湧現出相反的印象：世界七大奇蹟代表著巨大的財富，宏偉建築背後蘊含著精湛的技藝，更不用說古代中國的四大發明代表了古代技術的高峰……

　　讓我們先從古代的財富水準講起。最直觀的指標是以能量為單位的人均收入之低，「典型的狩獵—採集社會只能獲取每人每天 2,000 千卡的非食物能量，但到早期農業社會時便提高到 8,000 千卡，而工業革命前先進的農民所獲取的達到了每人每天 20,000 千卡」。[2-1] 注意，這裡的「8,000 千卡」指農業社會的早期與穩定期，即使這個數值也與現代水準相差甚遠，而戰亂時的數值更要低很多，低到比狩獵採集社會還不如的地步。這是因為，農業社會的戰爭遠比原始社會更殘酷，原始社會的戰敗方可以逃走、繼續生活，而

農業社會無處可逃,於是戰爭中常常血流成河、白骨遍野。

輔助指標更能說明問題:農業文明社會的平均壽命低於30歲,1歲前的死亡率達25%,12歲前的死亡率達50%,[2-2]不僅與現代相差甚遠,更「低」到與原始時代類似的程度。

在低水準之外,古代文明的財富水準還存在劇烈的波動。首先是階層間的**斷裂**。相比起原始時代的部落與部落間、村落與村落間如一盤散沙,城邦文明是建立在等級秩序基礎上,由此形成的社會金字塔遠比埃及的金字塔還要失衡:在歐亞大陸的主要文明中,統治階層的國王、貴族、僧侶加起來只占總人口的百分之幾,被統治的平民階層則占據了總人口的百分之九十以上。國王的生活是奢華的,貴族與僧侶稍差,平民則只能勉強維持生計,奴工的收入則完全為零。本書考察的是「人類追尋財富與技術的歷程」,自然關注大多數人的物質生活水準,這個統計物件要明確。

更明顯的波動體現在時間上:王朝總陷於繁榮、停滯、衰退、崩潰的周期性循環。戰爭、饑荒、疾病、死亡隔一段時間就出現。它們在《聖經》中被稱為「天啟四騎士」,但其實還應該加上氣候變化與生態災難,再加上,王朝的昏君與奸臣也頻繁出現。天災與人禍構成了古代文明周期性循環的直觀原因,但還有更隱蔽的原因馬上講到。古埃及與古中國是兩個典型例子,按說相對封閉的地理優勢有利於形成統一帝國,但即便如此,它們也處於繁榮、停滯、衰敗、崩潰的循環中。

階層間與時間上的斷裂,解釋了古代財富水準的波峰與波谷。金字塔、長城、泰姬陵等建築很宏偉,但那是帝王的專屬,與普通人無關。盛世中普通人的財富水準會提升,但提升有限,而且會隨著人口爆炸而回落。(原因很快講到)。盛世之後是漫長的停滯、敗壞、崩潰期。到了崩潰的谷底,建築能保留下來,但普通人的收入近乎歸零,活下來都難。於是,古代大多數時段、大多數人的財富水準,只能用「低水準波動」描述。

一種可能的猜測是,早期固然如此,但隨著時間推移,會不會出現「螺

旋式上升」呢？從結果看沒發生，因為在古代最發達的歐亞大陸上，直到很晚很晚，普通人也只能勉強維持溫飽，有目擊者的描述為證：[2-3]

1766 年記載的《法國和義大利遊記》這樣描述，「在農民的膳食中已經找不到肉食的蹤影。」1700 年左右法國人口統計顯示，貧窮的人占 90%，其中非常貧窮的占 50%，近乎乞丐的 30%，乞丐 10%。

17 世紀一位當時的法國旅行者描述印度德里的生活，「當地人的膳食幾乎沒有什麼種類可言，因為當地人只能千篇一律地吃一種青豆和米的燴飯，而且一頓只能吃一小碗。」

另一種猜測是，盛世固然短，但長期和平下能不能走出「低水準波動」呢？從結果看也沒有。在古代世界中，長期和平的時段很少，最引人注目的是自 1066 年到 1760 年間的英國，期間也有波瀾，但從總體看，王室還算連續、秩序還算穩定、貿易還算繁榮、人民還算安居。經濟學家詫異地發現，在這「長」達七百年間，英國經濟仍處於低水準波動中。經濟學家艾倫用資料考證了其間的兩次循環：從 1000 年到 1350 年是第一波，工資從低到高再回落；從 1350 年到 1750 年是第二波，工資從低到高再回落。而整個時期的人均工資的平均值，始終沒變！[2-4]

上述都顯示，在 18 世紀前，財富的「低水準波動」一以貫之。

所謂的馬爾薩斯陷阱

英國的教士馬爾薩斯（Thomas Malthus）注意到了上述現象，並更重要地，解釋了其必然性。今天人們已經不太記得馬爾薩斯的名字，但他在那個時代的諸多方面，都具有開創意義。

之前，「社會周期」往往被歸因於天災人禍、天道循環、帝王變化、戰爭爆發等因素，不是神秘，就是偶然。神秘因素不符合理性，偶然因素則難以解釋幾千年的循環。馬爾薩斯在 1789 年出版的《人口論》中給出了一個

純自然的解釋:人口因素,且不說對不對,方向變了。

並且之前,「人口因素」即使被提及也象徵相反的意義:在阿拉伯文明、中華文明、印度文明、歐洲大陸的帝國中,人多都被當做王朝興盛的徵兆——稅源多與兵源多。少數異議倒來自古代中國,[2-5] 儘管很快被壓制下去了。其實不管古代的正方、還是反方,都基於直覺的猜測。而馬爾薩斯指出人口過多可能對經濟產生負面影響,基於完整的邏輯演繹,且不說對不對,方法也變了。

今天,社會科學在學術界占據舉足輕重的地位,最初的靈感大概來自馬爾薩斯的嘗試:如果以自然規律來解釋自然世界算科學,那麼以自然規律來解釋人類社會也算!這樣的思維方式影響了當時及後來的很多人,包括經濟學家亞當・史密斯、李嘉圖、達爾文等。當達爾文登上遠洋考察船時帶上了馬爾薩斯的《人口論》,下船時在腦海中已經形成了《進化論》,前者講的是環境對人口的制約,後者講的是環境對物種的制約,不同但也不無關聯。

讓我們來看看馬爾薩斯的邏輯演繹:

首先在《政治經濟學》中,他闡述了土地對產業發展的制約:人類生存離不開食物、衣服、住房和燃料,這些產品來自農業、畜牧業、手工業和林業,這些產業都建立在土地上。如果按照行業細分,手工業、皮革業、紡織業的原料來自牧業和農業;建築業、機械業、燃料來自林業;牧業、農業、林業都直接在土地上。於是,土地成為了各行各業的根本制約。

接著在《人口論》中,馬爾薩斯指出:土地制約了產業,就等於制約了人口。人的繁衍本能造成人口呈自然增長的趨勢,再加上社會文化可能鼓勵生育。更多的人口需要更多產品,但土地限制了產業發展。馬爾薩斯設想了兩種情況:一種是土地無限供給的情況,當時的美洲新大陸土地開闊,其實人類早期也如此,據馬爾薩斯測算:「人類將以 1、2、4、8、16、32、64、128、256、512 那樣的增加率增加。」按照幾何級數加倍,就好像細胞分裂,每分裂一次就會加倍、加倍、加倍。當然人口增長也會增加勞動力,但馬爾

薩斯測算，勞動力增加只能讓食物產量按照 1、2、3、4、5、6、7、8、9、10 的算數級數增長，就像向儲蓄罐裡投幣加一、加一、加一。[2-6] 在今天看來，馬爾薩斯的「算數級數」與「幾何級數」也僅僅只能被當做比喻，但內涵是清楚的：人口增長的速度將遠高於糧食增長的速度。馬爾薩斯用這個例子來警示：即使在最樂觀的情況下，人口危機也不遙遠！「225 年內，人口對生活資料即將成 512 對 10 之比。300 年內，將成 4,096 對 13 之比。2,000 年內，生產物雖有極大量的增加，差額亦會弄到幾乎不可計算。」[2-7]

　　更常見的是土地有限，即當時主要歐亞大陸上古老文明所面臨的窘況。馬爾薩斯指出，人地關係緊張造成經濟呈周期性循環：當經濟繁榮時，人們的生育率提升、人口數量增長，使得固定土地中的人均土地量下降、勞動回報率減少，從而把經濟送入下行周期；當經濟蕭條時，人們的生育率降低、人口數量減少，又使固定土地上的人均土地量提升、勞動回報率增長，從而將經濟送入上行周期。循環往復。

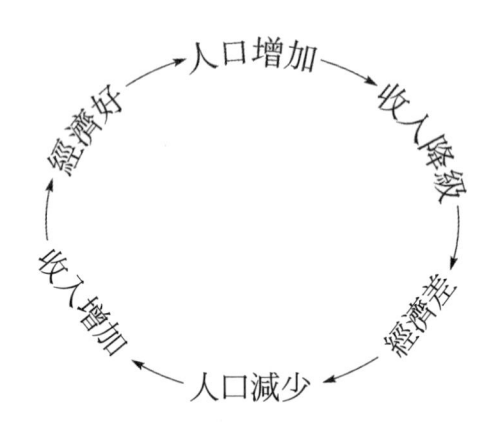

　　既然上述演繹中的經濟、人口、土地、收入等要素與邏輯是通用的，那麼結論就是必然的。這樣的原因比「天災人禍」更隱蔽，但更致命，因為即使統治者再仁政，勞動者再勤勞，人口原因都會造成周期性循環的出現！由於其必然性，馬爾薩斯循環也被稱為「馬爾薩斯陷阱」！

馬爾薩斯用自己的理論解釋在他之前兩百年間的經濟走勢：從1500年到1750年間，歐亞大陸的人口都在增長、都試圖緩解人口壓力，但都沒走出波動循環。區別只是在於人口控制的好壞罷了。英國的人口控制較好、緩解了經濟下行期，並通過擴大市場、延長了經濟上行期。同期的歐亞大陸其他經濟體的人口控制糟糕很多，馬爾薩斯雖然沒到過東方，但非常關注那時的中國與印度，並根據傳教士帶回的資訊進行了預測。事實證明，其預測與當時當地的情形很接近，即，在人口無節制的爆炸下，普通人的生活十分困苦。【2-8】

在更長的時間範圍內，今天的經濟史學用馬爾薩斯的理論解釋了自文明以來、到1800年前的世界經濟走勢：總人口始終在加速增長，但在有限的地球資源下，財富平均水準只能圍繞很低水準波動。據統計，從距今一萬年前到兩百年前之間，世界人口總數從五百萬增加到了五億，【2-9】而人均產值與收入維持在同一水準，不變！【2-10】

馬爾薩斯認為，陷阱無法走出、頂多緩解。他提出的建議是控制人口，或者通過戰爭與災荒提高死亡率，或者通過節育降低出生率；曾經身為教士的他強烈推薦主動節育。而在馬爾薩斯的建議之外，海外移民，勞動分工，精耕細作等措施也被證明可以緩解人口壓力。但注意，所有這些都是暫時性的，因為節育、移民、精耕、分工都有限度，最終都會被人口的增長速度趕上，馬爾薩斯循環又會重演！

卡德維爾定律

以今天的後見之明，我們知道「馬爾薩斯陷阱」其實存在一個漏洞，那就是它建立在技術水準不變的假設上。【2-11】如果妥善利用該漏洞，陷阱是可以走出的。遺憾的是，在18世紀前的所有時空中，上述假設都成立，於是唯一的出路也被堵死了！這就涉及財富之外的另一話題：技術。

原始時代的流動部落一般不會超過幾十人，早期定居村落一般也不會超過數百人，勞動力及交流都有限。相比之下，城邦帝國的人口快速增長為幾十萬、幾百萬人，易於推廣技術，也易於大興土木，於是，在它們留下的宏偉建築背後，我們見到了古代工匠的精湛技藝及新工藝：在農業技術方面，犁、馬具、磨坊、重育種、雜交等方法被發明出來。在建築技術方面，分散衝力的楔形、減少重力的斜坡、減少摩擦力的滑輪與車輪、使用槓桿力的吊車等被發明出來。在紡織技術方面，絲綢及紡織機等開始普及。在交通技術方面，車、帆船、指南針、火器、三角帆、尾舵、密封艙等獲得使用。在軍事技術方面，拋石機、盔甲、火藥、戰車等被發明出來。在文字技術方面，符號、紙、筆、印刷術等被發明出來，有文字的歷史從此開始。

　　古代技術在數量上的提高不假，但本質上有多少提升值得商榷，比如在對自然能的利用上，原始時代的驅動力是人力，農業革命後出現了牲畜養殖，慢慢地，人們借助牲畜力來拉車、耕犁、馱運、推磨。有進步，但有限，首先，牲畜與人都受土地的制約；其次，牲畜力只適合直線運動，在划船、雕刻、播種等不規則運動上，還不如人力；最後，一匹馬或牛約能頂幾到十幾人的拉力，但再多頭馬牛也拉不動今天的火車，而今天的火車則輕易可以拉動自己。

　　至於其他能源利用方式，仍處於輔助與局限的地位。常見的水力驅動設備水車，一世紀出現在歐洲與中國，羅馬人用它來取水、灌溉和驅動磨麵，漢朝人用它來取水、灌溉和驅動鼓風箱，但水車只適合有水流落差、還不能太湍急的地方，還只適合一年中的大約半年有水的季節，其他場合時間派不上用場。常見的風力設施是風車，7世紀出現在中東與中國，12世紀傳播到歐洲，在風力驅動下被用於提水、排水、榨油、磨麵、造船等。類似水車的限制，風車只適合有風的地方與季節，比如荷蘭的風車技術十分先進，但在西歐其他地方就無用武之地。再看取暖熱量的來源，人們在原始時代就燒木頭與糞便，到帝國時代幾乎沒有改變，只是隨著人口劇增而用量劇增罷了，

森林面積隨之減少,中國的黃土高原是亂砍濫伐的典型案例,而古希臘的希羅多德也寫道,「人類大踏步走過風景秀美之地,沙漠緊隨其後。」儘管古人也注意到了煤炭、天然氣、石油的可燃性,但還沒有可持續加工與使用的方法。

再比如基礎材料,古代文明與原始時代相比,同樣有進步但程度有限。繼原始時代出現了黃金與銅等軟金屬後,城邦文明發展出現了更堅韌的青銅,原料依然昂貴,於是只能用作大鼎、面具、小塑像、頭盔等滿足特殊需求的器皿,而那時人們普遍使用的仍然是石器或木頭。所謂「青銅時代」其實名不副實,它可以被視為從石器時代到鐵器時代的過渡。到西元前一千年左右,鐵器技術出現在中東地區,由於鐵的硬度較高、原料廉價,很適合被廣泛用做兵器或農具,於是在歐亞大陸蔓延開來。從西元前一千年到工業革命前,通常被稱為鐵器時代。但更確切的稱呼應該是「鑄鐵的時代」,因為在整個古代,所用的鐵材料僅限於最容易獲得但也最粗糙的一種:鑄鐵。

這背後的根本原因是重大發明的數量少。前面所列的建築、軍事、農業、紡織等方面的新技術加起來不少,但要平均到幾千年間則少得可憐。古代常常被形容為「千年不變」,聽著誇張,但從幾代人看差的不遠,生活方式年年不變、工具祖代相傳,沒人預計自己在一生中會見到什麼發明、更少人會自己發明什麼。不僅新事物出現的可能性低到幾近忽略,就連原有技術還常常莫名其妙地消失,因為工藝秘密被保存在小作坊中,常常由於師傅的逝去失傳,造成技術周期性的倒退。[2-12] 人類學家薩林斯總結道:「在人類歷史的大部分時期,勞動力總是比工具來得重要。直至相當晚近,整部勞動史都還是關於技能型勞動的歷史。」[2-13]

古代的技術進步不僅緩慢,還常常中斷,因為帝國處於興盛、停滯、敗壞、崩潰的輪回中。埃及帝國、中華帝國、羅馬帝國,包括阿拉伯帝國、波斯帝國、古印度帝國、中美洲帝國、南美洲帝國等都難逃起起伏伏的宿命,

還有些慘到「一伏不起」。在帝國崩潰時，皮之不存、毛將焉附？這時會出現另類「失傳」，即，看似平時保存嚴密的皇家技術，在戰亂中可能被一把火燒毀，讓技術從源頭斷絕。比如埃及的莎草紙技術，為埃及皇家壟斷，但在皇家的沒落中失傳了，以至於在之後的幾千年間，埃及人都猜不出祖先製作莎草紙的秘密，直到1962年，才被埃及工程師哈桑拉賈（Hassan Ragab）奇蹟般地複製出來。再如中國宋朝的水鐘，可謂當時世界上最先進的計時工具，也是在皇宮陷落時消失蹤影，以至於機械鐘被進貢給明清的皇帝時，竟被視為來自異國的「奇技淫巧」，殊不知其原型在古代中國已有，至今還無法複製。再如古羅馬帝國的鬥獸場、引水渠等市政工程曾經聞名於世，但在西羅馬帝國瓦解後的黑暗時代變為廢墟，今天的羅馬城是近一個半世紀多次重建後的樣子，太多細節無法復原。

這凸顯出本書把古代技術進步定義為單位時間重大發明新增的緣由：理論上講，技術不僅包括重大發明為代表的新技術，還包括既有技術的推廣與應用。但如果不區分新、舊的話，古代世界中就有兩種技術的「特例」難以解釋：

一種是帝國盛世的情況，由於長期和平、人口密集、交流暢通，古代帝國往往可以把舊技術的普及與推廣做得很好，只是新發明仍然很少。中國的明清時期把這種情況推向了極端，它們通過精工細作讓單位土地面積養活了很多人口，但重大發明近乎枯竭，以至於在小農經濟的道路上越走越遠。這當然不能稱為技術進步神速，而是龜速——前提是，必須以新發明作為技術進步的標誌。「在其發展軌道上突然停滯不前，例如伊斯蘭世界、古代中國、日本的技術發展分別到大約1200年、1450年、1600年就是這樣。」【2-14】

學者卡德維爾以獨特的視角，注意到了古代技術進步的另一特殊情況。即在近代民族國家興起過程中，義大利、葡萄牙、西班牙、荷蘭、法國、英國等先後擁有近代歐洲的技術霸權，但不久就被其他國家超過，讓技術霸權像接力棒那樣傳遞下去。「沒有哪個國家能夠在歷史上長時間保持旺盛的

創造力。所幸的是，每一個霸權國家衰落時，總有一國或數國接過霸權的火炬。」[2-15] 這被稱為卡德維爾定律。我們可以進一步擴展：與接力賽的隊友不同，沒有哪個國家會主動交出霸權地位，而是因為被趕超後不得不交棒。對霸權國家而言，「霸權」往往體現在現有技術上，不確定的是新發明；對競爭者而言，舊的技術賽道已經被別人占領，新發明成為自己反超的唯一可能。因此，卡德維爾的觀察從側面證明了，直到工業革命前，任何地區都無法讓重大發明持續出現，否則的話，霸權就永遠是霸權，接力棒也無需傳遞了。

加起來，古代技術也可以用「低水準波動」來描述，本書稱之為擴展後的卡德維爾定律，以示對原定律的尊重。

古代是一種模式

現在我們可以把不同層次的古代合併起來看了：人們口中的「古代」，究竟為何？從財富水準看，它始終符合馬爾薩斯循環；從技術水準看，它始終符合擴展後的卡德維爾定律；兩項相加，所謂「古代」，就是人類追逐財富與技術歷程上「低水準波動」的時代！

按照上述描述，原始時代其實也可以合併進來，因為它也符合上述規律，只是它的財富與技術水準振幅小，「小」到接近一條低水準的直線。相比之下，古代文明財富與技術水準振幅大，「大」到變成一條圍繞著低水準上下波動的曲線。但本質並無不同，財富與技術水準都低、都波動！

依據上述定義，我們可以回答一個爭議：古代到何時結束？

有人說它早就結束了，以西元一千年後的十字軍東征、商業革命、文藝復興等一系列事件為標誌，歐洲走出了中世紀，沒錯，但從經濟與技術發展的模式看，仍然符合馬爾薩斯循環與卡德維爾定律。

有人說，以 15 世紀的大航海為標誌，歐洲已經開始了海洋霸權，沒錯。但它的經濟與技術模式仍然屬於舊模式。

　　有人說，英國的情況不同，在西元 1500 年到 1760 年間，它擴大了勞動分工、市場規模、投資儲蓄，出現了相對連續的商業繁榮，沒錯。但那時英國的經濟與技術仍然可以用舊模式解釋。假如工業革命沒有發生的話，那麼它最終會進入第三次、無數次循環，繼續停留在古代！

　　結論是，遲至西元 1700 年左右，馬爾薩斯循環及擴展後的卡德維爾定律，如戴在傳統社會頭上的魔咒般，讓它們在貧困與落後的泥潭中難以自拔，毫無擺脫魔咒、爬出泥潭的跡象！這樣聽起來，工業革命、現代的到來又好像等不到了似的——歷史當然不會那麼簡單！

參考文獻和注釋

【2-1】 伊恩·莫里斯，文明的度量：社會發展如何決定國家命運 [M]，李陽譯，中信出版社，2014：57。

【2-2】 參考維基百科及不同的經濟學著作。因為古代沒有人口統計，其平均壽命及死亡率指標只能依據現代人的推算。

【2-3】 卡洛·M·奇波拉，工業革命前的歐洲社會與經濟 [M]，蘇世軍譯，社會科學文獻出版社，2020：9、167-168、32-37。

【2-4】 羅伯特·艾倫，近代英國工業革命揭秘 [M]，毛立坤譯，浙江：浙江大學出版社，2012：43-48。

【2-5】 戰國時期韓非子、宋末元初馬瑞臨、清朝洪亮吉等，都曾呼籲控制人口。洪吉亮的想法也有與馬爾薩斯類似的邏輯而且大致同時。

【2-6】 細胞分裂和儲蓄罐的比喻來自：德內拉·梅多斯、鄧尼斯·梅多斯，增長的極限 [M]，李濤、王智勇譯，北京：機械工業出版社，2013：19。

【2-7】 馬爾薩斯，人口論 [M]，郭大力譯，北京：北京大學出版社，2008：13。

【2-8】 A、馬爾薩斯，人口論 [M]，郭大力譯，北京：北京大學出版社，2008：57。「在有些國家，人口似乎逼得當地人習慣於靠著最低限度的食物過活了。」

B、易勞逸，家族、土地與祖先 [M]，苑傑譯，重慶：重慶出版社，2019：188。晚至1899年，來到中國傳教士明恩溥（Arthur H·Smith）還評述道：「中國社會最突出的問題是民眾的貧困。這片土地上的村落太多，生活在村落裡的家庭太多，每個家庭的『嘴』太多。無論你走到哪裡，你都會聽到一個反覆出現的詞彙：貧窮，貧窮 永遠是貧窮。」

【2-9】 據另外的統計，世界總人口在原始時代每一萬年增加一倍，到8000年前已達約700萬；在城邦時代每兩千年增加一倍，到1750年已達約7.5億。

【2-10】 威爾·杜蘭特，歷史上最偉大的思想 [M]，中信出版社，2004：3。「根據

1990 年美元的不變價值計算，對人類生產力的最佳估算是：7,000 年間每年的人均 GDP 在 400-550 美元間波動。西元前 800 年的全世界人均 GDP 為 543 美元，幾乎與 1600 年的資料一樣。」

【2-11】 希歐多爾・W・舒爾茨，改造傳統農業 [M]，梁小民譯，北京：商務印書館，2006：114・117。

【2-12】 理查・桑內特，匠人 [M]，李繼宏譯，上海：上海澤文出版社，2015：85-87。

【2-13】 馬歇爾・薩林斯，石器時代經濟學 [M]，張經緯、鄭少雄、張帆譯，生活・讀書・新知三聯書店 2019：99。

【2-14】 喬爾・莫基爾，富裕的槓桿：技術革新與經濟進步 [M]，陳小白譯，北京：華夏出版社，2008：87。

【2-15】 查理斯・P・金德爾伯格，世界經濟霸權 1500-1990[M]，高祖貴譯，北京：商務印書館，2003：37、358。引自卡德維爾，1972，Turning Point in Western Technology，英文見 P385。

另見傑克・戈德斯通，為什麼是歐洲？世界史視角下的西方崛起（1500-1850）[M]，關永強譯，杭州：浙江大學出版社，2010：36。「要說明 1800 年之前技術變革與變化的特點，最準確的詞是『偶然性』。」

第三章

現代人一夜暴富

經濟學家波蘭尼稱從古代生活到現代生活的轉換為「大轉型」。[3-1]

經濟學家，哈特韋爾稱其為古今之交的「大斷裂」。[3-2]

著名經濟學家卡諾奇波拉稱工業革命為「大震盪」。[3-3]

突然間，一切都解決了，停滯不前的古代結束了，日新月異的現代開始了。

這中間發生了什麼，震盪，斷裂，轉型？都是。工業革命本身像一場地震，它標誌著與古代的決裂，也昭告著地震波中現代的形成。在這部分的宏觀審視中，我們先越過地震本身即工業革命及之前的約兩百年，因為那是下部分微觀審視的內容。我們在前面已經看到了「千年不變」的古代，接下來對照下日新月異的現代。這裡的難度在於：「日新月異」意味著現代絕非正常的「果」，它在時空上是動態的、結果上是多樣的，那麼，如何可能為工業革命這一個「因」所解釋？

時間上的現代之路

讓我們先來釐清時間維度的因果鏈。今天，「如何實現現代化？」依然是個熱門話題，致力於研究這一主題的羅榮渠教授寫道：狹義的現代化是指從 18 世紀後半期西方工業革命以後出現的一個世界性的發展過程；廣義的現代化是指世界自工業革命以來現代生產力導致世界經濟加速發展和社會適應性變化的大趨勢，整個過程包括工業化、城鎮化、科學化、全球化、民主

化。【3-4】其實，歷史為我們揭示了次序（與上述大致吻合）：

　　第一次工業革命的直接結果，從名字就不難猜出，是第二次工業革命。一般認為，前者發生在西元1760年到1830年間，後者發生在西元1850年到1914年間。如此接近的時間，難免讓嚴謹的讀者起疑它們是不是同一件事，答案是否定的，因為除了時間差，還存在地點差與方向差：第一次工業革命發生在英國，工業家如瓦特、博爾頓、皮爾等大都是英國人；第二次工業革命轉移到了德國與美國，湧現出大量美國與德國的工業企業：在德國有賓士家族控制的賓士汽車、西門子家族控制的電器、克虜伯家族控制的鋼鐵、鄧樂普輪胎等；在美國有發明家兼企業家愛迪生控制的愛迪生電力公司、貝爾控制的貝爾電話電報公司、范德比特控制的鐵路企業、卡內基控制的卡內基鋼鐵、洛克菲勒控制的石油公司、摩根控制的金融企業、福特控制的福特汽車、西屋電氣等。

　　在技術方向上，第一次工業革命以動力與機械技術為主，開啟了蒸汽動力與鋼鐵的世界；第二次工業革命則以電與化工技術為主，開啟了電、合成材料、內燃機的時代：電的發明包括電燈、交流電、水電站、照相、電影、收音機、留聲機、電報、電話、有軌電車等；合成材料的發明包括化肥、炸藥、人造纖維、合金、藥物、X光、煉油等；內燃機作為蒸汽機的反覆運算更新，由於體積小而被用於汽車與飛機的引擎。

　　接下來，兩次工業革命「開花結果」，即漫長的工業化、城鎮化、科技化過程。注意，工業革命指特定時間、特定地點發生的歷史事件，早就過去了，而工業化指的是到今天仍在繼續的漫長進程。在古代，城市中也存在著大量釀酒、麵粉、打鐵、榨油等小作坊，甚至存在著少量燒瓷、冶煉、挖礦等集中生產的工廠，乃至巨型的皇家工廠，但所有古代製造業的共性在於手工操作、工具落後、產量低、品質差。而現代工廠的區別在於兩點：機械化與市場化。馬克思是按照工藝區分的，他將傳統手工勞動的場所稱為工場，

將動力機械驅動力的勞動場所稱為工廠。亞當‧史密斯是按照目的區分的，他將以自給自足為目的的勞動場所稱為工場，將以滿足市場需求為目的的勞動場所稱為工廠。這兩種定義並不矛盾，現代工廠既要靠機器工藝形成優勢，也要靠市場競爭兌現盈利！並且，工藝總向技術含量更高升級，市場總向區域更廣蔓延，讓工業化的進程變得無止境。[3-5]

工業化帶來了城鎮化。有些工廠建立在舊城市的郊區、不斷外擴，增加了城市的面積；有些工廠建在杳無人煙之處、慢慢地演變為新市鎮，增加了城市的數量；隨著交通網路的改善，城市日益取代農村成為國家的主體。再隨著農村人口大量進城，城市生活成為現代生活的主流：快節奏取代了慢節奏、高消費取代了低消費、陌生人交往取代了親友熟人的圈子。城鎮化還意味著公共衛生的出現：早期城市擁擠不堪、容易引發傳染病的流行，鄉村反而更衛生；而隨著城市中供水、污水、消毒系統的建立，城市的衛生狀況又開始反超鄉村。[3-6]

與工業化與城鎮化並行的是科技化。要知道，古代的科學與技術原本分屬不同的界域：科學以求真為目的、追求形而上的真理，技術以實用為目的、追求形而下的效果，兩個界域間有影響但不直接。再加上，在古代搞科學的與搞技術的也是兩撥人：工匠在店鋪實踐；教師與教士在大學與修道院沉思。情況從近代開始改變，15世紀的文藝復興運動提升了歐洲工匠的地位，18世紀的啟蒙運動與第一次工業革命把工匠的地位提升到了與其他人平等的高度，終於到19世紀中葉，工匠的教育程度普遍提高，科學家則從大學走入企業，人的隔離被徹底打破了。同樣在19世紀中葉，第二次工業革命開始了電磁學與電力工業的互動、化學與化學工業的互動，科學與技術的界域分割也被打破了。「科技」從此成為趨勢：在工業化的浪潮中，科技產品得以批量生產；在城鎮化的浪潮中，科技產品進入千家萬戶，物質生活的提升也帶來了精神面貌的轉變。一種新的生活形態出現了，人們稱之為「現代生活」。

第一次工業革命、第二次工業革命、工業化、城鎮化、科技化，這就是物質層面的、時間維度的現代化之路。

不同層次的現代

我們走在通往喜馬拉雅山的路上是一回事，但是不是已經進入喜馬拉雅山中卻是另一回事。有沒有可能我們誤以為進入了現代，但實際仍然停留在古代呢？

這就涉及到現代化的標誌，起碼在物質層面上，它體現為前所未有的財富增長及技術進步。關於現代財富增長的統計不計其數，此處僅舉有代表性的兩個。在能量消耗方面，據經濟學家麥迪森統計：對比從農業革命到工業革命前的一萬年，從工業革命到現在人均收入增加了十倍以上，人均 GDP 增加了約十幾倍。人均消耗的功率提高了五十倍，照明量提高了四萬倍，旅客交通里程提升了二百五十倍。此外，對比古代的平均壽命在 30 歲左右，自工業革命到現在，由於食物豐富、醫療完善、出生率提高、死亡率降低，很多國家的平均壽命都超過了 70 歲。【3-7】

有沒有可能，上述只是馬爾薩斯上行期？如果回憶下，在古代的馬爾薩斯循環中，人口下降會導致人均用地增加、勞動生產率提高、工資上漲，比如歐洲在黑死病後就出現過這種情況，當時人少地多，讓很多雇工變為了地主！而工業革命之後的不同在於，一個指標的增長不再以另一個指標的下降為前提。資料顯示，在 19 世紀的 100 年中，英國人口增加了三倍，而人均產值也增加了四倍。收入與人口同時增長！【3-8】

這意味著，工業革命開始了一種全新的模式。想想看，為什麼如此開創性的馬爾薩斯理論在今天連爭議的聲音都消失了？因為它試圖證明「低水準波動」的必然性，但其提出之時正值其失效的節點：從工業革命開始，歷史上第一次，人類社會走上了財富水準「空前」增長之路！

第一篇｜壯舉——究竟什麼發生了革命？

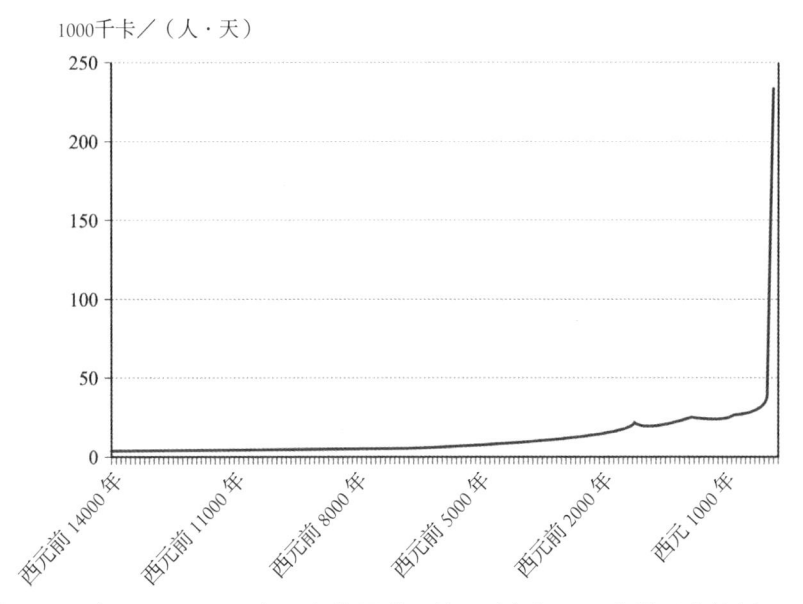

1000千卡／（人·天）

西元前 14000 年 - 西元 2000 年西方能量獲取情況（假設羅馬的增長率較低而早期現代時期的增長率較高）

圖示出自：伊恩·莫里斯，文明的度量：社會發展如何決定國家命運[M]，李陽譯，北京：中信出版社，2014：104。

另一個進入現代的標誌是前所未有的技術進步，直觀地體現在新產品、新通信方式、新交通方式。火車取代了馬車成為長途且高速的陸地交通工具，蒸汽船取代了帆船成為遠洋及內河的交通工具。火車的出現把跨西歐的通信從幾個星期減少為幾天，飛機的出現進而將其縮短為幾小時，電報的出現更是將其減少到一秒鐘。更不用提，相機、電話、冰箱、彩電、自行車、飛機、家庭汽車等在古代都聞所未聞。

在新的產品、通信方式、交通方式的背後，是新能源與新材料的升級。第一次工業革命創造出一個鋼鐵的世界，第二次工業革命創造出一個合成材料的世界：聚乙烯、尼龍、人造纖維等製品。在第一次工業革命中，煤炭成為蒸汽動力的能量來源；到第二次工業革命，電能和石油成為電機與內燃機

的能量來源，人力、牲畜力為主要驅動力的時代結束了，礦物能源的時代開始了；再到今天，核能、潮汐能、地熱、太陽能等成為更清潔的選項。學者斯米爾在《能量與文明》中比喻，如果以能量為跨越時空的通用貨幣，那麼，人類已然從流浪漢變為了百萬富翁。

在這麼多「新」的背後，最基礎的支撐在於重大發明的湧現。第一次英國工業革命中的新發明涵蓋了能源、材料、設備、工藝、組織形式、市場形式等十幾個領域，「這是一個瘋狂追求創新的年代，連絞死犯人都需要新方法（山繆·詹森）。」發明的起始規模之大已經很難得，它還持續到19世紀、20世紀，至今也未見停止的跡象。重大發明的起始規模與持續規模已經難得，它還在轉向與加速：第一波技術浪潮發生在動力機械領域，第二波技術浪潮發生在電氣、材料領域，後來變為半導體、電腦、航太技術、生物科技、互聯網革命、納米技術、人工智慧等領域，一個領域的進步勢頭稍微減弱，另一個領域的進步勢頭又趕超過去，於是，重大發明的規模至今還在擴大。

這些與古代世界中重大發明偶爾且中斷、技術進步低水準波動，形成了鮮明對照。顯然，工業革命開啟了一種與卡德維爾定律不同的全新模式：想想看，為什麼這條定律各位今天也甚少聽說，同樣因為，它解釋了古代，卻在現代變得過時：從工業革命開始，歷史上第一次，人類社會走上了技術水準「空前」進步之路！

貌似的「勝利」

至此，我們似乎描述了一個「勝利的故事」：人性本來就是世俗的，經過漫長的貧窮與落後的原始時代與古代，終於進入財富與技術快速進步的現代。我們終於獲得了最初所求！但是，「勝利」二字必須打上引號，因為人類追求財富與技術的歷程從來不是一帆風順，而是充滿了停頓、中斷、曲折！在工業革命前，原始社會及古代文明已然飽受戰亂、疾病、饑荒、死亡

的煎熬,並出現亂砍濫伐與技術濫用的跡象。問題早就存在,只是以不同的形式存在。在工業革命中,財富增長與技術進步的同時,社會矛盾也在激化(見下一篇)。在工業革命後,人與人之間的矛盾趨於弱化,而人與自然、人與技術的矛盾又凸顯出來。木材、煤礦、石油等自然能源被加速開發、對環境的污染日益嚴重;機器可以幫助延續人類攝取自然能、釋放人性,也可能耗盡資源、毀滅人性。但其實,人類對財富與技術的渴望是無限的,問題也將是無限的,最終,也只能靠人類的無限智慧解決!

這個打引號的「勝利」,我們還沒有講完,因為上述現代化的時間進程大致對應歐美國家,而世界不等於歐美,進入現代的也不只歐美,那麼其他地區呢?這就涉及「現代化」的空間維度。

參考文獻和注釋

【3-1】 原著英文書名「The Great Transformation」翻譯為「大轉型」更為貼切。卡爾·波蘭尼,巨變:當代政治與經濟的起源[M],黃樹民譯,北京:社會科學文獻出版社,2017。

【3-2】 Great Discontinuity, Hartwell, R·M·The Industrial Revolution and Economic Growth,1971.

【3-3】 卡洛·M·奇波拉,工業革命前的歐洲社會與經濟[M],蘇世軍譯,社會科學文獻出版社,2020:1。

【3-4】 羅榮渠,現代化新論[M],上海:華東師範大學出版社,2012:12。

【3-5】 薩利·杜根、大衛·杜根,劇變:英國工業革命[M],孟新譯,北京:中國科學技術出版社,2018:43。

【3-6】 城市化資料參考:

A、簡·德·弗里斯,歐洲的城市化:1500-1800[M],朱明譯,北京:商務印書館,2015:12。

B、道格拉斯·C·諾思,經濟史上的結構與變革[M],北京:商務印書館,1992:182。

C、詹姆斯·弗農,遠方的陌生人[M],張祝馨譯,北京:商務印書館,2017:73。

D、羅伯特·艾倫,近代英國工業革命揭秘[M],毛立坤譯,浙江:浙江大學出版社,2012:27。

【3-7】 數字來自:

A、威廉·伯恩斯坦,繁榮的背後[M],符雲玲譯,北京:機械工業出版社,2011:17。

B、另見伊恩·莫里斯,人類的演變[M],馬睿譯,北京:中信出版社,

2016：108、117、118、287。

C、安格斯·麥迪森，世界經濟千年史[M]，伍曉鷹譯，北京：北京大學出版社，2022：3。

【3-8】 資料參考：

A、世界城市人口的增長：大衛克拉克，引自：簡·德·弗里斯，歐洲的城市化：1500-1800[M]，朱明譯，北京：商務印書館，2015：7。

B、麥克洛斯基，《企業家的尊嚴》第一章及第六章，其估算的資料分別是6.5倍。

C、伊恩·莫里斯，人類的演變[M]，馬睿譯，北京：中信出版社，2016：287。

D、道格拉斯·C·諾思，經濟史上的結構與變革[M]，北京：商務印書館，1992：18。

E、人口增長：阿諾德·湯恩比，產業革命[M]，宋曉東譯，北京：商務印書館，2019：80。

第四章

大分流與大合流

工業革命不僅撕裂了時間，還撕裂了空間。關於空間維度的現代化，我們常常聽到兩種近乎相反的描述：大分流與大合流。我們還是可以從釐清這個維度的因果鏈中去理解。

工業化的擴散

如果把工業革命比喻為一場地震，那麼不出意外，位居震中的英國率先實現了工業化，並第一個獲得了「世界工廠」的稱謂。據經濟學家艾倫的統計，從 1750 年到 1880 年期間，英國製造業占世界製造業的比重從 2% 上升到 23%，[4-1] 而史學家霍布斯鮑姆以專項類別來統計更驚人，英國的煤產量約占世界總量三分之二、鐵產量約占世界總量的一半、鋼產量約占世界總量的約七分之五、棉布產量約占世界總量的一半、金屬器件約占世界總價值的四成；蒸汽動力約占世界總量的三分之一，製成品約占世界總價值的三分之一。[4-2] 但注意，這麼高的占比僅限於 19 世紀中葉的「抓拍瞬間」：之前的英國達不到，之後英國又被別國超過了。

以英國為震中，工業化的浪潮像地震波般擴散開來。從 19 世紀早期到中期，它首先波及到與英國在地理、文化、制度上最接近的地區。——在大西洋的對岸，北美大陸原先是英國殖民地，在人口、歷史、制度、文化上有剪不斷的淵源，儘管美國在 1767 年獲得了獨立，但它很快修復了與英國的

關係,並在英國工業革命後啟動了自己的工業化進程,包括引進蒸汽機、修建鐵路、開闢遠洋航線等。到了世紀之交時,美國的經濟總量已經超過了英國。——在英吉利海峽的對岸,西歐與英國原本傳統相連、體制相似,雖然在拿破崙戰爭中存在貿易禁令,但在1815年貿易禁令解除後,比利時、荷蘭、法國,德國等地也掀起動力工廠及鐵路的興建熱潮;其中剛剛統一的德國發展勢頭最猛,到世紀之交時,它的經濟總量也超過了英國。——工業革命的地震波繼續向外擴散,來到了北歐的丹麥、瑞典等地,中歐的瑞士、德意志、奧地利等地,南歐的義大利半島等地,它們離英國較遠,但仍然屬於傳統歐洲,於是也主動跟上了英國工業化的步伐。

工業化的第二波擴散出現在19世紀後期,其標誌是影響到歐洲之外,並分裂為主動與被動兩種模式。俄國與日本屬於主動工業化的例子,它們與英國相隔很遠,卻在政府主導下主動學習。——1861年,俄國的亞歷山大二世解放了俄國的農奴、強行將沙皇的土地賣給貴族,其他改革措施還包括司法獨立、地方自治、放寬媒體審查等,由此開啟了一段快速工業化的進程。——1886年,日本開始了明治維新,以國家的名義外派留學生、普及教育與公共衛生、大興工廠與鐵路等措施;政府為企業提供信用保障乃至貸款、甚至負責打擊罷工、鼓勵企業與國家同進退。——在日本與俄國之外,如印度、東南亞、非洲、南美等地淪為了歐洲列強的殖民地,這對被占領區人民而言無疑是場災難,因此那裡的工業化是被動進行的。

第三波工業化擴散,發生在兩次世界大戰之後,原有的殖民地國家紛紛獨立,再次轉為全面主動,但工業化模式又可分為兩種:上世紀末東亞四小龍乃至中國工業化的起飛,與政府的強力主導有關;而非洲、中東、南亞、非洲等地的工業化,則主要依靠市場的自我協調進行。

大分流

　　從上述工業化擴散的因果鏈,我們可以對應出「大分流」的時段:大致指的是工業化擴散早期,從工業革命到第一次世界大戰前,東西方實力差距迅速擴大的這一百多年。

　　但需要說明,關於大分流開始的時點,歷史學界是有爭議的。有人說,從1500年前後,歐洲發現了越過大西洋通往美洲以及繞過非洲通往東方的航線,歐洲人開始在亞洲、非洲、北美、南美占領殖民地,並設置殖民點起,已然拉開了東西方之間的差距。如果僅從航海實力看,沒錯,但如果從包括經濟與軍事在內的綜合實力看,則截止到1500年,或1600年,或1700年,「分流」並不絕對。

　　一些名為「加州學派」的經濟學家們專注於考察「經濟分流」,其結論得到越來越多其他經濟學家認可,即晚至1750年前後,世界經濟都是多元而無中心的,直到1800年後,西方才反超東方、成為世界經濟的中心。【4-3】這個時點暗示著,促發「大分流」的,不是航海革命,而是第一次工業革命。

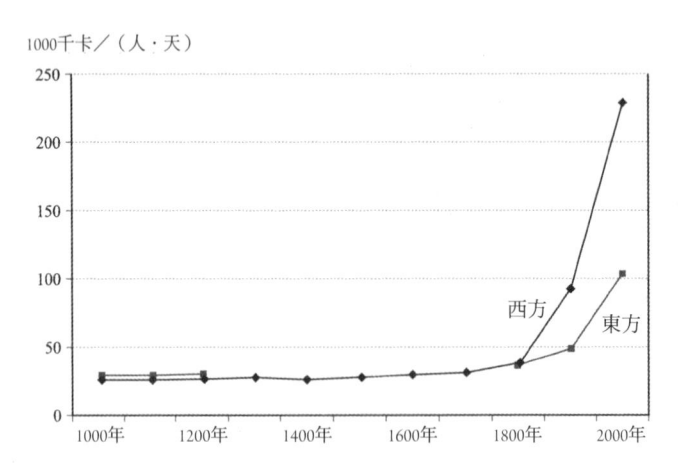

宋朝時期(西元1000-1200年)和現代時期(西元1800-2000年)東方能量獲取情況及與西方能量獲取情況的對比

在「經濟」之外，「軍事」也可以作為分流時點的佐證。要知道，在大航海後，歐洲列強已然具備了航海優勢，卻不敢貿然進入亞非大陸，這背後是有原因的：

首先，那時的海洋還無法被徹底控制。歐洲王朝的艦隊、海盜、商團、走私者都使用帶火炮的木船，王朝的艦隊略占優勢，但海盜、商團、走私者的船隻也差不多。再加上，王朝也不止一個，葡萄牙、西班牙、荷蘭、法國、英國都競逐於海上，於是，海洋過去是、近代仍然是「無主之地」。

除了對海戰沒有絕對的把握，歐洲列強對內陸戰爭也不確定：如果遇到草原騎兵，那時歐洲的火槍技術還不足以以少勝多；要想進入非洲叢林，那時歐洲的軍艦還難以逆流而上；即使划船到內河上游，也難以抵禦蚊蟲的肆虐，更不用提土著人在人數與地理上的優勢。

當然，歐洲列強對差距較大的美洲、大洋洲、太平洋島嶼文明，早就形成了壓倒性優勢，但對同屬歐亞非大陸的古老國度來講，截止到1800年，軍事優勢並不明顯。

情況在第一次工業革命後改變。「戰艦革命」被稱為海上的工業革命，英國的海軍配備了蒸汽機，煙筒屹立於艦船的中央；木船披上了鐵甲，能夠抵抗炮火的攻擊；於是，全副武裝的戰艦能在自己不受損傷的情況下輕易摧毀木船。不久，抗瘧疾的醫藥與半自動武器也出現了；憑藉新技術、新財富、新武器、新醫藥，歐洲列強得以徹底控制海洋並深入內陸。1815年後，歷史上猖獗的北非海盜從地中海消失了。1840年的鴉片戰爭中，英軍迫使清政府簽訂不平等條約，雖然那時派出的還以傳統軍艦為主，但它已經知道自己具備新戰艦的實力。1853年，美國蒸汽動力軍艦確確實實冒著「黑煙」而來、打開了日本的國門。1890年後，非洲內陸被加速瓜分，到1914年西方已經占領了地球上84%的土地和100%的海洋。[4-4]

大合流

相對於「大分流」對應近代一百多年的短期現象,「大合流」對應著一種長期趨勢,[4-5]「長」到難以窮盡的地步:自從走出非洲後,人類就成了這個世界上分布最廣泛的物種,也成為了連接地球的紐帶。於是,不同地區間的交流,從原始時代開始,到帝國時代加速。但距離始終是個限制因素,比如,古代中國對波斯帝國的影響有限,古代波斯帝國對歐洲查理曼帝國也影響有限,各自基本處於相對獨立發展的狀態。

從1500年前後的大航海開始,歐洲人可以越過大洋的阻隔而到達其他大陸,文明間的交流大大提速,……到1800年的工業革命中,人們開始乘坐輪船與火車跨越「千山萬水」,文明交流再次提速。在之後的一百多年中,大分流在進行,融合也在進行,只不過前者的勢頭更搶眼罷了。到1945年二戰結束後,隨著全球化的共識、各種區域性貿易組織的建立,融合又反過來成為主流。多年前有本暢銷書叫《世界是平的》就講述了在資訊交換、貿易往來、人口流動、交通進行、文化互通中,不同經濟體變得你中有我、我中有你,好似原本高低不平的世界被削去了山峰、填平了低谷,甚至(我引申為)變成了海洋。一種地球村式的文明形態出現了,它被稱為現代世界。

縱觀人類追逐財富與技術的歷程,分流與合流從來並存,現代化只是最新的例證:在分流與合流中,全世界的各地區都走上了工業化、城鎮化、科技化的道路,這是空間維度的現代化之路。

現代是一種模式

現在我們可以回答下面的問題了:人們所講的「現代」,究竟為何?它很難用某個具體資料鎖定,卻可以用模式來描述:所謂「現代」,就是人類追逐財富與技術歷程中「高水準發展」的階段。

這樣的定義回答了另一爭議：現代是從何時開始的？在漫長的原始時代與古代，人類社會財富與技術水準都處於「自回歸」模式。到現代，人類社會走上了技術與財富「自增長」模式。新、舊模式之間的轉捩點，正是第一次工業革命。

參考文獻和注釋

【4-1】　羅伯特‧C‧艾倫，全球經濟史[M]，陸贇譯，南京：譯林出版社，2015：8。

【4-2】　A、埃里克‧霍布斯鮑姆，工業與帝國：英國的現代化歷程[M]，梅俊傑譯，中央編譯出版社，2017：3、131。

B、埃里克‧霍布斯鮑姆，革命的年代：1789-1848[M]，王章輝譯，北京：中信出版社，2017：63。

【4-3】　A、彭慕蘭在其著作《大分流》中列舉了中西方在生產力水準（工業、農業、技術）、消費模式（物價、收入）、生態限制（氣候、疾病、壽命）方面的比較，結論是「無數令人驚異的相似之處」。

B、傑克‧戈德斯通：「直到1750年，東亞和西歐之間人口、農業、技術及生活水準的變化並沒有出現什麼根本性的差別。因為直到晚近，決定社會長期波動的主要因素——氣候和疾病仍在平等地影響著全世界的所有人，沒有任何國家可以擺脫這些條件。」傑克‧戈德斯通，為什麼是歐洲？世界史視角下的西方崛起（1500-1850）[M]，關永強譯，杭州：浙江大學出版社，2010：25。

C、王國斌（R‧Bin Wine）將整個歐洲與中國對比，在18世紀之前歐洲與中國在人口、資源、信用、製造方面沒有根本區別，都屬於「史密斯型」的經濟模式。王國斌，轉變的中國：歷史變遷與歐洲經驗的局限[M]，李伯重、連玲玲譯，江蘇人民出版社，2020：234-254。

D、經濟學家麥迪森（Angus Maddison）運用實際購買力的計算方法對比，資料顯示：在1750年時，中國、印度和歐洲分別占世界產量的33%、25%、18%。但到工業革命後，經濟形勢發生了一百八十度的逆轉：1913年，中國與印度占世界製造業的比重分別降低到了4%和1%。而歐美的比例則上升到75%。安格斯‧麥迪森，世界經濟千年史[M]，伍曉鷹譯，北京：北京

大學出版社，2022：表B21，262。

E、伊恩·莫里斯用能量的方法對比了工業革命前後的東西方巨變：「直到1750年，東西方核心區域間的相似性還是很明顯的，但到1850年，一個顯著不同點將所有這些相似性驅散得無影無蹤，即，一個新興的以蒸汽作為能源的鐵之領主的崛起。」伊恩·莫里斯，西方將主宰多久[M]，北京：中信出版社，2014：86-93。

F、魏丕信，18世紀中國的官僚制度與荒政[M]，徐建青譯，江蘇人民出版社，2020：12。中文版序，魏丕信評估的經濟「大分流」的時間節點更晚：一直到第二次鴉片戰爭，英國的工業產值才剛剛趕上中國，而法國的工業產值只是中國的40%。

H、鐘斯在《為什麼是歐洲？》中不僅確認了上述時間，而且做出了解釋：「直到晚近（1750年），決定社會長期波動的主要因素——氣候和疾病仍在平等地影響著全世界的所有人，沒有任何國家可以擺脫這些條件。」傑克·戈德斯通，為什麼是歐洲？世界史視角下的西方崛起（1500-1850）[M]，關永強譯，杭州：浙江大學出版社，2010：25。

【4-4】 關於歐洲列強瓜分世界的進程，可參考：

A、尼爾·弗格森，帝國[M]，雨珂譯，北京：中信出版社，2012：193。

B、傑克·戈德斯通，為什麼是歐洲？世界史視角下的西方崛起（1500-1850）[M]，關永強譯，杭州：浙江大學出版社，2010：169。

C、皮爾·弗里斯，國家、經濟與大分流[M]，郭金興譯，北京：中信出版社，2018：273。

D、斯塔夫里阿諾斯，全球通史：從史前史到21世紀下冊[M]，吳象嬰等譯，北京：北京大學出版社，2006：506、630。

E、馬特耶·阿本霍斯、戈登·莫雷爾，萬國爭先[M]，孫翱鵬譯，北京：中國科學技術出版社，2022：9。

【4-5】 這個詞似乎來自加州學派的另一位經濟學家李伯重。

第五章

人沒變，速度變了

我們追溯人類追逐財富與技術的歷程，是為了找到工業革命的核心：究竟什麼發生了革命？

關於從古代至現代轉型的關鍵，學術界的學科眾多、視角眾多，難免結論眾多：支持文化為現代轉型關鍵的大師們包括韋伯、梅因、巴特菲爾德等；支持社會為現代轉型關鍵的大師們包括韋伯、湯恩比、西美爾、涂爾幹、桑巴特、滕尼斯等；支持經濟為現代轉型關鍵的大師們包括亞當・史密斯、李嘉圖、羅斯托、阿仕頓、波蘭尼等；支援技術為現代轉型關鍵的大師們包括芒圖、莫里斯、波蘭尼等……沒錯，早期的學者的專業區分還沒那麼清楚，於是一個人就可能發表了幾種觀點。

而這正是我們費時費力追溯人類追逐財富與技術歷程的緣故：「假如」工業革命是整個歷程的唯一分水嶺，那麼，從古代到現代轉折的關鍵也就等於工業革命的核心。當然，這裡「假如」有待確認：工業革命是從古代到現代的唯一轉折，還是之一？

如果回憶下歷史課本，人類歷史上似乎出現過數不清的「革命」。按時代分，有舊石器革命、新石器革命、城邦革命、地理大發現、文藝復興、宗教改革運動、科學革命、憲政革命、啟蒙運動、工業革命等等。按地區分，有俄國的十月革命、中國的辛亥革命、美國的民權運動、法國大革命等等。按行業分，有農業革命、商業革命、金融革命、工業革命、互聯網革命等等。但好在，如果具備把人類社會從古代送入現代的歷史意義，那麼這樣的革

命,其影響應該長期不可逆,而非轉瞬即逝;應該波及世界各個角落,而非僅限於某一地區;應該改變了人類生活的各方面,而非僅限於經濟、建築、醫療、技術、文化、藝術、宗教、法律的某方面。按照這三方面的要求,上面所列中絕大多數革命都可以被排除,唯一不能排除的是「生產力革命」,因為它們普遍具備上述特徵。而在生產力革命中,我們知道工業革命是符合要求的,它在時間上不斷深化、在地域上不斷擴散、在層次上塑造了現代生活的各個層面。於是,問題就變為:人類歷史上究竟發生過幾次根本性的生產力飛躍?

答案是,少之又少,還越來越少。

一次革命說

在上學時,我們就都聽說過生產力三次跨越的說法。支持三次生產力革命說的學者包括科學史家貝爾納、[5-1] 麥克萊倫三世,[5-2] 人口學家迪維、[5-3] 哈丁[5-4] 等。

第一次,舊石器革命。在距今兩百萬到一萬兩千年間,石器與火被發明並完善了。這一波生產力進步意義非凡:它讓人類在自然競爭中生存了下來,走出非洲,占據了世界的各個角落。

第二次,新石器—農業—城邦革命。在距今一萬兩千年前,出現了各種「非典型性石器」,進而出現了農業與畜牧業,接著出現了帝國、城市、文字、巨大的建築。這一波生產力進步也意義非凡:它讓人類完成了從移動到定居的轉換,發生在亞、非、歐、美洲大陸,從而奠定了數千年古代文明的基礎。作為其高峰的農業革命,常常被用作整體的代名詞。

第三次,工業革命。在距今兩百年前的第一次工業革命中,機器動力取代了人力,機器操作取代了人的操作。這一波生產力進步帶來了工業化、城鎮化、科技化,讓人類的生活與地球的面貌為之一變,甚至面臨被毀滅的危

險，顯然，它直接影響到我們每一個人。

如果嚴格審核上面名單的話，舊石器革命可能存疑，原因涉及「人」的定義。如果以製造工具為人類特徵，那麼石器與火的出現可以算人本身，但不可能再算作「技術革命」，因為一個事物不能作為它自身的結果。如果按照另一種標準，以二十萬年前出現的智人為今人的直接祖先，那之前出現的石器與火就根本屬於人類的原始祖先，而不屬於人類。不管依據哪種理由，從三次革命中刪除掉舊石器革命後，就只剩下了新石器—農業—城邦革命與工業革命。支持兩次生產力革命說的學者包括史學家湯恩比【5-5】、史學家帕爾默、【5-6】城市學家大衛・克拉克等。【5-7】

近年來，新石器—農業—城邦革命又被質疑，理由是，與原始社會相比，定居生活未必更好、效率也未必更高。

人類學家馬歇爾・薩林斯提出了「原始富足社會」的說法。原始人在最初進入一個地區時，往往經過一段食物充裕的日子。這點可以從對尚存的原始部落的觀察中得到印證：今天非洲及亞馬遜的部落，在氣候好的年景、生態多樣的地區，只需要每周打獵幾次、每次3到5小時就夠生活，其他時間都在休閒或睡覺。18世紀的歐洲人到達太平洋的大溪地島時，也發現那裡的土著們大多數時間都在享受陽光與睡眠，餓了吃椰子、水果、魚類、龜類等，只要資源充足，生產效率並不低。【5-8】

僅僅當容易獲得的獵物或果實消耗完後，原始部落才面臨生存壓力。農業生活就是在這樣的壓力下開始的，它具有更強的抗災能力，但土地的限制造成人均生產率提升有限，而聚集中的疾病與瘟疫也讓健康與壽命改善有限；更不用說勞動單調而繁重，原始的樂趣不見了。基於此，有學者宣布，從原始生活到定居生活的轉變是「人類歷史上最大的錯誤」。【5-9】但公平地講，在最高值與積累值上，古代文明還是要勝出原始時代很多的。只是在平

均值上,原始與古代文明的財富與技術水準都低。不管怎樣,「勝出」不徹底,徹底勝出要等到工業革命。經濟學家克拉克寫道,「人類歷史上只發生了一件事,那就是工業革命」【5-10】。奇波拉、莫里斯、芒圖、蘭德斯、霍布斯鮑姆、湯恩比【5-11】等均持有類似的觀點。本書前面對古代與現代發展模式的對比也支援該觀點。

什麼發生了革命?

好,工業革命是從古代到現代在物質層面的唯一轉折,該如何描述該轉折的關鍵呢?

首先要排除的是「人種革命」的可能性。即古代人變為了現代人,所以不奇怪,古代進入了現代。人種改變可以便捷地解釋工業革命乃至任何歷史事件,但與事實不符:原始人、古人、現代人都屬於同一生物科目;在人類出現的這段時間內,還來不及出現新的變種。今天,如此明目張膽的種族主義已經很少見。如果把人口品質定義為生育習慣,這稍微含蓄些,但仍然難免引發種族主義的聯想。如果把人口品質定義為教育水準,這更含蓄些,但那是從第二次工業革命開始的事,因而很難解釋第一次工業革命的發生。【5-12】總之,人沒變,這是本書的原點!

接下來,讓我們判斷下被用於描述工業革命的各種關鍵字:技術的生產、使用、儲存、進步;財富的生產、使用、儲存、增長;以及動力、機器、金融、勞動生產率增加、人口增長、雇傭關係、新能源、新材料、金融化、消費化、城鎮化、產業化、科技化、工業化、現代化、全球化、大分流等等。要判斷算不算「工業革命的核心」,就要看它們是否與工業革命在時間與機制上完全吻合。

在時間上,可以先排除工業革命後才出現的因素,如新能源、新材料、金融化、消費化、城鎮化、產業化、科技化、工業化、現代化、全球化、大

分流等，它們頂多算工業革命的結果，而非本身。此外，還可以排除在工業革命前很早就出現的因素，如地理、生態、氣候、人性、財富、技術、財富積累、技術進步、消費、交換、生產力、生產、發明、能源、貿易、動力、機器、金融、勞動生產率增加、人口增長、雇傭關係等，它們頂多算工業革命的原因，而非本身。【5-13】【5-14】

在排除了時間上不符合要求的關鍵字後，剩下的、與工業革命大致同時的關鍵字包括：工廠制度、動力機械、財富增長、技術進步。在進一步嚴格審核下，前兩項與工業革命在時間與機制上都不完全吻合。蒸汽機在時間上與內容上為第一次工業革命所含括（見下一篇），它們更像一短一長的兩條平行線。而工廠制度在時間跨度上比第一次工業革命長，【5-15】在內容上又比第一次工業革命窄，它們又像一長一短的兩條平行線。

在排除上述後，我們就回到前面提到的財富的「空前」增長與技術的「空前」進步。但這裡似乎包含了兩個要素，而我們要找的是「唯一」的核心。那麼，到底是技術進步更關鍵，還是財富增長更關鍵？歷史告訴我們：隨著18世紀工業革命的爆發，技術的空前進步，帶動了財富的空前增長，從而走出了技術與財富的低水準波動模式。這意味著，技術進步是因，財富增長是果。【5-16】

這樣我們就找到了古、今轉折的關鍵、工業革命的核心：重大發明的「空前」湧現。

請看右頁的「世界重大發明統計」（根據《改變世界的1001項發明》統計）。

第一篇｜壯舉──究竟什麼發生了革命？

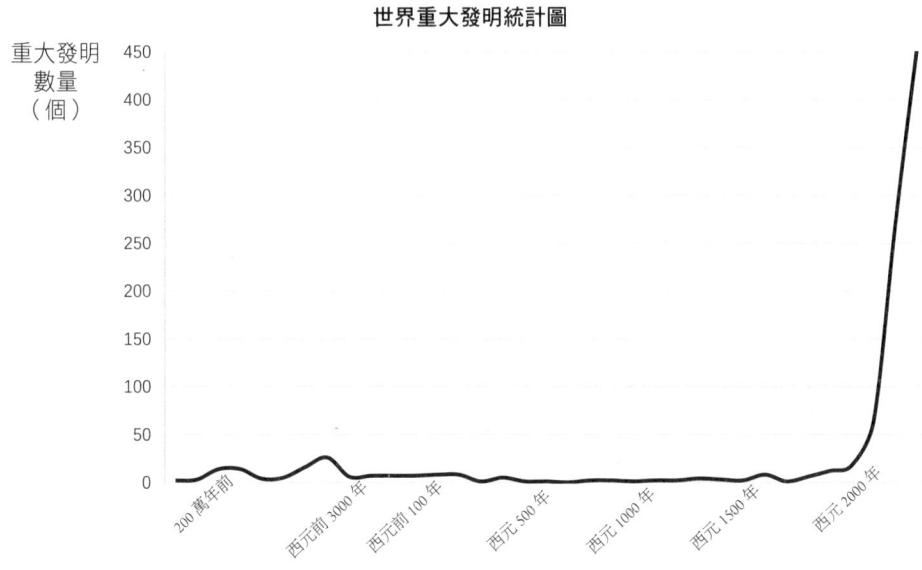

世界重大發明統計圖

世界重大發明統計表

時間	發明數量	時間	發明數量	時間	發明數量
一百萬年前到兩百萬年前	2	前 200 年到 300 年	8	900 年到 1000 年	4
二十萬年到一百萬年前	3	前 200 年到前 100 年	8	1000 年到 1100 年	3
一萬年前到二十萬年前	14	前 100 年到 0 年	1	1100 年到 1200 年	2
前 6000 年到一萬年前	14	0 年到 100 年	5	1200 年到 1300 年	8
前 6000 年到前 5000 年	4	100 年到 200 年	1	1300 年到 1400 年	1
前 5000 年到前 4000 年	5	200 年到 300 年	1	1400 年到 1500 年	6
前 4000 年到前 3000 年	16	300 年到 400 年	0	1500 年到 1600 年	12
前 3000 年到前 2000 年	26	400 年到 500 年	2	1600 年到 1700 年	18
前 2000 年到前 1500 年	6	500 年到 600 年	2	1700 年到 1800 年	64
前 1500 年到前 1000 年	7	600 年到 700 年	1	1800 年到 1900 年	268
前 1000 年到前 400 年	7	700 年到 800 年	2	1900 年到 2000 年	451
前 300 年到 400 年	7	800 年到 900 年	2		

圖表具體發明資料來自：傑克‧查羅納主編，改變世界的 1001 項發明 [M]，張芳芳、曲雯雯譯，北京：中央編譯出版社，2014.6。

　　需要說明的是，這部分只是為了履行「立案」義務，破案還沒開始呢。既然僅僅屬於履行義務，那也不奇怪，上述答案雖然從眾多學科答案中篩選出來，但也算不上石破天驚，因為起碼在經濟學中，新古典學派就一直以技術進步增速為工業革命的核心。【5-17】【5-18】【5-19】如果說這部分的回答略有不同，就是我們將技術進步聚焦為新發明，進而聚焦為重大發明的出現。在經濟學

意義上,「技術進步」包含舊技術的推廣及新發明的出現,但對工業革命的歷史分析,這樣的綜合將造成誤導,因為如果僅僅靠出現某個技術然後推廣與普及,那麼就會像河流沒有水源補充而走向枯竭;[5-20] 反之,只有重大發明的「空前」湧現,才能解釋工業革命的洪流滾滾,乃至其持續、加速、轉向。[5-21]

那我們能不能把「重大發明的湧現」當做工業革命發生的直接原因呢?不能。類似的說法還有技術持續進步、財富持續增長等,它們在時間和機制上與工業革命吻合,而一個事情不能作為自身的原因。否則就好像在說:技術進步是技術進步的原因,財富積累是財富積累的原因,重大發明的湧現是重大發明湧現的原因,都屬於同義反覆的錯誤。我們必須另找原因:是什麼促成了工業革命中「重大發明的湧現」?

參考文獻和注釋

【5-1】 約翰·德斯蒙德·貝爾納，歷史上的科學：卷一 [M]，伍況甫、碰家禮譯，北京：科學出版社，2015：60。將火、農業與動力稱為人類歷史上的三大發明。

【5-2】 麥克萊倫三世的《世界科學技術通史》稱新石器革命，城邦革命與工業革命為「三次跨越」。

【5-3】 朱利安·林肯·西蒙，沒有極限的增長 [M]，黃江南、朱嘉明譯，成都：四川人民出版社，1985：135。

【5-4】 加勒特·哈丁，生活在極限之內 [M]，張真譯，上海：上海譯文出版社，2001：152，圖 12-2、135，圖 10-1。

【5-5】 阿諾德·湯恩比，歷史研究 [M]，上海：上海人民出版社，2016：28、40。

【5-6】 R·R·帕爾默、喬·科爾頓、勞埃德·克萊默，工業革命：變革世界的引擎 [M]，蘇中友、周鴻臨、范麗萍譯，北京：世界圖書出版公司，2010：1。

【5-7】 大衛·克拉克的《城市地理》，轉引自《歐洲的城市化》，「城市發展的過程經過了兩次主要的變奏。第一次是農業（即新石器）革命，約西元前五千年發生在近東和中東，並且誕生了清晰可辯的城市。第二次是工業革命，發生在 18 世紀後期的英國，並推動了大都市的發展。」簡·德·弗里斯，歐洲的城市化 [M]，北京：商務印書館，2014：6。

【5-8】 參考：

A、馬歇爾·薩林斯，石器時代經濟學 [M]，張經緯、鄭少雄、張帆譯，生活·讀書·新知三聯書店，2019：7。

B、尤瓦爾·赫拉利，人類簡史 [M]，林俊宏譯，北京：中信出版社，2017：49。

C、格里高利·克拉克，告別施捨 [M]，洪世民譯，桂林：廣西師範大學出

版社，2020：1、3。

【5-9】 參考：

A、尤瓦爾·赫拉利，人類簡史[M]，林俊宏譯，北京：中信出版社，2017：77、83。

B、格里高利·克拉克，告別施捨[M]，洪世民譯，桂林：廣西師範大學出版社，2020：39。

【5-10】 格里高利·克拉克，告別施捨[M]，洪世民譯，桂林：廣西師範大學出版社，2020：2。

【5-11】 A、卡洛·奇波拉稱工業革命為「人類在新石器時代過上定居生活後的最大轉折」。

B、伊恩·莫里斯，人類的演變[M]，馬睿譯，北京：中信出版社，2016：109。

C、保爾·芒圖，十八世紀產業革命：英國近代大工業初期的概況[M]，楊人楩等譯，北京：商務印書館，1997：9。

D、湯瑪斯·S·阿什頓，工業革命[M]，李冠傑譯，上海：上海人民出版社，2020：66。「在其他任何時代或者其他任何地方都很難找到與之相比擬的事物。」

D、霍布斯鮑姆：「工業革命標誌著有文獻記載的世界歷史中人類生活的最根本的轉變。」埃里克·霍布斯鮑姆，工業與帝國：英國的現代化歷程[M]，梅俊傑譯，中央編譯出版社，2017：3。

E、阿諾德·湯恩比，歷史研究[M]，上海：上海人民出版社，2016：28、40。

【5-12】 A、主張歐洲生育獨特模式的克拉克教授自己也承認：「歐美人口轉型的是時間大約是1890年，也就是傳統認定的工業革命發生年代的120年後。」格里高利·克拉克，告別施捨[M]，洪世民譯，廣西：廣西師範大學出版社，2020：210。另見第六章「富者生存」，及第九章「現代人的出現」。

B、O・蓋勒，統一增長理論 [M]，楊斌譯，北京：中國人民大學出版社，2017：28。主張人口品質說的蓋勒自己也承認：「在工業化的第一階段，人力資本在生產過程中的作用是有限的。」「工業規劃第二階段的特點是，人力資本在生產過程中的相對重要性逐步上升」。

【5-13】 海爾布隆納，經濟學統治世界 [M]，唐欣偉譯，湖南人民出版社，2013：13。經濟學家海爾布隆納曾說「利益是一個現代概念」。但這句話只是相對於歐洲中世紀基督教對利益的壓制而言有效，近代歐洲復興了人性中對利益的渴望。而在更廣的視野下對比的話，「利益」的概念伴隨著人腦就出現了，在人類歷史的大多數時間、大多地區中，利益都是被追逐的物件，如果這樣的普遍因素能算工業革命核心的話，那麼工業革命早就完成了。

【5-14】 在《科學與現代世界》中，科學史家懷特海有名言，「工業革命最重要的發明就是發明本身。」但這句話起碼不準確，因為我們祖先從樹上下來之後就開始了發明；古代社會也出現過短暫的發明潮；如果把它們算工業革命的核心，那工業革命也早就發生了。

【5-15】 工廠制度長於工業革命的時間，請參考：

A、克拉潘，現代英國經濟史：上冊第 1 分冊 [M]，北京：商務印刷館，1977：188、189。

B、喬爾・莫基爾，富裕的槓桿：技術革新與經濟進步 [M]，陳小白譯，北京：華夏出版社，2008：124。

C、傑克・戈德斯通，為什麼是歐洲？世界史視角下的西方崛起（1500-1850）[M]，關永強譯，杭州：浙江大學出版社，2010：132。

【5-16】 關於技術進步與財富增長的因果分析，可參考下面的論述：

A、經濟學家布萊恩・亞瑟指出，「科學不僅利用技術，而且是從技術當中構建自身的。」布萊恩・亞瑟，技術的本質 [M]，曹東溟、王健譯，杭州：浙江人民出版社，2018：67。

B、湯瑪斯・S・阿什頓，工業革命 [M]，李冠傑譯，上海：上海人民出版社，

2020：104。「沒有發明創造，工業可能會繼續慢速前行——企業變得更大、貿易更廣、分工更細以及交通和財政更加專業和高效——但不會出現工業革命。」

C、喬爾·莫基爾，富裕的槓桿：技術革新與經濟進步[M]，陳小白譯，北京：華夏出版社，2008：163。「技術變革不是由經濟增長引起的，相反，技術變革引起了經濟增長。假若沒有技術變革，那麼其他形式的經濟進步最終將擱淺，陷於停頓。」「技術自身就足以支撐持續的增長，因為技術本身沒有陷入報酬遞減的處境。」

【5-17】可參考：

A、傑克·戈德斯通，為什麼是歐洲？世界史視角下的西方崛起（1500-1850）[M]，關永強譯，杭州：浙江大學出版社，2010：21。

B、道格拉斯·C·諾思，經濟史上的結構和變革[M]，厲以平譯，北京：商務印書館，1992：188。

C、羅伯特·C·艾倫，全球經濟史[M]，陸贇譯，南京：譯林出版社，2015：117、130。通過考證南美等地區早期工業化失敗的例子，反證了「速度」的必要性：如果技術進步無法增加足夠就業崗位，人口就得不到充分就業，工資就停留在較低水準，那仍然脫離不了馬爾薩斯陷阱。

【5-18】一個必須提及的觀點來自克拉克教授。他在著作中論述了工業革命是人類歷史的唯一轉折、技術進步速度是轉折的關鍵，這是作者完全認同的部分。而不同則在於以下兩點。首先，關於技術進步的速度，克拉克教授按定義它為單位土地上能養活人口的數量，顯然，包含了新技術與舊技術的成果總和。按照這樣的定義，明清中國的土地由於引進作物及精耕細作使得單位土地養活的人口數量很高，可以算技術進步速度很快，應該發生工業革命才對，但顯然沒有，這證明定義不清帶來的混淆。其次，關於「技術進步速度」背後的原因，克拉克教授認為，是歐洲獨特的生育習慣促成了「新人類」的出現，所以讓技術進步速度加速／工業革命發生了。這點作者堅

決反對：人種沒變，這也是本書的立足點，也是迄今為止生物學確認的事實。

格里高利·克拉克，告別施捨[M]，洪世民譯，桂林：廣西師範大學出版社，2020：6、7、241。

「富者生存」導致了「現代人的出現」。「一如人類塑造經濟，前工業革命的經濟也在塑造人類，至少文化是如此，說不定基因方面亦然。」「人口的特徵通過達爾文的物競天擇不斷變遷。英國能成為先驅是因為它漫長、和平的歷史至少可溯自西元1200年甚至更早以前。中產階級文化已通過生物機制傳播到社會每一個角落。」

【5-19】 另一個值得提及的觀點來自林毅夫教授。他明確指出了工業革命的核心在於技術進步的速度，並且同時回答了工業革命為何發生與為何沒發生的原因，這樣的判斷作者基本認同。但關於「為何發生『與』為何沒發生」的原因，林教授的解釋是，古代中國人多、試錯多，所以發明多，所以古代中國早期技術領先；而在科學革命發生後，科學知識突破了認知瓶頸，科學實驗提高了實踐效率，這些都消解了古代人數的優勢，於是工業革命出現在西方。「17世紀科學革命後，技術發明由經驗型轉變為實驗型，科學和技術的能力能更好的結合，歐洲的不利條件又次扭轉了過來。」（制度，技術，和中國農業發展，上海三聯出版社，1992年出版）對這樣的解釋作者表示質疑，一是關於科學的作用，科學在第二次工業革命後才成為改變世界的力量，因而無法解釋之前發生的第一次工業革命。二是關於人口的作用，如果按照林教授的理論，人多發明也多的話，那麼明清的人口爆炸性地增長，發明的數量應該爆炸性增長才對，但事實正好相反，明清的重大發明不僅停滯，甚至比人口更少的漢、宋都倒退。

【5-20】 作為不能以單位土地養活人數來代表技術水準的反證：不管在1500年，還是1800年，中國、印度、鄂圖曼帝國也是歐洲的幾倍乃至幾十倍，那麼如果按照單位土地面積養活的人數來對應總體技術水準的話，將意味著即使

在工業革命發生後，中國、印度、鄂圖曼帝國的「技術水準」也是歐洲的幾十倍，那麼工業革命根本談不上發生過，這是說不通的。關於1500年和1800年歐亞大陸各主要體系每平方公里的人口密度，參見：埃里克·鐘斯，歐洲奇蹟[M]，陳小白譯，北京：華夏出版社，2015：186，表21。

【5-21】 屈勒味林，英國史：下[M]，錢瑞升譯，北京：東方出版社，2012：682。「在工業革命以前，經濟及社會的變遷固然也是有進無已，但它的進行好比一緩緩流動的河流；到了瓦特及斯蒂芬孫時，它好比堤水閘旁邊之水，滔滔下瀉，令觀察者深感不寧。它至今仍是瀑布。」

參考文獻和注釋

第二篇

俗人
—— 什麼引發了革命？

　　我曾經看過何祚庥院士的一個影片，他抱怨說自己用的助聽器都是進口的、質疑為什麼看似如此簡單的東西我們自己造不出來？其實類似的例子不勝枚舉，醫療器械、科學儀器、發動機、圓珠筆芯的軸承等都看似傳統，但仍然依賴進口。本人從事工業近三十年，或許可以回答何院士的困惑。

　　人們往往錯誤地指責中國科學，但上述所列的這些東西之所以看似傳統，恰恰因為它們在原理上是清楚的；如果癥結在原理的話，那麼中國科學院那麼多優秀的院士，早就造出來了，而「造不造的出來」的關鍵，只有很小部分在於原理，大部分在於工藝（know-how）。

　　又是什麼限制了我們的工藝呢？人們又往往指責別人的專利保護，但其實，只要時間允許，我們可以等到別人專利期過去，更可以自己申請新專利嘛。如果癥結在專利的話，中國工程院那麼多院士，也早就解決了。

　　何老在影片中提醒我們要重視科學與專利，這當然是好意。但確確實實地講，聽診器、圓珠筆芯軸承、醫療器械、科學儀器、發動機等的癥結主要不在科學或專利，而在於現代技術的「系統」特性，它已經不再是單一的技術點，而變為無數技術點的疊加：材料、工藝、設備、生產、質檢、包裝、安全、行銷，甚至，還包括整個社會的對工業、精品的認可。如果沒有這些基礎的話，即使開放專利，即使原理清清楚楚，你也未必做得出來，起碼做

得不那麼精、不那麼可靠、不那麼暢銷。

　　系統就讓人急不得了：偉大的牛頓三定律也幾堂課就可以學會，我搞過不少發明專利一兩年就都批准了，但「系統」需要時間：完善一個元器件需要上下游行業的配合；完善整個供應鏈需要經年累月的積累；加起來，需要眾多人、數代人的努力。最能說明這點的，莫過於工業革命中的重大發明，因為現代技術的系統性特徵，正是那時開始的。

第六章

工業革命背後不止一條線

在福爾摩斯的破案中,他確定了死亡的性質——不是意外,不是自殺,而是謀殺;在案件成立後,下面就該破案了:誰幹的、怎麼幹的?類似地,在對歷史懸疑案件——工業革命——的破解中,我們已經確定了其核心在於重大發明的空前湧現,下面就可以追問其背後的原因了。因此,在這部分中,我們會將鏡頭拉近,微觀審視下工業革命發生的過程,在眾多有利因素中,哪個才與「重大發明的全民空前」最直接相關?最直接不僅意味著時間上接近,而且意味著機制上「有它則有工業革命發生,沒它則沒工業革命發生」。找到了這樣的因素,我們就找到了工業革命的短期促因。

工業革命的 N 條線

讓我們來回顧下所謂「空前」:

爆發:在 1760 年到 1830 年這短短幾十年間,英國湧現出大量革命性的新能源、新設備、新工藝、新的組織形式、新的市場推廣方式;

持續:第一次工業革命中的技術浪潮從 18 世紀中葉開始,到 19 世紀、20 世紀、今天都還在繼續中;

轉向:第一次工業革命中的動力機械熱潮,到第二次工業革命轉變到電力、化工、材料等完全不同的領域;今天又轉移到互聯網、生物技術、航太技術、互聯網革命、納米技術、人工智慧等全新領域……

加速：一個領域的發明隨著時間逐漸下降，但其他領域的發明卻源源不斷地填補上來，於是，總的發明浪潮不僅沒有減緩，還越來越快。

這些都與古代的重大發明偶爾出現、時常中斷、後繼乏力形成了鮮明對比，所以形容為「空前」，更確切地講是「全面空前」。

要解釋工業革命來勢洶洶，最直觀的入手點是「行業面」：在第一次工業革命中同時起飛的不是某一行業，而是各行各業。我數了數，有農業、工廠制度、煤礦、冶金、機械、紡織、鐵路、建築、食品加工、軍事等十一條線。技術的話題顯得生疏，法國《百科全書》的作者狄德羅寫道：「科學方面寫得太多了，文藝方面寫得很少，技術方面幾乎沒有。」但好在，本書的關注點並不在技術本身，而在於其背後的歷史脈絡，尤其「人」的脈絡。

i) 農業線

奇波拉指出，「工業革命首先是一場真正的農業革命。」[6-1]

在今天看來，農業與工業，農村與城市，不是無關，就是平行。但在英國的農業改革與工業革命中，它們是緊密互動的。英國工業改革先行，讓英國農村為之一變，並為工業化奠定了糧食、人與土地的基礎，從1500年到1750年間，英國的農業產量在逐漸增加，人均生產率達到了法國的兩倍，德國、瑞典、俄國的三倍。[6-2] 反過來，在工業革命發生後，新興的工業技術又推進了農業生產繼續向前，機械條播機、脫粒機、收割機……到今天，農場使用的殺蟲劑、拖拉機、化肥等工具，農民享用的冰箱、彩電、手機等商品，乃至水、電、氣、網路，都離不開工業。即使自稱「純農業」的國家也如此，這個概念就像「純自然」那樣滅絕了。[6-3]

在農業、工業互動的大潮中，所有人在一定程度上都參與了，因為都要為自己的生計做出選擇。並且，所有人在一定程度上都受益了，因為古代揮之不去的饑荒威脅，從農業工業化後的英格蘭島消失了！正是基於這樣的次序與意義，本書把農業列為英國工業革命中的第一條線。

ii) 工廠制度

「這些流程也都同時進行,一個流程趕著另一個流程。所有這些操作,都是由安放在廠房裡的發動機提供動力,其所需的是源源不斷的水和燃料,一天的運轉所產生的動力,可能與 100 匹馬的力量相當。」[6-4]

在農業改革啟動後、工業革命前,英國已經出現了以市場為導向的大工廠。到工業革命早期,達比的冶金廠啟動了生產車間管理制度,被譽為現代工廠的雛形;韋奇伍德的瓷器廠實現了生產、運輸、銷售、廣告,被譽為現代工廠「一體化」的雛形;阿克萊特的紡織廠率先引入蒸汽機,被譽為第一座動力機械驅動的現代工廠。在工業革命後,工廠制度仍然在完善,比如流水線、精益管理等,是上個世紀流行起來的,而 3D 列印、人工智慧等,則成為最新趨勢。顯然,工廠制度的完善是比工業革命更漫長的一個過程,但在內容上僅僅是後者的一個方面。

iii) 運河、公路與瓷器

到 1750 年,英國建成收費公路 3,400 英里,在此後的 80 年間,猛增到 22,000 英里。[6-5]

俗話說「要想富,先修路」,工業革命是例證之一。由於煤、鐵、機械等各行各業都依賴於交通運輸,假如運輸成本過高,生產成本再低,總成本也將難以接受,因此可以想像,英國交通網路的起飛先行於其他行業。而英國交通網路先行的很大促因又與瓷器行業有關——我理解,它們聽起來風馬牛不相及,但在英國工業革命的早期,的確彼此相關。

英國的運河與公路運輸的網路形成的很早,在工業革命前,內陸運河就已達約 1,000 英里,在工業革命中,更增加約三倍。[6-6] 之後,英國還向海外輸出運河技術,如 1859 年啟動的蘇伊士運河就是基於英國的技術。

與運河同步的是公路。在 1688 年英國光榮革命後,議會批准了興建收費公路的方式,即私人出錢、出力、出規劃修路,政府負責審批及監督,私

人再通過收取過路費來收回投資。造路技術本身也有創新，在第一次工業革命中，約翰・馬卡丹（John MarkDan）發明了柏油馬路的方法，用碎石子做底、以瀝青鋪路，大大加速了道路建設的速度。該方法今天依然有效。

運河與公路的改善對所有行業都有益，在煤、鐵之外，還有一個行業尤為熱心，那就是瓷器行業。它不僅關心運費，還關心破損：費心費力生產出的瓷器，如果在路途顛簸中破碎一半，就等於成本上升一倍。說起費心費力，還要說到瓷器的來源，英文中的「China」指瓷器，顯然最早歐洲從中國進口而來，但在18世紀初，歐洲掀起一股「本土替代進口」的熱潮，那時薩克森國王命令煉金術師破解了中國瓷器的配方：大致是用耐熔的高嶺土與易融的瓷土等原料，混合後在1300攝氏度左右燒製而成。技術層面突破了，但消費層面沒改變：國王授權邁森瓷器廠（Meissen）為宮廷生產，由於批量小，瓷器的價格遠超過普通家庭的承受力。

1759年，英國人韋奇伍德（Josiah Wedgwood）建立了第一個以市場為目標的瓷器廠。此人技工出身，只具有基礎文化水準，卻從歐洲大陸引進了瓷器技術。他將生產分解到不同車間，如混合車間、燒結車間、包裝車間等，又將每個車間分為不同的工種，如操作工種、攪拌工種、檢驗工種等，由此形成了現代車間管理的雛形。而現代工廠的雛形帶來了品質管理及批量生產的優勢，讓韋奇伍德工廠的瓷器成本降低很多、品質穩定很多。此外，韋奇伍德還啟動了類似今天市場行銷的攻勢：宣傳自己為王室的供應商，產品配以高檔的乳白色、承諾包退換、免費運輸等服務，這些都對市民階層產生了極大的吸引力。瓷器的餐具與茶具進入民眾家庭，演變為一個巨大產業，這就好像電腦最早為商業與政府專用，在變為個人用品後用量成倍上升。

隨著韋奇伍德的生意越做越大，他開始遊說議會，希望參照建自費公路的辦法修建自費運河。在獲得批准後，韋奇伍德自己掏錢開鑿了很多運河。與在陸地上用馬車運輸瓷器的方式相比，運河中的貨船更平穩、載重量也更高，提升了韋奇伍德工廠的效益，回過頭來，韋奇伍德又用賺來的錢興建了

更多的運河與公路,並帶動許多人效仿。就這樣,英國瓷器業的興盛促進了運河及公路的興建。

英國運河、公路、瓷器發展的背後又牽涉到所有人,因為韋奇伍德既不是瓷器行業的唯一人物,更不負責交通運輸部門;在議會體制下,所有交通的議案必須在一定的社會共識下形成,因此必須是一個大眾參與的過程。

iv) 煤礦線

「礦物燃料改變了這一切。」——麥克尼爾《全球史》

「有了煤,什麼樣的壯舉都能完成,甚至能輕鬆完成;沒有煤,我們就會被拋回早前時代的艱辛貧困當中。」——英國早期經濟學家斯坦利·傑文茲

煤礦是第一次工業革命的主要能量來源,因此不奇怪,煤礦行業也早於眾多行業就起飛了。但話說回來,古人很早就知道煤的存在及價值,為什麼煤礦行業沒能更早起飛呢?

歐洲的希臘人、羅馬人、中國人都很早就知道煤炭產生的熱量比木材更高,便於運輸且便於儲存。並且,隨著森林砍伐引發的木材短缺,人們用煤炭替代木材的衝動更強烈,但難度在於,煤炭在燃燒中會釋放出硫的刺鼻氣味,這讓家庭與製造業都難以接受。

到了大海航行的時代,戰艦需要大量的木頭。據統計,建造一艘木質戰艦需要四千棵橡樹,還需要大量的鐵製品,煉每噸鐵需要十英畝的林木。這些都讓用煤炭取代木材的願望變得更強烈,但煤炭的味道與污染仍然阻礙著應用。

在 12 世紀的歐洲大陸上,煙囪出現在家庭建築中,隔絕了煙氣的污染。這種新型建築方式為家庭用煤打開了大門,並逐漸擴散到其他地區。到 18 世紀,英國在新建房屋中普及了壁爐與煙囪設計。此後,新建房屋中的英國家庭都開始用煤來作為取暖和燒飯的能源,在工業革命前,英國民用煤量就已經達到 300 萬噸/年。[6-7]

在家庭成為了用煤大戶後，工業用煤的方法還沒解決。早期用煤行業僅限於對硫污染容忍度高的製磚、石灰等，真正的「燒柴大戶」如煉鐵、煉鋼、釀酒、食品、紡織、玻璃、肥皂、印染、煉糖、海水煮鹽等行業，則忌憚煤炭帶來的污染。直到1709年，亞伯拉罕・達比（Abraham Darby）經大量摸索後解決了這個難題，方法是先將煤炭「半燃燒」除硫，產生的半成品既堅韌又清潔，被稱為「焦炭」。焦炭再燃燒，就可以滿足原先對產品清潔度要求高的場合，讓製造業超過了民用成為煤炭的最大用戶，並且同樣適合民用。可以說，焦炭的發明徹底解決了用煤障礙。

煤炭的使用量增加了，煤炭的供給量就成為瓶頸了。原本英國的煤礦資源很豐富，豐富到露天可見、海邊就能撿的地步，只有當距離地表、距離城市近的煤礦都被挖完後，才需要往地下挖煤。因此，英國的地下採礦業開始較晚，但當越挖越深、越挖越遠時，就遇到把井下的礦石與積水運出來的難題。今天我們很少想到這點，因為有自來水、電梯，但想像下拎兩桶水上十層樓，或拉一游泳池的水到山頂，累不累、難不難？「在瓦立克郡的一個煤礦，500匹馬同時上陣，才能從井下一桶桶地把水汲出。」[6-8] 最早的煤礦業只能靠人力或馬車把井底的礦石與水運到井口，後來出現了木軌的幫助。到工業革命早期，鐵軌取代了木軌。到蒸汽機出現後，蒸汽機又取代了人及馬匹。這些都極大提升了採煤效率，讓英國深層煤礦蘊藏量被源源不斷地開採出來，再通過運河、公路、鐵路等被運往各地，作為工業與民用的能源。

據統計，英國的煤產量在1700年大約250萬噸，1750年475萬噸，1800年1,000萬噸，1829年變為1,600萬噸，1850年5,000萬噸，1870年為1億兩千八百萬噸。相比之下，1800年法國的煤礦產量只有70萬噸。[6-9]

v) 冶金線

「英國的歷史就是金屬的歷史。」——Leslie Aitchison（A History of Metals）

鋼鐵是第一次工業革命中的基礎材料，因此不奇怪，冶金業的起飛在

第一次工業革命中也是靠前的。但話說回來，人類從很早起就開始使用金屬了，為什麼「鋼鐵世界」姍姍來遲呢？

如果簡單回顧下人類開發金屬材料的歷史就會發現，最早提煉出的金、銀、銅等容易冶煉，但用作工具太軟。後來出現了青銅，硬度高，但貴到無法普及。到了西元前一千年之後，歐亞大陸上出現了鐵，礦石豐富、成品堅硬，可以被用作武器與農具，滿足了農業文明中的兩項基本需求，因此，之後的古代世界被稱為「鐵器時代」。

以今天的化學知識我們知道，根據碳含量不同，鐵材料可分為三大類：碳含量 2% 以上的叫鑄鐵，0.02% 到 2% 之間的叫鋼，0.02% 之下的叫熟鐵（JIS 標準）。鐵器時代的鐵材料只是鑄鐵，即三種材料中純度最低的一種。除了純度低，鑄鐵製作在古代也很粗糙，通常在「鐵匠鋪」中打鐵成型；即便用模具澆注成型，模具本身的精度就不高，但鑄鐵時代持續了那麼久，原因在於它最容易取得，反之，軟鐵和鋼的純度高，對冶煉溫度及工藝控制的要求也更高。

這就又回到達比發明焦炭的意義：它讓鑄造過程免除硫污染；焦炭的蜂窩形狀提高了燃燒面積，達比又用鼓風爐的風力提升了燃燒速度，在更高的溫度下，更純的新材料成為可能。1742 年，亨茨曼（B‧Huntsman），一名鐘錶匠，用「坩鍋法」煉出高純度的鋼，鋼的抗腐蝕性能比鑄鐵好、應用範圍更廣，德國的克虜伯公司的鋼鐵大炮就是其典型應用。1784 年，科特（Henry Cort），一名前海軍財務人員，用「攪煉法」煉出軟鐵，軟鐵抗脆裂性比鑄鐵好，又補充了鐵材料的應用範圍，法國的埃菲爾鐵塔就是其典型應用。進而，新式金屬加工機械的出現，讓鑄鐵的加工與模具精度都得到前所未有的控制。

多品種、高品質的新金屬材料為蒸汽機、火車、鐵路、輪船等奠定了機械基礎，反過來，蒸汽機、火車、鐵路、輪船的出現又提高了金屬用量，甚至提升了冶金技術本身：比如，冶金廠的鼓風機原來靠河水推動，常常有半

年時間因水位不足而停產，有了蒸汽動力後，就可以全年運行。

在供給與需求交替上升中，英國冶金業發展迅猛。1740年，英國僅僅生產1.7萬噸鐵，遠遠低於當時中國及法國且是淨進口國；到1852年，英國鐵產量提高到270萬噸，占當時世界總產量的一半以上。[6-10]

vi) 機械線

「如果用任何簡明扼要的詞來形容我們的時代，我們將樂於把它叫做機械時代。」——湯瑪斯·卡萊爾

「18世紀末英國突然出現的創新大爆炸，既是機械化的起因，也是結果。」[6-11]

提到機器，我們腦海裡浮現的都是金屬，但其實古代帝國的水車、風車、馬車、雲梯、投石機、紡織機等都是木質的。「中世紀是個木質的世界」，[6-12] 古人已經知道鐵製品在硬度與精度上都更好，為什麼不用金屬來製造機械呢？除了「鐵重」的刻板印象外，更大的難度在於加工：試想給你塊木頭，用刀就可以刻出個齒輪，但給你個鐵塊，則很難捶打出精密的形狀。

這兩方面的突破都與一個叫威爾金森（John Wilkinson）的人有關。當時人稱他為「鐵瘋子」，因為他瘋狂地開發出鐵的各種應用，鐵椅子、鐵水管、鐵棺材、鐵船等，極大地拓展了人們的想像力。比如鐵船，它比水不知道重多少倍，卻居然能浮在水上，這在之前被認為是不可思議的事，而威爾金森演示成功了。再如鐵橋，它那麼重，居然屹立不倒，還沒造成山體塌陷，這也被認為是不可思議之事，而威爾金森與達比的孫子合作建成了位於英國煤溪谷的世界上首座鑄鐵橋。

除了讓人們看到了鐵製品的潛能，威爾金森還發明了一系列金屬加工機械：控制金屬板厚度的軋輥機，在金屬上打孔的鑽孔機，把金屬管件加工出內圓的鏜床。最後一項技術尤為重要，其原理是先將金屬鑄造成一個實心圓柱，然後從內部挖空。威爾金森用鏜床技術來提升炮筒內壁的精度、讓炮筒

內壁與炮彈密切貼合，保障了炮彈的直線快速飛出，解決了軍事上的難題。很快，瓦特又用鏜床技術來提高蒸汽機氣缸的精度，提升了蒸汽機的效率，解決了蒸汽的洩露問題。今天，鏜床仍然是現代工廠中的標準配置。

出身於普通鐵匠家庭的威爾金森，卻做出了如此之大的貢獻。在他的榜樣帶動下，越來越多的工匠開始發明加工機械：亨利‧莫斯茲（Henry Maudslay），一名工頭，發明了用於加工機械螺紋的精密金屬車床。惠特尼、羅伯特、福克斯、克萊門特、史密斯等眾多人員參與了刨床的發明與改進。詹姆斯‧納斯米斯（James Nasmyth）根據瓦特蒸汽機的原理製作了蒸汽錘，衝壓模具就可以把金屬壓制出各種形狀，這是現代壓機的雛形。現代金屬加工業就這樣開始了。

現代金屬加工業讓金屬材料可以被加工為任何形狀。著名史學家許倬雲曾感慨道：「在歐洲整個機械發展史上，有一個東西——螺絲釘——為中國所無。而這小小的螺絲釘，卻可決定我們的火力，武器的發展與否。」[6-13] 其實，它的雛形在中世紀就存在，只是木質的、不結實、不精確罷了。在工業革命中，冶金業提升了鐵材料的品質、降低了成本，而金屬加工業的鐵製車床可以加工外螺紋、鐵製鑽機可以加工內螺紋，這樣加工出的螺絲釘精密且堅固。今天「螺紋連接」保障了現代工廠的安全；微小而偉大的發明就是這麼產生的！

金屬製品精密且堅固的特點，還帶來了標準化的優勢。標準化便於批量生產、降低生產成本，還便於零件互換、降低維修成本。依照這樣的邏輯，曼徹斯特的軍火商惠特沃斯（Joseph Whitworth）倡議，將不同企業的螺栓與螺母統一。火車的發明者史提文森倡議將所有鐵軌間距統一為 1.435 公尺，後被工程師布魯內爾（Isambard Kingdom Brunel）調整為 2.1 公尺，即今天國際上最廣泛使用的軌距標準。標準化的邏輯還被用於武器生產中，同一款式槍支的槍管、子彈、槍托、扳機等設計都被固定下來。標準化的趨勢還擴散到

玩具、家居、建築、輪船等各領域。進入 20 世紀後，福特汽車啟動了汽車裝配流水線，集各種標準化於大成，機器是標準的、零件是標準的、操作是標準的，就連人員的招聘、管理、培訓、退休都是標準的。[6-14]

vii）紡織線

「不管是誰，凡講到工業革命都會說到棉紡織業。」——歷史學家霍布斯鮑姆[6-15]

「對於工業化歷史的較傳統說法總是從紡織業開始，而貿易在此扮演了重要角色。」[6-16]

真正開始賦予英國工業革命以經濟意義的是紡織行業，在今天聽起來難以想像，這背後的原因在於，過去的紡織業比在今天重要許多：在工業革命前，普通人把幾乎所有收入都用在衣、食、住、行等生活必需品上，因此，紡織品在本國經濟中占比很高，而在出口貿易中，紡織品又是少數適合長途運輸且一定能賣掉的商品，其他商品要麼難運輸、要麼未必有需求。這是為什麼古代中國的貿易清單中總能見到絲綢的緣故，不僅因為中國產，還因為絲綢好運輸、能賣掉。

具體到工業革命前的英國，紡織業對本國經濟同樣重要，但區別在於國際市場的競爭力差。一件服裝，從原料到製成，包括大致四道程式：棉花、紡紗、織布、印染，均嚴重依賴於手工操作，而英國手工操作成本比印度與孟加拉等地區高很多。

在第一次工業革命中，上述流程中的第三個環節、織布最早打破了原有的平衡。1733 年，英國的紡織工匠約翰凱（John Kay）發明了飛梭織布機，原理很簡單，飛梭的回彈，將織布的速度提高了一倍。蒸汽機出現後，牧師出身的卡特萊特更把蒸汽驅動用於織布機上，產生了巨大的示範效果，讓蒸汽動力在織布行業迅速普及開來。據統計，織布的效率在 1764 年到 1812 年

間提升了 200 倍之多，【6-17】而蒸汽織布機的數量從 1813 年的 2,400 台提升到了 1833 年的 10 萬台以上。【6-18】由於織布機是英國紡織業中第一個重大發明，有人把飛梭的出現當作英國工業革命的起點。

在織布速度提升後，布的原料「紗」變得供不應求，壓力傳導到紡紗環節。在 1764 年，工匠哈格里弗斯（James Hargreaves）發明了以其妻子命名的珍妮紡紗機，原理也很簡單：用一錠轉動帶動八錠轉動，讓紡紗的效率提高了八倍。1769 年，理髮師阿克萊特（Richard Arkwright）推出了水力驅動的精紡機。1779 年，紡織工人克隆普（Samuel Crompton）發明的騾機把兩者的優點結合在一起，用一台機器帶動 1,000 個紡錠轉動，就像不知疲倦的「騾子」一般幹活。鑒於紡紗環節比織布環節的效率提升更驚人，也有人把珍妮紡紗機的出現當作英國工業革命的起點。

在紡紗速度提升後，紗的原料棉花變得供不應求，壓力又傳導到棉花環節。英國紡織業一直從美國南方進口棉花。1793 年，美國人惠特尼（Eli Whitney）發明了軋棉機，在持續改進下，它讓美國棉花產量在 30 年間增長了 90 倍，滿足了英國紡織業的棉花需求。

最後改變的是印染環節。之前的普通人只有幾件衣服保暖，還顧不上顏色。在紡織品氾濫後，人們開始要求服裝不僅保暖、還要多樣、還要美觀。為了適應新形勢，一系列新提煉出的化工試劑被用於服裝染色。1856 年亨利帕金（Henry Perkin）發現了苯胺紫，並建立了世界上第一家合成染料工廠。從此，服裝界變得「五顏六色」，「時裝」才成為大眾潮流，時裝界才有存在的必要。

由於上述技術革新帶來了規模提升、品質提升、成本下降，英國紡織品從缺乏國際競爭力變為擁有巨大競爭優勢。僅 1780-1850 年間，棉織品價格就下降了 85%。【6-19】到 1850 年，「英國布」占據了世界紡織品出口總量的一半以上。更大的意義在於它對其他行業的示範，卡特萊特的動力紡紗工廠、阿克萊特的動力織布工廠等，都被譽為現代自動化工廠的先驅。

viii) 蒸汽機

蒸汽機的出現是工業革命中里程碑式的事件。里程碑既意味著其重要性，但也意味著，在碑前，已經有諸多行業起飛，而在碑後，又有新行業出現。我們把這塊碑單獨當作一個行業，下章單獨來講。

ix) 火車與鐵路

「車站是我們通向光榮與未知之門。」——E·M·福斯特，作家，1910年

「英國人在本土、帝國以及世界範圍內的移動能力在很大程度上歸功於交通運輸的革命，這場革命以前所未有的方式瓦解了距離……使他們更有可能邂逅陌生人並與之生活在一起。」[6-20]

蒸汽機是火車出現的先決條件，這沒錯，但其實，火車的出現還有一個先決條件，就是鐵路。

在古代，木軌道就出現了，17世紀英國煤礦設置的也是木軌，沿著木軌，人力或牲畜力可以把煤車從井底拉到地面。到18世紀的工業革命早期，由於鐵成本的下降，鐵軌取代了木軌，前面提到的達比的工廠就開始生產鑄鐵鐵軌，但沿著軌道上拉車仍然要靠人力或馬力。

到蒸汽機出現後，一個直覺的想法是，把蒸汽機裝在車上，車不就能自動了嗎？問題是，瓦特蒸汽機有兩三層樓高，如何可能放到車上？即使能，如此重的「蒸汽機車」會不會在鐵軌上打滑？關於後一個問題，要靠實驗才能回答，而前一個問題，不用實驗就有思路了：人們很早就知道，氣體的體積小則壓力大，體積大則壓力小，因此，把蒸汽機小型化的出路在於高壓。只是由於瓦特天然地把新形式當作潛在威脅，於是從一開始就宣揚「高壓危險論」；鑒於瓦特的威望，大眾也相信瓦特不會瞎講；再加上，瓦特的專利到1800年才到期，[6-21]之前也沒人能合法地開發新型蒸汽機。除了瓦特試圖阻止高壓蒸汽機的事例，愛迪生試圖阻止交流電，也同樣走的是憑藉威望

來詆毀交流電危險的套路，這些都證明，創新或反創新取決於「動機」。

這就要提到火車的發明人，一名礦山技師，特拉維斯特（Richard Trevithick）。在瓦特專利到期不久的1804年，特拉維斯特設計出高壓蒸汽機，獲得了名為「蒸汽機結構改進及其驅動車廂的應用」的專利。相比之下，瓦特蒸汽機的體積龐大，是因為其工作壓力不超過1.5倍大氣壓，而新的蒸汽機10倍於大氣壓力，體積大大縮小；它被安裝到車輛上，通過驅動輪子而驅動車輛前移，就產生了世界上第一台火車的雛形。此後，特拉維斯特在倫敦進行了小火車的鐵軌演示，成功地證明了蒸汽機車不會在金屬軌道上打滑。但遺憾的是，沒人關注小火車的演示，也沒人願意繼續投資，於是，特拉維斯特只能宣布破產，在貧困潦倒中死去。這位火車先驅的不幸反襯出嚴酷的現實：發明的成功不等於發明者的成功……

好在，特拉維斯特的想法激發了其他人。美國人埃文斯（Oliver Evans）繼續嘗試蒸汽機車，但把重點放在了鍋爐的輕型化上，他通過鍋爐的內部環繞加熱來提升熱效率，成功將重量從原來的兩噸減少到兩百五十公斤。【6-22】這樣，在特拉維斯特減少蒸汽機的體積、埃文斯減少鍋爐的重量後，車載的動力源已經沒有問題了。

這時，才輪到號稱「火車之父」的斯蒂文森（George Stephenson）登場，顯然這個「父」是要打引號的，否則前面幾位的輩分就不好算了。斯蒂文森原本是煤礦上的見習司爐工，18歲前都是文盲，從20歲後上夜校，才學會了讀寫。他繼承了特拉維斯特與埃文斯的模型，並針對安全性繼續改進：一是將立式鍋爐改為臥式，以避免隱患；二是將蒸汽通過煙囪排放，以減少噪音；三是將機械精密化，以減少故障；四是將鐵軌材料改為軟鐵，以避免脆裂。上述措施極大提升了人們對火車的信任度。斯蒂文森幸運地找到了當地富商皮斯作為投資人，從而避免了特拉維斯特的覆轍。在雄厚的經濟支持下，斯蒂文森從1814年起嘗試製造商業用火車：1825年，他設計了世界上第一條商用火車線。1829年，曼徹斯特與利物浦的火車線開始招標，這兩個

城市是當時英國的第二、三大城市,新興工業的重鎮。這條火車線如此重要,以至於組織者決定通過公開比賽來選拔火車製造商。這次「賽鐵馬」盛會持續了九天,吸引了一萬到一萬五千人觀摩,英、美、歐洲大陸各自派出選手,從哲學家到機修工在內的選手都充滿熱情。在比賽中,斯蒂文森駕駛自己設計的機車以 48 公里／小時向公眾證明了,火車真比馬車跑得更快、更穩、更安全。【6-23】由於斯蒂文森第一次完成了火車與鐵路的商業運行,他的頭像出現在了英國五英鎊的紙幣上,世界上能享此殊榮的技工不多,世界上能這樣做的國家也不多!

鐵路建設的熱潮由此開始。火車與鐵路所到之處,鄉村得到開發,貿易更為便利,旅行成為時尚。鐵路建設解決了大量的就業問題。英美鐵路的興建完全採用私人集資、私人修建、私人擁有、國會僅僅頒發許可證認可的方式,於是只能採用股份公司公開募集的方式來募集資金,這無形中又促進了金融業的發展。

x) 輪船線

「英國人的船舶像飛蟲一樣蜂擁雲集——嗚嗚而來,嗚嗚而去,全靠舵輪——嘶嘶而來,嘶嘶而去,全靠蒸汽。」【6-24】

古代的航行工具是木帆船,維京海盜騷擾歐洲大陸時用的、鄭和下西洋時用的、哥倫布發現新大陸時用的都是木帆船。雖然作為古代航海技術的傑作,但在今天看來,木帆船存在幾方面的缺陷:首先是材料本身,木頭容易腐蝕,各位今天看到的博物館中的木船,都是在極特殊的情況下才得以保存,比如北歐發現的古船恰巧被埋在冰凍的泥裡,埃及發現的古船恰巧被扔在乾燥的沙漠裡,而其他古代文明留下的木船少之又少。除了腐蝕,木頭還比較鬆軟,造成木船在海戰中容易撞沉,在海浪中易於損壞。木頭還有體積的限制,造成木船的承載能力有限。在「木」之外,「帆」可以算作動力缺陷:在順風時,帆船以風為動力,但在逆風與無風時,帆船只能靠人力前行。

在大自然面前，人力總顯得十分有限……

在工業革命中，鐵船出現了，這在今天看來理所應當，但在當時看來乃石破天驚之舉：鐵怎麼能浮起來？鐵生銹怎麼辦？鐵船翻了怎麼逃生？威爾金森實證了鐵船並未下沉，很快，油漆解決了生銹的問題，救生圈解決了逃生問題。在這些顧慮被化解後，鐵船的優勢就顯現出來，它與木船相比，強度更高、更抗衝擊、更耐磨損、體積與裝載量更大。

在造船材料改變的同時，船舶動力也發生了巨變……（此處略過從 1785 年後幾十年的失敗嘗試，約翰·菲奇、詹姆士·諾姆西、威廉·賽明頓等人先後嘗試將蒸汽機搬到木船上運行，均未成功。）1803 年美國人富爾頓（Robert Fulton），一位畫家，將蒸汽機裝載到木帆船上，在塞納河試運行，遺憾的是，該船因無法承受蒸汽機的重量而在當晚的暴雨中沉沒。1807 年，吸取了教訓的富爾頓用鐵船來承載蒸汽機，在哈德遜河上來回航行獲得成功，尤其逆流而上這段航程，蒸汽船僅用了帆船約三分之二的時間。不久，富爾頓將商業航班擴展到密西西比河上。事實證明，蒸汽鐵船不受航行距離限制，不受人力限制，不受流向的限制，還不受季風限制。

1838 年，學徒出身的英國工程師，布魯內爾（Isambard Kingdom Brunel）建造的蒸汽船橫渡大西洋，開始了與倫敦之間的定期航線，航程歷時 14 天，這在之前更是不可想像的事情。

xi）武器線

「當你是錘子的時候，所有東西都看起來像釘子。」

武器是各種技術的綜合。英國海軍在 17 世紀已經稱霸海上，卻仍被戲稱為「木頭的世界」。在號稱「海上工業革命」的戰艦革新中，鐵甲取代了木頭，蒸汽動力取代了風帆動力，水下螺旋槳取代了明輪，再配以火炮，宛如一座座海上堡壘。所謂「堅船利炮」就這樣出現了。

與戰艦相比，陸戰武器的改進相對零散。——進攻方面，火炮的精確

度受益於威爾金森的鏜孔技術,而槍支的組裝與維護受益於機械零件的標準化,這些在美國的南北戰爭中顯現出效果。——防守方面,一個不起眼的發明是鐵絲網,於 1868 年由凱利(Michael Kelly)發明,它在 19 世紀後半葉被用作廉價而實用的戰壕保護措施,讓原本橫行的騎兵消失,奧斯卡影片《戰馬》表現的就是駿馬在鐵絲網的海洋中絕望的場景。——後勤方面,火車讓軍事物資與軍隊的運輸速度大大加快,這在普法戰爭中起到了關鍵作用。

十一條線背後的人

在上述行業線之外,工業革命中起飛的還有玻璃業、制鹽業、化工業、明礬業、肥皂業、印染業、麵粉業、啤酒業、火藥業、焦油業、牛奶業、木材業、造紙業、印刷業、製磚業、建造業、煤氣業、給排水業等,加起來二十幾個行業是有的。行業「面」解釋了工業革命中重大發明的湧現規模:它是來自眾多行業的發明,而不是某個行業。但有人質疑:是否某一行業的發明帶動了所有行業的起飛?如果真這樣的話,「面」就又回到了「點」,只是,第一次工業革命中的行業起飛次序已經證偽了這樣的可能性:在十一條線中,後起飛的行業不可能解釋起飛在前的行業。如果追溯到最早起飛的農業,說農業帶動了其他所有行業的起飛,從時間上倒可能,但在機制上並不完整(見第三篇)。[6-25] 而且退一步講,假若農業真可以解釋一切,那「工業革命」不如改名為「農業革命」好了,又有冒名頂替的嫌疑。

還有人會說,蒸汽機不同,這樣的偉大發明推動了新、舊所有行業,沒錯,但那是蒸汽機出現之後的事,而在此之前,農業、工廠制度、運河、公路、瓷器、煤礦、冶金、機械等行業已經為其奠定基礎。蒸汽機不僅不能完全解釋之前已經起飛的行業,甚至無法完全解釋它之後才出現的行業,原因在於,蒸汽機只是通用動力,而火車、輪船等行業的工況不同。這就好像我們不能因為法拉第發明了發電機與電動機,就否認如電燈、電車、電訊、電

器等發明。尤其在工業革命後期，各行業間呈現犬牙交錯勢態，各種發明間也相互借鑒、彼此成就。

　　在第一次工業革命中的行業面的背後，我們見到了各式各樣的創新與創業者。這些人的出身五花八門：理髮師、牧師、工頭、工人、貿易商、貴族、醫生、客棧老闆、校長、畫家、教士……學歷各不相同：文盲、基礎教育、技工，也有少數受過通識教育……職稱五花八門：發明家、企業主、合夥人，乃至身兼數職……專長各不相同：往往是紡織、煤礦、冶金、機械、瓷器、武器、運河、船運、鐵路等某個領域的專才，頂多涉及兩三個領域，全面的「通才」一個也沒有。【6-26】如果非要為這些人總結出個規律來，那就是「沒有規律」。

　　這時又有人會說，蒸汽機不同，它總歸有個特定的發明點與發明者吧？錯。

參考文獻和注釋

【6-1】 卡洛·M·奇波拉，歐洲經濟史：第三卷工業革命[M]，吳良健等譯，北京：商務印書館，1989：362。

【6-2】 於爾根·科卡，資本主義簡史[M]，徐慶譯，上海：文匯出版社，2017：80。

【6-3】 里格利，延續、偶然與變遷[M]，候琳琳譯，杭州：浙江大學出版社，2012：75。今天，投入農業的能量是農業自身產出能量的3：1。

【6-4】 愛德華·貝恩斯（Edward Baines），在1835年出版的《英國棉花加工史》一書中的描述。轉自薩利·杜根、大衛·杜根，劇變：英國工業革命[M]，孟新譯，北京：中國科學技術出版社，2018：20。

【6-5】 卡梅倫，世界經濟簡史[M]，潘寧譯，上海：上海譯文出版社，2009：202。

【6-6】 威廉·J·伯恩斯坦，繁榮的背後[M]，符雲玲譯，北京：機械工業出版社，2021：150。

【6-7】 亞·沃爾夫，十八世紀科學、技術和哲學史[M]，周昌忠、苗以順、毛榮運譯，北京：商務印書館，1991：693。

【6-8】 大衛·蘭德斯，解除束縛的普羅米修斯[M]，謝懷築譯，北京：華夏出版社，2007：96。

【6-9】 數據見：

A、T·S·阿什頓，工業革命（1760-1830）[M]，李冠傑譯，上海：上海人民出版社，2007：46。

B、大衛·蘭德斯，解除束縛的普羅米修斯[M]，謝懷築譯，北京：華夏出版社，2007：97。

C、羅伯特·艾倫，近代英國工業革命揭秘[M]，毛立坤譯，浙江：浙江大

學出版社，2012：125，表4.1。

D、克拉潘，現代英國經濟史：上冊第1分冊[M]，北京：商務印刷館，1977：585。

【6-10】 英國冶金產量資料見以下：

A、大衛·蘭德斯，解除束縛的普羅米修斯[M]，謝懷築譯，北京：華夏出版社，2007：95。

B、克拉潘，現代英國經濟史：上冊第1分冊[M]，北京：商務印刷館，1977：577。

【6-11】 馬特·里德利，理性樂觀派[M]，閭佳譯，北京：機械工業出版社，2015：166。

【6-12】 雅克·勒高夫，中世紀文明[M]，徐家玲譯，上海：格致出版社，2020：222。

【6-13】 許倬雲，中國文化與世界文化[M]，桂林：廣西師範大學出版社，2010：17。

【6-14】 值得紀念的機械改進者不勝枚舉：除了威爾金森、莫里森等作為通用機械的能手，還有海上儀器方面的John「longitude」Harrison；鎖與保險箱方面的約瑟夫·布拉莫（Joseph Bramah），水利機械方面的William Armstrong等等。

【6-15】 埃里克·霍布斯鮑姆，工業與帝國[M]，梅俊傑譯，中央編譯出版社，2017：47。

【6-16】 彭慕蘭、史蒂文·托皮克，貿易打造的世界[M]，黃中憲、吳莉葦譯，上海：上海人民出版社，2017：416。

【6-17】 詹姆斯·E·麥克萊倫三世、哈樂德·多恩，世界科學技術通史[M]，王鳴陽譯，上海：上海教育出版社，2020：327。

【6-18】 鄭延慧，工業革命的主角[M]，長沙：湖南教育出版社，2009：102。

【6-19】 紡織品數據見：

A、喬爾·莫基爾，富裕的槓桿：技術革新與經濟進步[M]，陳小白譯，北

京：華夏出版社，2008：120。

B、羅伯特・艾倫，近代工業革命揭秘：放眼全球的深度透視[M]，毛立坤譯，杭州：浙江大學出版社，2016：60。

【6-20】 詹姆斯・弗農，遠方的陌生人[M]，張祝馨譯，北京：商務印書館，2017：46。

【6-21】 瓦特的專利在 1769 年獲得批准，在 1775 年被延期 25 年，到 1800 年才失效；瓦特的另一個專利也是 1800 年失效。

【6-22】 威爾・杜蘭特，歷史上最偉大的思想[M]，中信出版社，2004：296。

【6-23】 薩利・杜根、大衛・杜根，劇變：英國工業革命[M]，孟新譯，北京：中國科學技術出版社，2018：26。

【6-24】 皮爾弗里斯分析道，「從技術角度看，英國農業在工業革命前並不能獨善其身；如果沒有工業革命帶來的機械化、人工肥料和新式交通方式等新技術，勞動生產率和土地的增長恐怕早已達到了極限，很難想像英國如何能逃離馬爾薩斯陷阱。」皮爾・弗里斯，從北京回望曼徹斯特[M]，苗婧譯，杭州：浙江大學出版社，2009：75。

【6-25】 引自：克拉潘，現代英國經濟史：上冊第 2 分冊[M]，北京：商務印刷館，1977：封頁。

【6-26】 關於工業革命中發明家的統計，請參考：

A、T・S・阿什頓，工業革命（1760-1830）[M]，李冠傑譯，上海：上海人民出版社，2007：20-21。

B、羅伯特・艾倫，近代英國工業革命揭秘[M]，毛立坤譯，浙江：浙江大學出版社，2012：379、426-429。

第七章

蒸汽機背後不止一位發明者

「蒸汽機就是英國工業革命的核心。」——麥克尼爾《全球史》

「儘管英國在美國戰爭失敗，但僅靠蒸汽機和冶煉這兩項就挽回了所有損失。」——（Sheffield 爵士）

中學課本不僅帶給我們「工業革命情結」，還在我們腦海中烙下了「蒸汽轟鳴」的印象。由此帶來的副作用是，工業革命很容易被簡單化為蒸汽機，進而蒸汽機被簡化為一台普通的機器。這兩點都有待糾正。

如前所述，蒸汽機與工業革命中其他行業是互動的關係。有了冶金、煤礦、運河，才有蒸汽機的材料基礎；有了工廠組織，才有蒸汽機的管理基礎；有了紡織、火車、輪船，才有蒸汽機的市場基礎，是工業革命創造了蒸汽機的奇蹟，但反過來，蒸汽機用礦物能源取代了傳統的人力畜力，改變了幾乎所有行業的驅動方式。因此公平地說，蒸汽機不等於工業革命的全部，卻為工業革命乃至人類歷史點燃了「第二次普羅米修斯之火」。

按說這把「普羅米修斯之火」不應該像打火機那般容易點燃才對，但這時，我們會想起一個上小學時就聽到過的故事，說小瓦特在幫祖母燒水時，看見蒸汽將茶壺頂開，於是產生了蒸汽機發明的靈感。老師用這個故事來鼓勵我們學科學的初衷是好的，只是故事本身經不起歷史的推敲：首先，當小瓦特的奶奶煮茶水的時候，現代蒸汽機早就被完整地發明出來了，而改進版也已在英國煤礦中安裝達上百台之多；其次，蒸汽驅動的想法與實驗可以追

溯到古代，證明了想法不難，要是像茶壺那般容易實現，那蒸汽機早在古代就該出現了。難度不在想法，而在工藝（know-how）。

以我們的後見之明知道，點燃這把「普羅米修斯之火」的工藝難度在於，現代蒸汽機不是一台「機器」，而是一項工程。其內部就包含了三條主線，就像人體中的三條經絡。經絡通暢，身體才能健康，主線契合，蒸汽機才能工作。

一是蒸汽線，由鍋爐、氣缸、閥門、保溫層、密封、儀錶等組成，任務是將煤炭能轉化為熱能；二是真空線，由冷卻室、冷卻管、閥門、保溫層、密封、儀錶等裝置組，任務是將熱能轉化為機械能；三是傳動線，由槓桿、滑輪、齒輪等裝置組成，任務是將機械能從一處傳輸往另一處。

因此，蒸汽機本身也是一個「面」，而非一個點。至於這個「面」是如何被組裝到一起的，同樣我們關注的不是技術本身，而是其背後的歷史脈絡，尤其「人」的脈絡。

永動機的夢想

關於歷史上蒸汽機的雛形來自何方，通常的思路是按結構來追溯。早在西元一世紀，羅馬時代的亞歷山大城就有一名叫希羅（Hero of Alexandria）的工程師設計出一個空心球，蒸汽從底部通入、再從兩側的管子噴出，球體就會被推動旋轉，該「噴氣球」與今天的「噴氣機」有些神似。此外，希羅還設計過一個蒸汽推動的旋轉門，煙霧繚繞中為神壇與聖象營造出神秘感。

到近代的文藝復興時期，著名的達文西曾提出過蒸汽炮的構想，即，用蒸汽作為動力發射出炮彈。

到了 1650 年前後，德意志地區的奧托・馮・居里克（Otto Van Guericke）發明了真空泵，即通過氣筒活塞運動抽出空氣而形成真空，他用自製的真空泵將兩個金屬半球中的空氣抽掉後，用了十六匹馬才將兩個半球拉開，證明

了真空的吸力之大。

　　1679年，一位從醫學專業畢業後改行搞機械的法國人，帕潘（Denis Papin）發表了蒸汽驅動活塞原理的文章，並設計出了高壓鍋的模型，其原理與今天的高壓鍋類似。即，在蒸汽鍋頂部設置一個帶小秤砣的安全閥。在蒸煮時，小秤砣的重量會迫使氣閥緊閉、讓鍋內壓力與溫度升高，有助於烹飪。當鍋內蒸汽壓力過大時，蒸汽會頂起小秤砣、衝開氣閥、釋放蒸汽。帕潘用高壓鍋為王室進行了一場燉爛牛骨的演示，轟動一時。但最終，卻死於一貧如洗之中。【7-1】

　　把上述裝置當作「蒸汽機的雛形」，在我看來，有些勉強，因為它們僅僅出於好奇而缺乏實用目的，與其說是機器，不如說是玩具。所以不奇怪，它們出現得東一榔頭、西一棒子！

　　更實用也更連續的蒸汽機的源頭，我以為，在於永動機的夢想，它把人類少付出、多獲得的願望推向了極端。儘管今天的科學知識告訴我們，「完全永動」不可能，比如天上的星星似乎可以無限運動，那只能在近似真空中；「永遠做功」即無限運動且無限釋放能量，更不可能。這是因為地球上的運動都有摩擦，有摩擦就會消耗能量，根據能量守恆定律，如果沒有能量補充，運動就會停止，做功更快停止，這在學術上被稱為「第一類永動機不可能」。但古人沒有這樣的認識，只有人性的衝動，因此在古代中國與古代印度的神話中都能見到風火輪、金箍棒等永動的神器，相比之下，歐洲的想像更具體：在12世紀的時候，法國人亨內考想像在一個偏心的圓環上裝十二個鐵球，距離圓心較遠的鐵球會因力矩大而自動向下，推動其他球開始滾動；被推上去的滾球又會落下，讓別的球繼續移動；如此往復，圓環上的球就應自行轉動。可惜，「奇蹟」沒有發生。別以為亨內考愚蠢，三個世紀後，義大利文藝復興中的達文西試圖改進上述裝置，但仍然沒有成功。別以為達文西愚蠢，又有不少人嘗試了浮力永動、毛細管力永動、磁力永動等多種可能性，都沒成功。

經過無數失敗後，歐洲人才退而求其次地想：如果「完全永動」不行，「近似永動」——即某種機器在被補充自然能的情況下無限制地運動並做功——是否可能？人們想到了蒸汽驅動的機器。

現代蒸汽機

總之，蒸汽機的苗頭早就出現了，只是按結構與目的兩條線推進，直到工業革命時期，這兩條線才走到一起、讓理想化為現實。

第一代，做功

1698 年，英國人薩弗里（Thomas Savery）申請了首個關於蒸汽機的專利。他原本是「皇家軍械處」的品質檢驗員，受蒸汽與水的凝結比為 2000：1 的啟發，有了用真空凝結的體積變化作為驅動力的想法。他設計了一個「大鍋」，下方通過燃燒加熱；鍋的一側通過閥門連接冷水，上側通過閥門連接活塞。在操作時，首先加熱大鍋，讓鍋內產生蒸汽；然後開啟冷水閥門讓蒸汽凝結，產生真空；再關閉冷水閥門、打開上側的活塞閥門，「真空」就會吸引活塞運動；把活塞通過滑輪置於提水桶的正上方，就可以往復提水。

薩弗里的蒸汽機在歷史上第一次，把蒸汽、真空、機械這三條主線組合起來，達到了做功的目的，這是了不起的突破，它作為第一台現代蒸汽機，名副其實。而薩弗里作為發明人，值得紀念。很遺憾，他的名字很快就被人們遺忘了，因為他的蒸汽機很快就變得過時了，這是所有原創產品的宿命，想想看當年的第一代大哥大有多笨拙，薩弗里的蒸汽機也同樣。它設計粗糙、熱效率低、最要緊的是不安全：它被固定在礦井的直接上方，縱向提升高度僅僅約十公尺，上面的大鍋在呼呼燃燒，如果下面是煤礦礦井的話，爆炸風險太大。薩弗里本來把自己的蒸汽機取名為「礦工之友」，最終因為安全隱患而無法實施，只能改作水池的提水之用。

第二代，驅動

1712 年，一位僅受過初等教育的紐卡門（Thomas Newcomen）推出了改進版的蒸汽機。他做過礦山維修工及小五金商，與薩弗里有過接觸，但一般認為，他對蒸汽機的改良是獨立完成的，只是礙於薩弗里的專利要 1733 年才到期，於是不得不冠以「專利合作」的名義。

紐卡門將自己的設計命名為「橫樑蒸汽機」，從名字已經可以看出，新型號的主要特點在於一根起槓桿作用的橫樑：一端與「大鍋」的活塞連接，中部有支點，另一端用來提水。槓桿的長度加大了蒸汽機到提水處的距離，而蹺蹺板原理放大了提升水桶的高度（到約二十公尺）。這些都有利於在煤井中使用的安全性。煤礦可以就地取煤，以此為前提計算，一台紐卡門蒸汽機的功效大約相當於四十匹馬。在安全與經濟效益的驅動下，英國煤礦在幾十年間就安裝了一百多台紐卡門蒸汽機。【7-2】紐卡門蒸汽機第一次投入了生產實用，可謂另一次突破，而紐卡門作為其改進者，也值得敬重！很遺憾，今天提到他名字的人也很少了，原因類似：新設計很快蓋過了風頭！要說紐卡門蒸汽機的美中不足，就是它的節約成本是以「就地取煤」為前提，於是一走出煤礦，採購及運輸成本就變得很高、讓蒸汽機運行變得不划算。

第三代，節能

此時，才輪到工業革命中最知名的人士瓦特（James Watt）出場。從前面的介紹大家已經清楚，他既不是第一個受茶壺煮水啟發的人，也是不是現代蒸汽機的發明者，甚至不是現代蒸汽機的第一個改良者，而只是改良者之一，但顯然，他的改良又很重要。

瓦特出身於工匠之家，從學徒起步，後來到格拉斯哥大學做機修工，負責修理紐卡門蒸汽機。在那時（約 1763 年）他就意識到：之前所有蒸汽機的共同缺點在於，冷卻與加熱發生在同一「鍋」中，當水加熱為蒸汽的時候，蒸汽室的金屬升溫；當蒸汽凝聚為水的時候，剛剛被加熱完的金屬又降溫。

在蒸汽室升溫、降溫、升溫、降溫過程中，瓦特估算，75% 左右的熱都被浪費掉了，只剩下 25% 左右在真正做功。1769 年瓦特申請並獲得名為「一種減少火力發動機中蒸汽和燃料的新方法」的專利，從名稱看就知道其特點在於節能。瓦特的設計是在大「鍋」外接一個冷凝器，「鍋」總是熱的，而冷凝器總是冷的。通過冷熱分離，熱浪費減少，效率就提升了。根據不同場合的測試，瓦特蒸汽機與紐卡門的蒸汽機相比，效率提高了四倍；即使與紐卡門蒸汽機的改進型相比，效率也提高了一倍。[7-3] 後來，瓦特又把活塞運動從單向的改為雙向的，效率再次提升。於是，即使煤礦外的用戶也覺得蒸汽機划算了。蒸汽機的應用範圍被擴大了。

但之前限制蒸汽機應用範圍的，除了成本考量，還有原理問題。蒸汽機活塞是直線運動，但大部分需要傳動的機械其實在進行圓周運動：齒輪是圓的，滑輪是圓的，車輪是圓的，磨機磨盤是圓的，紡機飛輪是圓的……1782 年，瓦特申請並獲得了另一項重要專利，被稱為「太陽與行星」設計，即（想像下火車輪子的樣子）通過機械杆往復來推動輪子轉動，蒸汽機可以在自身直線運動不變的前提下驅動圓周設備。蒸汽機的應用範圍進一步擴大。

通過瓦特的幾次改進，蒸汽機可以用於幾乎所有行業。誰不需要省時省力的幫手呢？馬會疲勞、人會怠工，蒸汽機永遠在工作，替代人力與牲畜力。儘管無法 100% 地轉化燃料，但蒸汽機源源不斷地把燃料轉化為機械功，成為「近似的永動機」。瓦特指出了無限能源的可能性：「和現在通常的火力機相比，雖然消耗同樣多的燃料，卻至少可以多做一倍的工作。」而瓦特的合夥人，博爾頓指出了無限市場的可能性：「如果比較單台蒸汽機所需的研發資本與單台蒸汽機所能節省的人力成本可能不划算，但如果預期蒸汽機能用於世界各地的各行各業，那數字的結果就不同了。」

據統計在 1750 年到 1900 年期間，英國從 90% 以上的水力驅動轉變為蒸汽驅動。[7-4] 到 1870 年，英國蒸汽機總裝機容量達到 400 萬馬力，相當於 600 萬匹馬或 4,000 萬人所能產生的動力。[7-5] 蒸汽機名副其實地成為了英國

工業的發動機。

　　蒸汽機本身也發展成一個相當規模的產業。到 1800 年瓦特專利過期前，英國已經有 2,000 台蒸汽機在使用，[7-6] 紐卡門蒸汽機約占四分之三，瓦特蒸汽機約占四分之一。[7-7] 到 1800 年瓦特專利期過後，蒸汽機仿製更呈井噴式趨勢，僅以英國紡織業為例，動力紡織機在 1813 年達到 2,400 台，1820 年達 14,000 台，1835 年則超過了 12 萬台。[7-8] 同時，英國蒸汽機還被出口到世界各地。[7-9]

第四代，小型化

　　在經歷了做功、傳動、節能三階段之後，現代蒸汽機在瓦特時代已經被普遍接受了，但永動機的夢想仍在繼續。今天我們想起的火車、鐵路、蒸汽輪船等「蒸汽轟鳴」的標誌，都是瓦特之後才出現的，[7-10] 原因很簡單，瓦特蒸汽機有三層樓高，只適合固定場合，不適合移動。為了讓蒸汽機能用於交通工具上，後繼者們想了諸多將其小型化的方法：前面提到英國人特拉維斯特設計了小型高壓蒸汽機，美國人埃文斯設計了小型臥式鍋爐，斯蒂文森提升了機車與鐵軌的安全性，美國人富爾頓與英國人布魯奈將高壓蒸汽機安裝在輪船上遠航……

　　進而，「蒸汽機」的反覆運算更新出現了，它叫內燃機或引擎，雖然聽著、看著都不相似，但原理上一脈相承。出於繼續減少蒸汽機體積的目的，人們嘗試將外部燃燒改為內部燃燒：1792 年，默多克（William Murdoch）用煤氣作為燃料、發明了煤氣燈。1801 年，法國人勒本（Philips Lebon）把煤氣與氫氣充入蒸汽機的氣缸中，用爆炸產生的內部推力，取代了原本來自蒸汽的外部推力。1862 年，法國人勒努瓦（Jean Lenoir）將內部燃料從氣體改為液態的礦物油……現代內燃機誕生了，由於它體積更小、效率更高，被應用於汽車上、飛機上……蒸汽機看似消失了，但其實，它只是以新的形式延續著自己的生命。

人類也並未止步對「永動機」的追逐：潮汐發電、地熱發電、太陽能發電、核裂變、核聚變……夢想是無限的。

蒸汽機背後的人

在蒸汽機的創新面背後，我們又看到很多名字：直接的發明者包括薩弗里、紐卡門、瓦特、威爾金森、默多克、勒本、勒魯瓦等；直接的贊助者包括羅克巴、博爾頓、皮期等，直接的應用者包括特拉維斯特、埃文斯、斯蒂文森等。這些人出身各異、學歷大多不高，各有所長、職稱各異；有的成為了發明家，有的成為了企業家，有的兩者兼做，有的被封為爵士或皇家學會會員……要說有什麼規律，答案同樣是「沒有規律」。

如果非要給所有前面這十一條線中「沒有規律」的人起個名字，答案大概是「普通人」。這個稱謂用到別人身上還好，但如果用到瓦特身上會立即遭到反駁：不，他可是位天才！

參考文獻和注釋

【7-1】 帕潘還發明過一個「大氣機」，即靠蒸汽頂起活塞，再靠大氣壓力及重量「被動地」壓回活塞的方案，但同樣，既沒有主動地產生真空，也沒有連續性地做功，更沒有生產實效。

【7-2】 威廉·羅森，世界上最強大的思想 [M]，王兵譯，北京：中信出版社，2016：52。

【7-3】 羅伯特·艾倫，近代英國工業革命揭秘 [M]，毛立坤譯，浙江：浙江大學出版社，2012：254。

【7-4】 傑克·戈德斯通，為什麼是歐洲？世界史視角下的西方崛起（1500-1850）[M]，關永強譯，杭州：浙江大學出版社，2010：191。

【7-5】 數據見：

A、弗格森，文明 [M]，曾賢明、唐穎華譯，北京：中信出版社，2012：185。

B、大衛·蘭德斯，解除束縛的普羅米修斯 [M]，謝懷築譯，北京：華夏出版社，2007：97。

【7-6】 約翰·R·麥克尼爾、威廉·H·麥克尼爾，全球史 [M]，北京：北京大學出版社，2017：318。

【7-7】 這方面的統計是不完全一致的，請參考：

A、W·W·羅斯托，這一切是怎麼開始的 [M]，黃其祥、記堅博譯，北京：商務印書館，2017：153。

B、T·S·阿什頓，工業革命 [M]，李冠傑譯，上海：上海人民出版社，2020：79。

C、另外的說法：喬爾·莫基爾，富裕的槓桿：技術革新與經濟進步 [M]，陳小白譯，北京：華夏出版社，2008：94。

【7-8】　T・S・阿什頓，工業革命[M]，李冠傑譯，上海：上海人民出版社，2020：83。

【7-9】　大衛・蘭德斯，解除束縛的普羅米修斯[M]，謝懷築譯，北京：華夏出版社，2007：223，表7、表8。

【7-10】　瓦茨拉夫・斯米爾，能量與文明[M]，吳玲玲、李竹譯，北京：九州出版社，2020：236-237。

第八章

天才是怎麼升起的

法拉：「瓦特因把蒸汽機變為印鈔機而聞名。」[8-1]

天才，按字面看是「天生之才」的意思。人們耳熟能詳的典型如羽扇綸巾的諸葛亮，憑奇思妙想就能秒殺曹操、司馬懿，所以號稱「臥龍」。另一類人不是靠先天智力而是靠先天身分，如皇室後裔的劉備，直接成「龍」。「龍」字型大小都是天生的，而普通人只能靠後天。如關羽、張飛、趙雲、黃忠等人，靠廝殺疆場的辛苦，還有受賞識的運氣，再成功也只能算普通人罷了。那麼，瓦特屬於哪種情況？

讚譽與自述

讓我們先看看瓦特被奉為「天才」的依據。瓦特的成就得到了英國政府、社會、學界的讚譽。在成功後他當選為倫敦皇家學會會員、法國科學院外籍院士，1819年他去世，英國為其舉行了隆重葬禮並將其安葬在西敏司教堂中，在一座永久雕像的碑文中寫著：「他改良了蒸汽機，武裝了人類，使柔弱無力的雙手變得力大無窮……」傑佛瑞勳爵致辭：「瓦特先生是蒸汽機的改良者這一點無可置疑；然而考慮到他做出的歷史性技術革新，我們更應該稱他是一位發明家；正是他的發明使得粗重的蒸汽機從實驗室走進了社會生活的各個角落，很大程度上減輕了人們的勞動強度，極大地促進了製造業的發展……極大地促進了市場的繁榮，人們可以更加便捷地獲得物美價廉的

商品。」【8-2】（此處略去讚美詞一萬句）

上述讚譽絕不為過。但讚譽的是成就，而沒講靠什麼取得的成就：是天分？身分？還是幸運？努力？並且，請注意，上述肯定中都明確了他是「改良者」，而非原創者，說明當時的人很清楚發明的次序。

這時，有人會指向瓦特的回憶：「那是在格拉斯哥綠園發生的事情。在一個晴朗的安息日的下午，我去綠園散步。我路過那家老洗衣房，然後穿過夏洛特街頭的大門，進入了綠園。當時，我滿腦子都在思考著蒸汽機的相關問題。當走到赫德劇場時，我的腦海裡浮現出了一個想法：蒸汽屬於有彈性的物質，它可以瞬間進入真空，因此，如果在氣缸與排氣室之間設置一條通道的話，蒸汽就可以通過這條管道沖入氣缸，從而可以無須冷卻氣缸就能將蒸汽冷凝……當我還沒走到高爾夫球場的時候，我對所有事情的安排早就了然於胸了。」【8-3】

瓦特的靈機一動也值得肯定，但同樣，是由於結果偉大。至於該想法本身，本人冒昧地評估了下，認為大致基於常識，即使瓦特沒想到，後人也可能想到。退一步講，就算瓦特的想法是天才的（連帶作者腦海中的也是），也不能解釋現代蒸汽機的成功，乃至工業革命的成功。原因在於，在瓦特之前，已經有薩弗里、紐卡門、威爾金森等的對蒸汽機的開創；在瓦特之後，還有特拉維斯特、埃文斯、斯蒂文森、富爾頓、布魯奈的完善，瓦特的靈機一動不可能對幾代人的成就負責！再退一步講，即便薩弗里、紐卡門、威爾金森、瓦特、特拉維斯特、埃文斯、斯蒂文森、富爾頓、布魯奈等都算天才，他們的靈機一動也僅限於蒸汽機行業，無法對工業革命中十一條線的起飛負責！

四處在漏
（免責條款：本人對該領域較為熟悉，可能存在職業偏見）

　　那麼，瓦特究竟是靠什麼成功的呢？進一步審視瓦特發明的細節就會發現，努力與幸運的成分居多──天才不需要那般努力，也不需要那麼幸運。

　　我先列舉個瓦特解決技術問題的例子，即蒸汽機的洩露。流體的屬性決定了有流體的地方就可能洩露，只是在古代，這不是大問題，因為那時以傳動機械為主，由人力或畜力驅動而無需用水；即使如螺旋泵等取水裝置，漏就漏了，算不上大事。

　　可現代蒸汽機不同，裡面流動的是蒸汽，損失蒸汽意味著損失熱、損失功效。這樣的損失不僅無謂，還有害，儘管那時還沒有環保顧慮，但洩露出的蒸汽籠罩著車間、給人很不安全的感覺。而且，洩露也造成蒸汽機效率無法準確測定，結果是，發明者說自己的蒸汽機安全、節能了，可誰都不信。

　　現代蒸汽機要得到承認，就必須解決洩露問題，但又很難解決，因為離開了蒸汽就不叫蒸汽機了。蒸汽本身構成了高溫、高壓的挑戰，蒸汽管線構成了熱脹冷縮、壓力變形的挑戰；在如此惡劣的工況下，每個連接點都可能變為洩漏點。各位大概會好奇：全堵死行不行？不行，想想爆米花的情形就知道了，在壓力下這樣做不安全，頂多用有強度又有彈性的密封材料堵個「半死」。但注意，彈性高的材料，如木頭或纖維往往強度不足；強度高的材料，如金屬或石頭往往彈性不夠。於是，為流體系統找到合適的密封材料始終是難題。「無論加農炮，還是蒸汽機，製造過程中的關鍵一環都是氣缸中的密封。」[8-4]

　　如果把時鐘撥回幾十年，在現代蒸汽機出現之前，另一種流體設備真空泵就先行出現了，也遇到了同樣的難題。法國的科學家，波義爾試圖解決真空泵的「外漏」問題，即如何防止空氣從外面進入缸體，他的方法是，在機

械連接處塗一種叫「鉛硬膏」的材料,而在對機械本體的裂紋塗一種附帶修補劑的亞麻膏布;該修補劑由生石灰、乳酪屑、水混合磨成,氣味難聞而效果不佳,以至於波義爾的「真空泵」從來沒有實際接近過真空。【8-5】

　　荷蘭科學家惠更斯則試圖解決真空泵的「內漏」問題,即如何防止空氣從氣缸壁與活塞之間的縫隙進入缸體,他在給友人的信中寫到:「描述這工作可能要寫一整封信,但主要的是,我不是在一切結束後才放入活塞,而是在之前。放入後,我又一點一點填入羊毛和其他東西,直到再裝不下。」【8-6】

　　幾十年後,當薩弗里發明出第一台現代蒸汽機時,又面臨了真空加蒸汽的雙重洩露:加熱時,大鍋中的蒸汽會沿著機械縫隙洩漏出去;冷卻時,大鍋中的真空又會從機械縫隙中吸進空氣,兩種洩露都會損失功率。

　　幾十年後,當紐卡門發明橫樑蒸汽機時,橫樑又增加了動態下的密封難度:橫樑帶動活塞杆劇烈運動,而活塞缸靜止,如果動、靜之間的間隙過小,則機械會卡死、無法做功;如果間隙過大,蒸汽又會洩露出去、損失功率。

　　到瓦特時候,洩露已經發展到難以容忍的地步,這是因為,從最早的薩弗里的「大鍋」,到紐卡門的「鍋爐＋氣缸＋槓桿」,到瓦特蒸汽機的「鍋爐＋氣缸＋冷卻室＋槓桿」,管線變得越來越長,洩漏點也同等增加:燒水的鍋爐可能漏、鍋爐到氣缸的閥門可能漏、氣缸可能外漏、活塞與氣缸壁間還可能內漏……這讓瓦特的蒸汽機房不像桑拿房也難。

　　十幾年中,瓦特嘗試了諸多方法但都無效:──瓦特的合夥人,羅巴克擁有全英格蘭最出色的鑄造廠,但其鑄造精度仍然無法達到讓氣缸與活塞契合的要求;之間的間隔有 0.5 英寸／1.25 公分之大,邊運行、邊碰撞！──瓦特嘗試用比鑄鐵軟的錫作為金屬材料,但做出來的錫筒變形嚴重,氣缸與活塞間隙達一個手指那麼粗,還總在變！──瓦特嘗試把不同的材料塞入活塞與氣缸的間隙:木頭、錫、生鐵、度革、棉布、橡木、麻絮、石棉、鉛合金、水銀、石墨、牛油、肥料、植物油等等,暫時可以堵漏,很快繼續洩露。──瓦特甚至想過把圓柱體的氣缸變為方形,被證明無效。──最後,瓦特只能

靠澆水上去,讓水邊流進缸體、邊密封,等於損失功率,效果當然很差。

瓦特記錄道:「我的一位朋友沙耶建議我用棉花試一下。我原先是打算試一下,但因為棉花太貴而放棄了。而這次的嘗試讓我真的找到了我要的東西,但如果沒有加入膠合物或將其編織起來,那就不太容易使棉花結合在一起。」「我希望試一下硬紙板……硬紙板的表現非常出色、但它卻仍然無法解決一個核心的機械難題,即一方面使活塞與氣缸盡可能結合得緊一些,另一方面又要盡可能減少二者間的摩擦力——這就是之前提到的兩個從根本上彼此衝突的目標。」[8-7]

「我遇到了數不清的困難,這是因為機器的零件品質很差,但我還是克服了所有的困難。我驚訝於這個只有 2 英寸直徑汽缸的機器所消耗的煤的數量之多,我認為這是由於金屬汽缸散失的熱量過多。」[8-8]

在絕望之際,幸運之星降臨了。1775 年,威爾金森申請了鏜床專利,為的是解決鑄造出來的大炮炮管內壁凸凹不平的問題。威爾金森的方法是,先鑄造出實心圓柱,然後用鏜床鑽從內部鑽出光滑的內壁,這提高了炮彈的發射速度和準確度,迅速獲得軍事應用。在威爾金森發明的次年,瓦特就為蒸汽機定制了用鏜床製造的氣缸,新工藝將氣缸壁與活塞間的間隙降低到原來的五分之一,進而降低到原來的五十分之一(0.01 英寸即 0.25 毫米之內),蒸汽機的洩露問題基本解決,其安全與效能變得無可爭議。想想看,一項毫無關聯的技術,出現得不早也不晚,卻無心插柳,這算不算幸運?

一直缺錢

瓦特的努力與幸運,不僅體現在技術上,還體現在商業上。話說有了「將冷凝器分離」的專利想法後,他面臨發明家都有的難題:缺錢。僅僅實驗就需要大量資金,更不用提實施。瓦特在自己掏腰包一段時間後變得負債累累,不得不轉行去做地質勘測員來維持生計。如果不出意外,瓦特的蒸汽

機發明大概率與特拉維斯特的火車發明一樣胎死腹中，可這時，瓦特遇到了第一位贊助者，約翰・羅巴克（John Roebuck）。

這位羅巴克非等閒之輩，在當時的發明界與企業界都算名人，他發明過工業硫酸的製作方法、投資過工廠及鐵礦。1769 年，羅巴克與瓦特的合夥公司申請了專利，羅克巴占公司股份的三分之二，瓦特占三分之一。初看起來，分配比例失衡，但事實證明很公平：蒸汽機的研發時間之長、技術難題之多，以致於下面的十年合作裡，羅克巴的所有資金都消耗了，合作公司處於破產邊緣，而蒸汽機距離投入實用還很遠。像羅克巴這樣的知名人士都被蒸汽機拖垮了，應該沒人再敢冒險了吧，可這時，瓦特遇到了第二位投資者博爾頓（Mathew Boulton）。

這位博爾頓也非等閒之輩，他的父親是當時英國製造業重鎮、伯明罕市著名的製造商，被視為「英國第一流的工廠主」。[8-9] 到博爾頓接班時，工廠已經有五百多工人，生產從紐扣到錶鏈等一系列金屬製品。博爾頓拒絕了羅克巴僅僅轉讓三個郡代理權的提議，而要求羅克巴轉讓全部股權，理由是：「僅僅為三個郡製造，那是不值得的事情。為全世界製造，那才是值得的。」這樣的視野，是羅克巴與瓦特都不具備的。在資金與視野之外，博爾頓還給項目帶來了新市場策略：之前蒸汽機的銷售方式是傳統的約定價格、到貨付款，如果專利授權對方生產，則先預收專利授權費，保險是保險，但進程緩慢，因為使用者只有在確定省錢的前提下才敢投入。博爾頓與瓦特的新公司為了體現對自己產品的信心，同意先墊付全部生產與安裝資金，用戶只需要按照節省燃料的三分之一付費。這快速打開了市場，但也帶來了收款風險，在十幾年間，博爾頓不得不變賣自己的家族財產來墊付資金；瓦特也絕望地寫到：「如果債權人願意放棄我的債權，我想把自己的一切交出去，把我的命運交給上帝安排，我所處的憂慮環境不能再繼續了。」[8-10] 最終，還有部分客戶想為了「賴掉」蒸汽機節省的燃料費而起訴原專利無效，所幸，法院站在了博爾頓─瓦特公司一邊，讓後者渡過難關。

瓦特對他的兩位商業夥伴身懷感謝。關於博爾頓，瓦特寫到，「博爾頓先生的積極性格和深信未來，是我的天生膽怯和平衡的積極力量。」關於羅巴克，瓦特寫到，「我的努力所取得的成功，很大部分要歸功於他友好的鼓勵，他對發現的關心，他敏於想出這些發現的應用，他對商業的深邃認識，他遠大的眼光，他熱心、慷慨、積極的氣質。」[8-11]

　　常常被形容為「遲疑、猶豫、懦弱、悲觀」的瓦特，[8-12] 兩次遇到遠大眼光、熱心、慷慨、積極的商業夥伴，這算不算幸運？想想看，羅克巴與博爾頓如果沒有遇到瓦特，也過得不錯，而瓦特如果沒有遇到羅克巴與博爾頓，則境遇完全不同。[8-13] 正因為如此，在今天英國對蒸汽機的所有紀念活動中，瓦特與博爾頓的名字都並列出現，Watt & Bolton。只是在某些教材中，蒸汽機的發明者才被簡化為瓦特一人，估計在編者們的眼中，技工已經難登大雅之堂，商人略去也罷。其實，創新與創業，新產品與新企業，都是從無到有的俗人創作！

普通人的革命

　　不管瓦特還是博爾頓，都從未自詡為天才，因為他們深知自己只是努力而幸運的普通人。至於後人們熱衷於追認授予他們「天才」的頭銜，甚至不惜把瓦特奶奶請出來作證，歸根到底是出於英雄崇拜情結，英雄與天才最容易被用來記住革命、解釋革命。但這恰恰是工業革命的不同之處：它的重大發明大都有「工程性」的特點，因此現代蒸汽機的出現，只有靠瓦特、博爾頓、薩弗里、紐卡門、威爾金森、特拉維斯特、埃文斯、斯蒂文森、富爾頓、布魯奈爾等普通人的參與才能解釋！進而言之，第一次工業革命中十一條線的起飛，只有靠更多普通人的參與才能解釋！我們似乎可以說，第一次工業革命是一場「普通人」的革命！

參考文獻和注釋

【8-1】　法拉，四千年科學史 [M]，北京：中央編譯出版社，2011：168。

【8-2】　卡內基，瓦特傳 [M]，南昌：江西教育出版社，2012：173-175。

【8-3】　Robert Hart，Reminiscences of James Watt，轉自威廉·羅森，世界上最強大的思想 [M]，王兵譯，北京：中信出版社，2016：130。

【8-4】　薩利·杜根、大衛·杜根，劇變：英國工業革命 [M]，孟新譯，北京：中國科學技術出版社，2018：148。

【8-5】　史蒂芬·夏平、西蒙·夏弗，利維坦與空氣泵 [M]，蔡佩君譯，上海：上海人民出版社，2008：29。

【8-6】　史蒂芬·夏平、西蒙·夏弗，利維坦與空氣泵 [M]，蔡佩君譯，上海：上海人民出版社，2008：232。

【8-7】　威廉·羅森，世界上最強大的思想 [M]，王兵譯，北京：中信出版社，2016：122。

【8-8】　James Watt，Notebook of Experiments on Steam，轉自羅傑·奧斯本，鋼鐵、蒸汽與資本 [M]，曹磊譯，北京：電子工業出版社，2016：87。

【8-9】　保爾·芒圖，十八世紀的產業革命 [M]，楊人楩、陳希秦、吳緒譯，北京：商務印書館，2009：291。

【8-10】　鄭延慧，工業革命的主角 [M]，長沙：湖南教育出版社，2009：39。

【8-11】　鄭延慧，工業革命的主角 [M]，長沙：湖南教育出版社，2009：33。

【8-12】　科學史家對瓦特的評價見下：

A、保爾·芒圖，十八世紀的產業革命 [M]，楊人楩、陳希秦、吳緒譯，北京：商務印書館，2009：288。「瓦特總是遲疑，猶豫，不滿意自己，他需要有個人在旁邊鼓勵和推動前進。」

B、亞·沃爾夫，十八世紀科學、技術和哲學史：下冊 [M]，周昌忠、苗以順、

毛榮運譯，北京：商務印書館，1991：799。「瓦特生性懦弱、悲觀，不喜歡生意經，總是更關心他的最新改良和發明的發展，而不是它們的商業利用。」

【8-13】 喬爾‧莫基爾，雅典娜的禮物 [M]，段異兵、唐樂譯，北京：科學出版社，2010：219。

威廉‧配第：「發明者常常為自己發明創造所蘊含的價值而自我陶醉，想當然地認為全世界的人都會侵犯他的發明權；可是，據我觀察，普通人很少願意使用這些新技術，因為這些發明本身還沒有經過徹底的考驗，⋯⋯當圍繞新發明的無休止爭議逐漸平息時，時間已經過去很久，可憐的發明者不是已經去世，就是已經因為此發明而債台高築。」

第九章

人沒變，人數變了

　　阿什頓稱工業革命為「現實中男男女女所進行的選擇」。

　　經濟學家羅伯特盧卡斯總結「小發明潮」的基礎為，男男女女、工匠和商人、農民和勞動者的「百萬個反叛」。

　　什麼是工業革命的直接原因？通常的解釋是商業、技術、法律、文化、政治、歷史、科學、地理生態等要素。從機制上看，它們就不可能直接，因為它們與工業革命之間存在一個無法逾越的屏障，「人」。所有物質要素，唯有作用於人，才能對人類歷史發揮影響；反之，如果無法作用於人，那麼該物質要素對人類歷史的影響也沒有想像中那麼大。

　　但有一個物質因素很特殊，就是發明的難度。假設現代的重大發明比古代發明來得「空前」容易，那不就直接轉換為「空前」湧現了嗎？這個假設並不成立，因為從單個發明點來看，古代與現代的發明難度差不多，越早前，資訊缺乏但預期也低，越晚近，資訊充分但預期也高；魯班的發明不容易、袁隆平的發明也不容易，他們都偉大。而從複雜性來講，工業革命中的發明無疑更難，因為蒸汽機、火車、鐵路、遠洋輪船等改變世界的發明都是「工程」性。如第一台成功商業運行的火箭號機車就「包含100種來自十多個不同科學領域的血統」。[9-1] 在外部，還都離不開與其他行業的配合，有賴於供應鏈的完善與市場的成熟。[9-2] 工程協作最終又要回到人的協作。

　　人的因素不僅在機制上最直接，而且在時間上最連貫：在工業革命中重大發明潮爆發、持續、擴大、轉向的過程中，時、空、技術都在變，而唯一

俗人的壯舉：當我們遭遇工業革命

連貫就是「人」！

在人的因素中，作者以為，在時間上與機制上都最直接的莫過於「人數」，即獨立的創新者與創業者的數量。

首先，獨立思考的頭腦多、交流多，碰撞而來的新思想不是按算數累加，而是按幾何級數裂變，就像核反應爐中一個中子啟動更多中子、直到核爆炸的發生。「在英國，工程師和技師的數量之多足以使他們彼此影響、相互作用，其途徑有演講、搞間諜活動、抄襲和改進。」[9-3]這就解釋了工業革命中發明規模的起始、持續與加速。

不太明顯的是，技術很難無端地跳去另一軌道，但人的頭腦是發散的，一個發散的頭腦還能帶動更多發散的頭腦。達利、韋奇伍德、威爾金森等人激勵了瓦特與博爾頓。瓦特與博爾頓激勵了斯蒂文森和富爾頓。「瓦特和阿克賴特名利雙收、大富大貴，成為眾人競相仿效的對象。」[9-4]其當榜樣與效仿成為潮流時，就塑造出一種創新與創業的文化，即集體性的發散思維，從而產生匪夷所思的結果。比如，古人在見過蒸汽機、火車、輪船、電話、空調前，自然無法想像出它們的威力或樣子，這些東西是規劃不出來的，唯有靠獨立的頭腦碰撞出來！[9-5]這就解釋了工業革命中重大發明的轉向。

如果擴展下的話，更完整的「人數」，除了創新者與創業者，還應該包括前所未有數量的工廠中的製造者，以及前所未有數量的新產品消費者。消費源頭的擴大尤為重要。「從長遠看，只有當消費需求延伸到無數相對普通的家庭時，工業生產才有意義。」[9-6]消費源頭的擴大還包括消費意識的提升：想想看，如果整個社會只買最便宜、最短期的東西，那我估計，第一台、第二台……第十台蒸汽機都不可能「低價中標」！[9-7]蒸汽機之所以能被市場接受，是因為那時的社會已經越來越重視綜合效益、長期效益，並逐漸培養成一種尊重精品、崇尚先進的意識。正是因為消費者、生產者、創業者、發明者的「人數」都呈井噴勢態，才讓工業革命彙聚成一條奔騰的大河、讓

重大發明有了「湧現」的基礎。

俗人或追求世俗利益的普通人

該如何描述這樣的「人數」呢？

首先注意，這裡不是指天才的數量，不是人口總數，不是新人類的數量。我們在序、第一章和上一章中，已經排除了「新人」、「人口品質改變」、「生育策略」等說法，即由於18世紀的英國人變得更好，所以工業革命發生了。我們剛剛也排除了「天才說」，即由於少數天才恰好出現在18世紀的英國，所以工業革命發生了。至於人口總數，它更類似社會因素而非個人因素，因此，我把它與其他關於工業革命原因的答案放到後面的附錄中評價。無疑，這些因素都與工業革命有關，但就與重大發明的關係而言，都沒有創新與創業者的數量來得直接。

普通而獨立的創新與創業者雖然「沒有規律」，但存在身分與目的上的「家族相似性」。稱工業革命中的創業與創新者身分「普通」，這不是我的，而是傳統的界定：大多數古代社會都不加掩飾地劃分身分的等級，如法國大革命中總提到的「三級會議」，前兩級，即包括神職人員及貴族的統治階層；以及「第三等級」，即包括農民、商人、手工業者、服務業者、工匠、水手、寡婦、鄉紳、冒險家、批發商、零售商、銀行家、船主、職員、小商小販等在內的平民階層。在城市中，平民階層也被稱為「市民」階層。直到19世紀前期，德語中的 Burger，法語中的 Bourgeois，都是自治市的市民、公民、居民、中產階級的意思。[9.8] 也就是說，直到第一次工業革命期間，普通「市民」或「平民」或「俗人」是對創新者與創業者的貼切稱呼，包括瓦特等發明家、博爾頓、羅巴克等企業家，韋奇伍德、卡特萊特等發明兼企業家。[9.9] 有人說後面這幾位是大資本家，那是幾代之後的稱謂，在第一次工業革命時代，他們的身分是不折不扣的普通人。

在共同的身分之外，這些人還有共同的動機，即世俗利益。俗話說，歷史是人民群眾創造的，但不同時期人民群眾創造的動機不同。原始人就為自己而創造，但處於無秩序狀態。古代文明中的普通人仍在創造，但是在等級制度下被動進行的。在工業革命中，普通人開始基於自己的利益而主動創造，讓我們確認下其中的幾類人群：

瓦特代表了從傳統工匠向發明者的轉型，這些人的初衷很簡單：在改善物質生活之前，其他理想都是奢談。當然也不排除在改善物質生活後，他們也會追求更高的、精神上的、技術的理想。【9-10】

博爾頓代表了從傳統商人向現代企業家的轉型。傳統商業的目標是短期倒買倒賣的牟利；而博爾頓們則視牟利為自己的長期職業，乃至「天職」。【9-11】他曾介紹自己公司「銷售全世界都需要的東西，能源」，「投資蒸汽機的花費，與它對英國和世界可能帶來的好處相比，算不了什麼」。【9-12】這些都說明，他所追求的利益遠不止眼前──他要賺全世界的錢，也要為全世界賺錢。

隨著時間的推移，越來越多的普通人主動投入到追求世俗利益的冒險中：發明家、企業家、農場主、商人、經理、水手、冒險家、技工等。即使最底層的勞工階層，也在樸實地追求更好的收入、住所、傢俱。威廉·赫頓驚呼：「每個人的財富都掌握在自己手裡。」【9-13】其實，這樣的趨勢只是在工業革命中更明顯罷了；它從工業革命前就開始了，因此留待下一篇討論。

俗人的崛起

加起來，追求世俗利益的普通人，即本書在序定義的「俗人」。俗人不是什麼新鮮事，它在原始時代就存在。俗人階層也不是什麼新鮮事，它在古代就是社會底層。但俗人階層作為社會變革的主力軍崛起，這是前所未有的趨勢。

當然我們要回答下面的質疑：創新的工匠與創業的商人只是俗人的一小部分，能否代表整個階層？可以有幾種角度來理解。首先，即使這一小部分人，在數量上也已經變得前所未有之多，足以「代表一種趨勢」，在示範效應下，趨勢還在擴大。[9-14] 其次，如果把視角擴大到其他俗人群體，經理、水手、冒險家、高級工人、現代化農場的農場主等，也算工業革命中的新興勢力，其數量也是有史以來最多。至於更廣大的勞工群體，他（她）們未必能算新興勢力，但確是工業革命中生產與消費的主力軍，甚至可擴展到婦女與兒童層面。[9-15] 工業革命中，英國工人工資總體在提升，[9-16] 商品變得物美價廉，但早期的工作環境太惡劣：勞動保障缺乏、童工與婦女權益談不上、公共衛生沒重視，而那時的英國政府正處於內憂外患中，國內人口膨脹、失業待解、移民湧入，國外則面臨拿破崙戰爭，還騰不出手來解決社會問題，於是對工業革命早期惡評如潮！但到了後期，隨著勞動環境、婦女兒童保障、公共衛生設施的改善、物美價廉的商品進入百姓家中，工人工資上漲的好處才顯現出來；再加上，政治環境日漸寬鬆：1802 年議會通過《工廠法》，規定了車間衛生、牆壁粉刷、車間通風、童工保障等。1832 年議會通過《改革法令》，為新興工業城市增加議會席位並擴大基層選舉權。1847 年議會通過《十小時工作法案》，設定了勞動時間的上限。1848 年議會通過《公共衛生法》，明確了城市中供水、排汙、垃圾處理要求……終於，對工業革命後期的評價又趨向積極。[9-17]

最重要的是，上述人群之間並無界限並處於動態之中：技工隨時可能發達成為企業家，企業家隨時可能破產成為流浪漢，這樣的例子在工業革命中（乃至狄更斯的小說中）比比皆是。很多學者都表達過，那時英國的特點在於技工群體數量龐大且與商人、學者之間沒有等級界限，背後的原因在於，這些人原本就同屬一個「俗人階層」。

貴族階層不是主力軍嗎？不是，在工業中的創新與創業者中，他們的身影很少出現，因為他們有更符合身分的成就之道：繼承財產、繼承頭銜、繼

承資格，總之，普通人想要的東西不爭取也有，追求財富的動力自然沒有普通人那麼強。這不是說他們不想爭取世俗利益，他（她）們希望自己的土地租金上漲，更希望在自己的地下發現「意外之礦」，因此儘管自己未必積極創造、創業，但並沒花太大的精力去阻撓平民階層這麼做，甚至樂見其成。

俗人的崛起，不僅解釋了工業革命的發生，還解釋了其過程的幾個特點：

——無硝煙。[9-18] 工業革命以重大發明為核心，改變的是技術與財富，自然悄無聲息。這與炮火紛飛的法國革命形成了鮮明的對照，因為後者以軍事政治為核心，屬於不同性質的革命。

——無主角。[9-19] 工業革命爆發了，沒有哪位國王、教皇指點江山，因為它是人數眾多的草根運動，在人的逐利性驅動下就可以自然生長、無需揠苗助長！

——無明確的時間起點。[9-20] 俗人階層崛起的過程在工業革命前就開始了，那麼自然，這個過程的起點可以不斷前移。

俗人的崛起不僅解釋了工業革命的發生，還解釋了其後續。相比起古代發明靠少數天才偶然為之，導致技術與財富長期限於低水準波動之中，在工業革命中，普通人參與創業與創新，讓人類社會的財富積累與技術進步呈現出空前發展。今天，俗人已經成為了社會的主體，而財富空前積累與技術的空前進步仍在繼續。

因此，本書把「俗人階層的崛起」當作工業革命發生的直接原因。工業革命之謎似乎已經告破，似乎又不完整。

參考文獻和注釋

【9-1】 威廉・羅森，世界上最強大的思想 [M]，王兵譯，北京：中信出版社，2016：11。

【9-2】 克萊頓・克里斯坦森在《發明者的窘境》一書中指出了從特種鋼到挖掘機到電腦硬碟等近現代顛覆性的技術所需的時間作為例證。

【9-3】 喬爾・莫基爾，富裕的槓桿：技術革新與經濟進步 [M]，陳小白譯，北京：華夏出版社，2008：269。

【9-4】 喬爾・莫基爾，富裕的槓桿：技術革新與經濟進步 [M]，陳小白譯，北京：華夏出版社，2008：284。

【9-5】 馮・哈耶克，知識的僭妄 [M]，鄧正來譯，北京：首都經濟貿易大學出版社，2014：17。

【9-6】 湯瑪斯・克倫普，製造為王 [M]，陳音穩譯，北京：中國科學技術出版社・2023：118。

【9-7】 巴比奇估算的「學習弧線製造第一個新機器的發明成本是製造第二個的五倍左右」。轉自：羅森伯格，探索黑箱 [M]，王文勇、呂睿譯，北京：商務印書館，2004：42。

【9-8】 A、雷蒙・威廉斯，關鍵字 [M]，劉建基譯，三聯書店，2016：71-75。
B、馬克斯・韋伯，韋伯作品集：第二卷經濟與歷史 [M]，廣西師範大學出版社，2004：262。

【9-9】 路德維希・馮・米塞斯指出，「早期工業家大部分的家庭出身跟他們工廠雇傭的工人屬於同一社會階層。」轉自F・A・哈耶克，資本主義與歷史學家 [M]，秋風譯，長春：吉林人民出版社，2011：152-158。

【9-10】 關於工業革命中工匠的發明動力，參考：
A、埃里克・霍布斯鮑姆，工業與帝國 [M]，梅俊傑譯，中央編譯出版社，2017：18。

B、W·W·羅斯托,這一切是怎麼開始的:現代經濟的起源[M],黃其祥、記堅博譯,北京:商務印書館,2017:146。

C、羅傑·奧斯本,鋼鐵、蒸汽與資本[M],曹磊譯,北京:電子工業出版社,2016:17-18。

D、羅伯特·艾倫,近代工業革命揭秘:放眼全球的深度透視[M],毛立坤譯,杭州:浙江大學出版社,2016:245。

【9-11】 關於企業家的作用,參考:

A、維爾納·桑巴特,猶太人與現代資本主義[M],安佳譯,上海:上海人民出版社,2015:162-164。

B、約瑟夫·熊彼特,經濟發展理論[M],王永勝譯,上海:立信會計出版社,2017:107。

【9-12】 A、鄭延慧,工業革命的主角[M],長沙:湖南教育出版社,2009:37。

B、羅伯特·艾倫,近代工業革命揭秘:放眼全球的深度透視[M],毛立坤譯,杭州:浙江大學出版社,2016:9。

【9-13】 T·S·阿什頓,工業革命[M],李冠傑譯,上海:上海人民出版社,2020:22。

【9-14】 埃里克·霍布斯鮑姆,革命的年代[M],王章輝等譯,北京:中信出版社,2017:55、163。「在英國工業革命的頭兩代人中,普遍存在一項基本事實,那就是小康階級和富裕階級累積所得的速度是如此之快,數量是如此之大,遠遠超過了他們所能找到的花錢和投資機會。」

【9-15】 馬可辛·伯格強調,工業革命的主力軍除工匠外,還有一個人群更龐大,由婦女與兒童組成,他們為早期工廠提供了有效而溫順的勞動力。轉自:克麗絲廷·布魯蘭,重說工業革命的經濟史[M],馬國英譯,北京:中國科學技術出版社,2022:36。

【9-16】 如果細微地看,工業革命期間的工人工資水準在波動之中,大概呈現先升後降再升的趨勢,但從長期看是上升的趨勢。

參考文獻和注釋

A、F・A・哈耶克，資本主義與歷史學家[M]，秋風譯，長春：吉林人民出版社，2011：160-175、167。

B、T・S・阿什頓，工業革命[M]，李冠傑譯，上海：上海人民出版社，2020：171-172。

C、格里高利・克拉克，告別施捨[M]，洪世民譯，桂林：廣西師範大學出版社，2020：253-257。

D、里格利，延續、偶然與變遷[M]，候琳琳譯，杭州：浙江大學出版社，2012：10。

E、克拉潘，現代英國經濟史：上冊第2卷[M]，北京：商務印刷館，1977：758。

F、羅伯特・艾倫，近代英國工業革命揭秘[M]，毛立坤譯，浙江：浙江大學出版社，2012：51、58。

【9-17】 參考以下著作：

A、羅伯特・艾倫，近代英國工業革命揭秘[M]，毛立坤譯，杭州：浙江大學出版社，2012：51，圖2.1。

B、傑克・戈德斯通，為什麼是歐洲？世界史視角下的西方崛起（1500-1850）[M]，關永強譯，杭州：浙江大學出版社，2010：31，圖2.2。

C、伊恩・莫里斯，西方將主宰多久[M]，北京：中信出版社，2014：330，圖10-2。

【9-18】 詹姆斯・哈威・魯賓遜，新史學[M]，齊思和等譯，北京：商務印書館，2016：10。批評：「歷史學家故意抹殺人類和平時期的重要性，但人類的大部分進展是發生於和平時期。」

【9-19】 約翰・希克斯評述道：「一些詳細的傳記可以把那場革命的某些情節記述下來，而且已經作了記述，但沒有一本傳記把它當作中心。沒有人會忽發奇想地認為有那麼一個特殊的人、一個發明家或企業家，離了他的活動英國工業革命就不能出現。」約翰・希克斯，經濟史理論[M]，厲以平譯，

北京：商務印書館，2017：8。

【9-20】 不少學者也能列舉出證據證明，英國工業革命早於 1760 年前就開始了：1709 年達比發明了焦炭煉鐵法，1712 年紐卡曼發明了槓桿式蒸汽機，1733 年約翰凱發明了飛梭。有些證據顯示工業化的跡象出現得更早：布羅代爾指出 1650 年前的英國已經成為歐洲最強的國家，已經出現了有規模的工廠，已經出現人口增加；從 1650-1750 年，經濟發展在持續加速。（布羅代爾，P702、P719）。英國著名的史學家巴賓頓·麥考萊在《英格蘭史》中乾脆以歷史的連續性為由，拒絕「工業革命」的說法，或光榮革命，或資產階級革命，或任何「革命」，因為歷史的延續性可以把英國工業起飛的時點無限推延。

參考文獻和注釋

第三篇

時代
―― 為何在那時、那地？

　　繼續何祚庥教授的問題，聽診器、圓珠筆的軸承、醫療器械、科學儀器、發動機等依賴進口，癥結在於現代技術所具有的「系統」特性，系統需要大眾，而大眾需要環境。我從來以祖先的聰明才智而自豪，但百年產品、百年工匠只能生長在適宜的土壤中。

　　因此，在這篇中，我們將鏡頭拉到遠近之交的位置，審視下工業革命前兩百年間英國社會的變化。無疑，變化很多，但哪個才是與俗人崛起直接相關，即有它就有俗人崛起、沒它就沒俗人崛起的要素？找到了它，我們就找到了工業革命發生的中時段、結構性的原因。答案仍然與「人」有關：環境可以激勵人。

第十章

動機乃發明之母

關於工業革命之謎，我們回答了一半，「俗人的崛起促成了工業革命」，但讀者會緊接著追問：「是什麼促成了俗人的崛起？」這後一半問題，我們就無法再請教老師福爾摩斯了，他面對的是個人案件，找到兇手就算破案；而我們面對的是「群體事件」──整個俗人階層突然崛起，背後當然有更深層次的原因。方向是清楚的，人性沒變，那麼，變的就是環境。如熊彼特言，創新的大地不是缺乏有用的思想，而是各種力圖保持現狀的社會勢力。考慮到「環境」一詞太籠統，在搜索前，我們最好先縮小下範圍：

空間上，我們關注的是英國，因為工業革命發生在那裡；

時間上，我們關注的是 16 到 18 世紀，因為工業革命發生在 18-19 世紀的英國，而歷史從來是連續的，歷史學中常舉的例子是：辛亥革命發生於十月十號，不可能從凌晨十二點開始到凌晨十二點結束；在十月九號前有準備，在十月十一號後也有後續，炮火中的革命尚且如此，無硝煙的革命更如此。我們要往前追溯，但又不能追溯到太早之前，因為條件如果早就具備了，那俗人就應該早崛起、工業革命也應該早發生了。

關於「環境」的範圍，我們關注的是商業與法律。站在瓦特們與博爾頓們的角度想：發明能不能短期盈利，取決於商業環境；盈利後權益能否得到長期保障，取決於法律環境，因此，這兩種環境就像種子發芽所需的水分與土壤，對俗人的崛起影響最直接。至於文化、政治、軍事、自然地理等其他環境因素，則像陽光與地貌，是種子發芽後才需要的。

在機制上，我們的答案必須能夠解釋俗人為何崛起在那時、那地。要知道，中世紀的歐洲屬於歐亞大陸上的不發達地區，貿易停滯、城市凋敝、農業僵化。而偏居歐洲一隅的英國更屬於不發達地區中的不發達地區，它立國較晚，始終跟隨在歐洲大陸的後面亦步亦趨；就這麼一個「長期落後、起步很晚」的英國，卻在工業革命前就已經一躍反超而成為全歐洲的中心，這中間究竟發生了什麼？

加起來，我們要追溯的是16-18世紀英國在商業與法律環境上的轉變。【10-1】一條有益的線索是，下面五件事都發生在16-18世紀的英國、都屬於商業與法律環境的轉變，它們如此重要，以至於都曾分別或組合地被當做工業革命發生的原因（儘管「直接」的可能性已經在前面被否定，但「間接」的可能性仍然存在），即，專利法、金融改革、農村運動、行會解體與憲政革命。讓我們先從這五件具體的事情開始，再從中提取出「單一而統一」的要素。

專利法的出現

經濟學家科斯：「如果我們將某些程度的私有權擴展到發明者，這些思想將會以更快的速度湧現出來。」【10-2】

經濟學家諾思：「沒有這種所有權，便沒有人會為社會利益而拿私人財產冒險。」【10-3】

在有利於創新的環境因素中，最常被提起、也最少爭議的是專利法，即，發明者在一定時間內享受其發明產品獨家經營權的法律保障。只是，這個詞今天已經充斥於各大媒體，讓讀者很容易想當然地以為它早就存在。但其實，它既非想當然，存活下來也費了不少周折。

讓我們還是回到原點：人為什麼要發明？在第一章中，我們用發明的動機解釋了人類早期的發明，在人口少、交流少的情況下，它進展緩慢。但沒

回答完整的是：城邦時代的人口變得密集、天賦變得多樣、需求變得很大、勞作變得繁重，為何情況仍沒有本質上的改變？答案仍然在於動機，但這時變成了兩方面的動機——

在發明者這邊，僅憑「理性經濟」的頭腦就能估算出來發明得不償失。且不說先要付出冥思苦想、無數實驗的努力，要不斷鼓勵自己說「等產品出來就好了！」；真等產品出來了，賣不賣得出去又成問題；最糟糕的是，賣出去了，還存在「搭便車」的風險，即發明一旦公開就變得誰都可做，競爭多了，賺不賺錢又成問題。為了防止「搭便車」，古代作坊的辦法是保密，師傅把秘訣傳給大徒弟或大兒子；而繼承者要做的就是藏好師傅的技術，一代代傳下去。保密意味著別人無法改進，甚至自己都不想改進。比如老祖宗新發明了一個斧頭，傳到了我手裡，我已經獨享了製作收益，那十有八九我不會想創製更好的斧頭。保密也意味著小作坊永遠不可能成為大作坊，在小批量下，斧頭的品質也難提升。

在社會這邊，則有完全相反的詮釋，同樣基於理性經濟的考慮：什麼「搭便車」？這根本是「吃獨食」！百姓認為技術是大家的，應該共用；統治者認為技術是朝廷的，應該公開。對付「吃獨食」也有辦法，就是大而公開的皇家工廠。「大」到壟斷則消除了高品質的必要，「公開」又抑制了工匠發明的動力。古代中國、古波斯、古印度、古代日本、古代朝鮮的皇家工廠再雄偉，也很少聽說發明什麼新東西，就連老品種都湊合過關就行，因為對工人們來說，那只是年復一年勞作的場所！

利益不匹配的結果是動機不匹配，動機不匹配的結果是大家躺平了事！

這樣我們就能理解現代專利法的微妙之處：它不是像想像中僅僅保障了發明者的利益，而是平衡了兩方的利益：

——在專利保護期內，壟斷收益屬於發明者，請盡情享用「獨食」！在專利時限外，資訊對全社會公開，請隨意「搭便車」！

——為了讓發明者盡可能受益，專利保護期不能太短；為了讓全社會儘早用上新技術，專利保護期又不能太長。

　　——相比起統治者與大眾，普通發明者屬於弱勢群體，因此議會必須起到平衡的作用，並為專利提供法律背書。

　　既然專利的關鍵在於平衡，而古代的體制完全失衡，就好理解兩者難以長期並存。有人說，專利來自古代的專賣：東西方的王朝都曾經出現某種專賣權的安排，即規定某種產品只能由政府或國王的親戚寵臣壟斷經營，中國從漢代開始就設置鹽鐵專營，到了清朝慈禧太后也效仿西方把經營紡織廠的「專利」授予李鴻章。但古代的東西不管在名字上聽著多像現代，都脫不開古代的本質：專賣權與發明沒什麼關係，與普通人也沒什麼關係，由於缺乏監督機制，專賣權向來以腐敗、低效著稱，這背後的原因在於，漢武帝、慈禧太后完全沒有搞平衡的必要，否則的話，就不成其為「帝」與「后」了。

　　而現代專利法得以產生，是因為現代商業與法律環境已經在形成中。在15世紀的義大利半島，議會控制了城邦，出於富「城」強兵的目的，開始向技術發明者頒發「專利證」，「授權具有天分的人獨家製作具有重大公共利益的機器」。[10-4] 這標誌著一種質的轉變，任何市民都可以申請，符合條件的發明都可能被批准；如果遇到糾紛，議會可以作為仲介機構並以法律的名義來協調、審核、監督。雖然義大利半島很快陷入內亂，但新思想的種子保存下來、傳播出去了。在下面的一段時間，基於富國強兵的目標，西歐新興的民族國家紛紛效仿義大利的專利制度：巴黎1470年，荷蘭1471年，瑞士1472年，匈牙利1473年，西班牙1474年，英格蘭1476年，丹麥1482年，瑞典1483年均出現了專利書之類的檔案。[10-5] 這些新興民族國家又分為三類：荷蘭在議會控制下的政府大致沿襲了義大利的專利模式；其他「開明君主制」的國家往往允許專利與專賣並行；英國則屬於折中的類型，它從後一種模式和平過渡到了前一種模式。

在 16 世紀，英國伊莉莎白女王在以各種專賣權來獎勵寵臣的同時，授權財政大臣用「專利權」來吸引外國人才。在繼任國王詹姆斯一世治下，大臣柯克起草並經國會批准了《壟斷法》，[10-6] 規範「特變壟斷權」的批准者為議會、範圍為新技術。最後在 17 世紀的憲政革命中一錘定音，議會掌控國家政權、廢除了國王的特許權，這樣就只剩下了議會自己掌控的專利權。新《專利法》明確了對發明新穎性和實用性的要求及專利期限，這已經與今天的十分相似，專利變成了普通發明者在一定時間內獨家經營的權利，而不再是帝王與貴族的特權。在議會監督下，專利的授予、審核、申訴、終止都變得廉潔、高效很多。此後，英國專利數量呈現井噴式增長：據統計，1760 年前是 12 個；1766 年，31 個；1769 年，36 個；1783 年，64 個；1792 年，85 個；1802 年，107 個；1824 年，180 個。[10-7]

由於專利法平衡的是兩方的利益，而兩方的利益始終在博弈，那麼也就好理解，它從誕生之日起就沒停止過爭議。以瓦特的專利為例，它讓蒸汽機的專案數次化險為夷。第一次，羅克巴破產，因為申請過專利，成功將股份轉讓給博爾頓。第二次，瓦特與博爾頓蒸汽機銷售給礦山引發欠款糾紛，因為法院判決專利有效，瓦特—博爾頓的公司才收回欠款。在蒸汽機之外，工業革命中其他「工程式」的發明需要的資金大、時間長，也都極其依賴專利法的保障。

但另一方面，在瓦特專利有效期的 31 年中，[10-8] 要求終止它的社會呼聲從未停止，理由是，瓦特與博爾頓壟斷了蒸汽技術，阻礙了社會應用及繼續創新。

一直到工業革命成功後的 1819 年，瑞士著名的經濟學家西斯蒙第還在發出批評：「給予發明家特權的結果，就是讓他壟斷市場，反對本國的其他生產同業。可見，由於發明，本國消費者得利極少，發明家得利很多，其他生產者因此蒙受損失，他們的工人則將窮困而死。」[10-9]

好在，歐美工業化的成功最終證明專利法利大於弊，才讓讚揚聲慢慢壓

過了質疑聲，以至於今天大家聽到的都是正面的資訊。經濟學家赫爾南多‧德‧索托以比爾蓋茲的成功為例，來說明現代社會對商業的法律保障的作用：「假如沒有專利法的保護，他能夠發明多少軟體？假如沒有強制性的合同，他能夠進行多少交易，實行多少長期計畫？假如沒有有限責任公司的制度和保險政策，他最初能夠承擔多大的風險？假如沒有確認的所有權紀錄，他能夠積累起多少資本？假如沒有可交換的所有權表述，他能夠將多少資金用於投資？假如沒有繼承制度，他如何把他的商業帝國的權利交給子女或同事？」【10-10】

沒有專利法，就難有發明者的崛起，也就難有工業革命的發生。但它僅僅代表了 16-18 世紀英國的商業與法律環境的冰山一角，因為它的產生及運行都基於整座冰山：

——「專」的執行，取決於法治的環境。想想看，為什麼英國政府不找個理由終止瓦特的專利？因為專利權、智慧財產權都屬於財產權，而財產權與「法律面前人人平等」是現代法治的核心內涵。對比之下，古代社會中的法律制度寫得清楚，但在執行中卻南轅北轍，帝王一句話就全部作廢。

——「利」的兌現，則取決於商業環境的完善。比如你申請了一種高頻耳機的專利（我也不知道那是什麼東西），那你不需要任何權貴的批准，就可以在市場上獲利，甚至在開始之前就預測成本多高、市場多大、盈虧平衡點在哪裡，這樣的預測極大程度地消除了不可測的因素，所以才讓今天的商業管理課程變成一門科學！相比之下，和氏璧的例子中，先是覲見無門，覲見後更結果難料！

要看清整個冰山的全貌，我們還要繼續考察 16-18 世紀英國發生的另外幾件事。

參考文獻和注釋

【10-1】 道格拉斯·C·諾思,經濟史上的結構和變革[M],厲以平譯,北京:商務印書館,1992:184。「工業革命並不是我們有時所認為的那種過去根本決裂。相反,正如我將在下面所要說明的,它是以往一系列往事的漸進性積累。」

【10-2】 羅奈爾得·H·科斯等著,財產權利與制度變遷[M],劉守英等譯,上海:上海三聯書店、上海人民出版社,1994:81。

【10-3】 道格拉斯·C·諾思、羅伯斯·湯瑪斯,西方世界的興起[M],厲以平、蔡磊譯,北京:華夏出版社,2009:7。此外,道格拉斯·C·諾思,經濟史上的結構和變革[M],厲以平譯,北京:商務印書館,1992:20。「在整個歷史上,在發明的個人受益和社會受益之間,幾乎始終存在著巨大的差距。」

【10-4】 喬爾·莫基爾,富裕的槓桿:技術革新與經濟進步[M],陳小白譯,北京:華夏出版社,2008:85。

【10-5】 威廉·曼徹斯特,黎明破曉的世界:中世紀思潮與文藝復興[M],張曉璐、羅志強譯,北京:化學工業出版社,2017:113。

【10-6】 也被翻譯為《反壟斷法》,An act concerning monopolies and dispensations with panel laws and forfeitures thereof。

【10-7】 湯瑪斯·S·阿什頓,工業革命[M],李冠傑譯,上海:上海人民出版社,2020:101。

【10-8】 瓦特的專利在1769年獲得批准,在1775年被延期25年,到1800年才失效;瓦特的另一個專利也是1800年失效。

【10-9】 西斯蒙第,政治經濟學新原理[M],何欽譯,北京:商務印書館,2016:455。

【10-10】 赫爾南多・德・索托，資本的秘密[M]，于海生譯，北京：華夏出版社，2017：188-189。

第十一章

小店主之國，讓錢流通

　　芒圖：「英國在變為典型的工業國，即變為擁有礦山、製鐵廠和紡紗廠的國家。以前五十年的時候，已經是一個大商業國，正如一句名言所云：是商人的國家。」[11-1]

　　格申克龍：「在英格蘭，工廠的建造得益於多種形式的私人財富資源的存在……英國發展的特徵之一就是，私人方面擁有強烈的對工業發展進行投資的意向。」[11-2]

　　如果說「沒有專利法，就沒有瓦特們的崛起」，那麼，沒有市場，就沒有博爾頓們的崛起。想想看，幾層樓高的蒸汽機需要多少設備、土地、人工、原料、資金，這些都來自市場。甚至，瓦特與博爾頓本人的收入、儲蓄、投資也來自市場。發展到今天，市場承擔了經濟體中資訊、激勵、競爭、分配等各項功能，[11-3]以至於市場就是經濟、經濟就是市場，所以被稱為市場經濟。

　　但傳統地講，有商品交換、有貨幣資金的地方就可以稱為集市。集市自古就存在，並且在羅馬帝國時期、波斯帝國，伊斯蘭帝國、中世紀歐洲的卡洛林王朝、蒙古帝國、印度蒙兀兒帝國、中華帝國、日本的德川幕府等，都曾有短暫而繁榮的集市。要說這兩種「市」的區別，有人說是規模，其實，古代的市場也有大的，現代的市場也有小的，在規模的表像背後，更本質的區別在於「生命力」：古代存在貿易、融資、土地、執業、勞動力、土地等方面的諸多限制，把農村中的農業、城市裡的製造業、城鄉間的商業分隔開

來,好似一灘灘「死水」,如果瓦特與博爾頓穿越到古代,就會發現那樣的社會容不下他們活動!而瓦特與博爾頓們之所以能活動起來,是因為一種新型的市場在之前已經出現:它無孔不入、自發生長,就像「活」了一般,最終滲透到商品、投資、消費等各個環節。

「從死到活」的奇蹟是如何發生的,不同的書會提到不同的名字,商業革命、農業改革、行會解體。它們都對,但都有簡化之嫌,因為它們都只是英國市場化中的某個環節,而加起來才共同構成了完整的過程。我這麼確定的理由是,商業革命主要發生在城市,農業改革主要發生在農村,行會解體主要發生在城鄉之間;如果市場化只發生在一個行業、一個地方,那就不成其為「經濟」了,因此,我們要用三章把這三個環節講完整。首先是發生在城市中的商業革命。

中世紀的歐洲

可想而知,作者剛剛篩選出「唯一一次生產力跨越」,真心不希望再加入任何新「革命」,無奈歷史本來如此:工業革命並非從石頭縫裡蹦出來的,在之前,作為預熱的「商業革命」已經席捲了西歐。讓我們還是先從「革命」前的情況講起。

古代世界大都屬於農業文明,即農村為主、城市為輔,農村自給自足、不需要貿易,這不奇怪。奇怪的是,在中世紀的歐洲,連城市內的貿易都很少,大概來自兩方面的緣由,一是城市格外凋敝,相比起古代中國與阿拉伯世界的城市往往是王國的政治經濟中心,歐洲的貴族則寧願住在農村的莊園裡,任由城市自生自滅,彷彿「一個個孤島在鄉村的汪洋大海中」。【11-4】另一個緣由是資金管道不暢,中世紀的基督教禁止基督徒間的有償借貸,【11-5】只有猶太人不屬於基督教「兄弟」,這原本是種歧視,卻無意間讓猶太商人壟斷了資金管道,莎士比亞的戲劇《威尼斯商人》就是有關中世紀猶太商人

的故事。壟斷的結果是，中世紀的利率通常高達 25% 甚至百分之幾百，連普魯士的腓特烈國王都支付過 17% 的利息，連法國的路易十四國王都支付過 15% 的利息，連教皇都要支付 8%-35% 的利息，【11-6】可想普通人做生意的融資之難。當時的人寫道：「我們找不出商人，沒有商人的存在，或者可以說，除了猶太人以外就沒有商人。」

城市中的貿易少，城市間呢？也很少。中世紀蠻族建立的小國林立，小國裡面又層層分封，不同管轄權造成道路上眾多關卡、關稅繁重，再加上城市與城市間交通不便、貨幣不通，這些都讓往來貿易成本過高。常常被引用的例子之一是，1550 年左右，日耳曼商人安德莉亞斯‧里夫在寫給太太的信中表示，他在走訪德意志地區的 30 個市場時，繳了 31 次稅，每個社區都有自己的貨幣與法規秩序，總計 112 種不同的長度基準、92 種不同的面積基準、65 種不同的乾貨基準、163 種不同的穀類計量標準、123 種不同的液體計量標準、63 種特殊的酒類計量標準以及 80 種不同的磅重基準。【11-7】

內貿少，外貿呢？更少。在歐洲的東邊與南邊，敵視基督徒的伊斯蘭人騷擾著地中海及通往東方的貿易路線。在歐洲西邊，維京海盜大西洋南下劫掠，讓西歐人防不勝防，更別提出海貿易了。在全面受阻下，那時的西歐強國，查理曼帝國，被形容為：「基本是一個內陸國家，它對外再無交往，是一個封閉的國家，一個沒有出口的國家，生活在完全隔絕的狀態之中……」【11-8】

總結下中世紀的歐洲，農業自足、製造業有限、城鄉間互不往來，貿易幾乎消失，這與今天發達的歐洲有如天壤之別。

歐洲的「小分流」

關於歐洲的復興，各位都聽說過「文藝復興打破了中世紀的精神桎梏」，但較少為人所知的是，商業革命打破了中世紀的物質枷鎖、奠定了其他一切

復甦的可能性。

從12世紀晚期開始，受益於十字軍東征運動，歐洲的內河沿岸貿易及地中海的港口貿易恢復了，人們開始把多餘的產品拿到地區性的集市上去交換，於是，在13、14世紀歐洲東南角的義大利半島上，最早出現了商業繁榮。那裡的威尼斯、佛羅倫斯、熱內亞、比薩等城市，占據了交通樞紐的位置，既可以沿著內河通往歐洲內陸，又可以在戰艦的護航下稱霸地中海，成為了全歐洲的貿易與金融的中心。

到15、16世紀中葉，大西洋沿岸的布魯日、安特衛普、阿姆斯特丹，乃至波羅的海沿岸城市也繁榮起來了。它們既受益於歐洲的海外擴張，也受益於義大利商業革命的傳播，既可以參與殖民地貿易，也可以進行歐洲內陸貿易。這些城市壓過了義大利半島的勢頭，成為了歐洲貿易與金融的新中心。

到了16世紀末、17世紀，商業繁榮擴散到歐洲西北角的英國。這個階段被發生在1688年的英國光榮革命分為了兩段：之前在王室統治下的英國已經實行了重商政策，打通了農村、城市、城鄉之間的貿易壁壘，降低了與美洲、澳大利亞、印度、紐西蘭等海外殖民地的貿易成本，成為歐洲貿易的中心；到1688年光榮革命後，議會掌控下的英國更加速了商業與金融改革的進程，一躍成為歐洲新的貿易與金融中心。

上述經濟中心從1200年到1700年期間的漂移，在歐洲版圖上從東南角到西北角，劃出了一條「對角線」。線上的一側，義大利、荷蘭、比利時、英國乃至法國等經過了商業革命洗禮的國家，成為了人們口中的「發達」西歐。線上的另一側，固守中世紀傳統的東歐成為了歐洲的「欠發達」區域。另一拉開東西歐差距的促因是黑死病：黑死病造成了人口大量死亡、勞動力極度短缺，東西歐的處理方式截然相反：西歐通過市場化來吸收流動人口，東歐則通過「第二次農奴化」將農民牢牢地固定在土地上，更讓對角線兩側在經濟、政治形態上判若兩「歐」。基於此，學者范贊登指出在工業革命引

發拉開東西方差距的「大分流」前，商業革命已經引發拉開東西歐差距的「小分流」。[11-9]

雖然商業革命的中心在漂移，但所到之處，「革命」的內容是相似的：

首先，貿易的復甦帶動了城市中的各行各業，工匠們忙製造，借貸者忙融資，貿易商忙交易。過去被「放任自流」的城市在富裕起來後，主動向貴族購買自治權，而貴族正好急需貨幣來購買遠方而來的奢侈品，所以樂見其成。至於城市該如何「自我」治理，表面上是議會管理，背後是行會掌控。在十二世紀後，紡織業者、金匠、屠戶、蠟燭匠、石匠、鞋匠、木匠、銅匠、制帽匠、畫匠、縫紉工、編制工、修補匠、染工、理髮匠、麵包師、廚師、香腸師、醫生、法律、公證人、僕人、大學、娼妓等紛紛成立了各自的行會。行會囊括了幾乎所有市民，那麼不管通過直接選舉，還是通過間接選舉，都足以控制議會。控制了議會，就等於控制了城市的立法、司法與執法。在相當長的時間內，這意味著製造業的極大利好，據統計，倫敦市在 1747 年的職業數量達 215 種，50 年後更擴大到 492 種。[11-10] 由於英國中小業者之多，亞當‧史密斯在《國富論》中稱英國為「小店主之國」。

接下來，商業與製造業的繁榮帶動了金融業。因為大量的貨物需要大量的資金支援，而大量的資金呼喚新金融工具的出現，下面這些都是最早在義大利出現，然後被荷蘭及比利時繼承，繼而被英國發揮得淋漓盡致，最後傳播開來變為今天耳熟能詳的。

——公司形式

古代常見的形式是合夥公司，通常限於家庭成員或熟人間，如果有合作者變故，則公司解散。[11-11] 到 12 世紀的義大利，在威尼斯與熱內亞等地，出現了股份公司的形式，即以法律的形式將投資項目劃分成比例、然後按比例承擔風險並分配收益。這尤其適合遠航等資金量大、回報時間長的項目，因為陌生人也能放心認購、轉讓、繼承股份。即使遠航的船長不是股東，也

可以其專業能力入股，在今天被稱為「職業經理人」。而且，股份有限公司可以長期乃至永遠存續，就像獲得了獨立身分，在今天被稱為「企業法人」。

荷蘭與英國很快繼承了股份公司的形式並加以「責任」二字。這是針對合夥公司及股份公司都有的一個缺點：投資人承擔了無上限的風險，如果投資失敗，連自己的住所等都可能變為追索的目標，讓投資人三思而行，甚至不「行」。「股份有限責任公司」，顧名思義，就是把投資者的風險僅限於股本金額，如果公司破產或欠債，不會追溯到個人財產，這又有利於超大規模、超長期的專案需求。1600 年英國出現了東印度公司。在 1688 年（光榮革命）後的七年間，股份公司的數量從 22 個增加到了 150 個。[11-12] 在工業革命中，英美的運河、公路、鐵路等項目，大都以股份公司向公眾發行股票的形式集資完成。

不久，荷蘭與倫敦又出現了股票證券交易市場，進一步擴大了「陌生人交易」的範圍，即，任何人都可以用貨幣去「股市」購買股票，承擔有限責任並享受回報，所以這些股市中的公司今天也被稱為「公眾公司」。伏爾泰讚譽道：「請走進倫敦的交易所去，這是比各種不同的小朝廷還更值得尊敬的地方。在那裡您可以看到各民族的代理人為著人類的利益而聚集起來。」[11-13]

——匯票與保險

英國有龐大的海外貿易網路，這就要求倫敦的金融中心提供遠端服務。匯票，即銀行為遠端交易出具現金和外匯的付款承諾；保險，即保險公司為貿易提供意外風險的賠付承諾，這兩種形式在古代就存在，只是在商業革命中變得交易量異常龐大，體系也異常複雜。

——銀行

銀行是民間與企業間的資金橋樑。從邏輯上看，它其實是最簡單的低買高賣，只不過買賣物件從商品換為了貨幣：銀行以低利率吸收存款，再以高利率投放貸款，中間的差額就是銀行毛利。據統計，倫敦在 1725 年有 24 家

銀行，1786 年增加到 52 家。而倫敦以外的鄉村銀行，在 1755 年有 12 家，1793 年增加到 400 家，1815 年增加到 900 家，可見英國金融業發展之迅猛。【11-14】

在上述的金融工具外，國家銀行與國債是由國家背書的金融工具：前者以國家為名發行貨幣；後者是以國家名義發行債券，國家為借款方、百姓為貸款方、一般約定長期的固定收益（如 10 年每年 10％ 等）。這兩種形式在國王時代也都有雛形，但運行不佳，到憲政改革後才大放異彩，這背後的原因，留待憲政革命中再講。

資本管道越來越多的徵兆之一是貸款利率越來越低，在英國從 16 世紀的 10%，降到 1625 年的 8%，再到 1651 年的 6%，又到光榮革命後的 3%-4.5%【11-15】相比起古代任何時間乃至當時世界的其他地方，這都是最低的。【11-16】這裡插一句，今天大家常聽到央行調節利率的消息，但未必理解背後的意義：銀行利率決定了實體能否盈利，大規模製造業與商業往往通過借貸周轉資金，假如利率太高，就會出現利息侵蝕利潤的情況，俗稱「企業為銀行打工」。利率還決定了社會資本的走向，如果利率很高的話，為什麼不選擇投資錢莊收息，或投資土地收租呢？即使同等回報，錢莊與土地都是優選，因為更易於打理；相比之下，製造業與商業少不了人、貨、場地的麻煩。

由於 16-18 世紀英國的利率很低，遠低於商業與製造業的利潤，社會資金被充分調動起來、流向實體，投資、回報、儲蓄、再投資、再回報、再儲蓄……。資金是沒有國籍的，它總流向最暢通的地方，全歐洲的資金都流向了倫敦：投資、回報、儲蓄、再投資、再回報、再儲蓄……這讓英國的商業、製造、金融滾動成為前所未有的龐然大物。

革命的結果

如果僅僅說到這裡，貿易繁榮、金融發達，那還沒講到商業「革命」的

實質,因為這些古代都有過,只是局部而靜態罷了。商業革命的根本不同在於,它是有生命力的:不僅商業革命中經濟體都保持了相當長時間的增長,而且近現代經濟持續增長,這被稱為世界經濟史上的「奇蹟」。在空間上,商業革命從義大利擴散到了荷蘭,荷蘭擴散到了英國,英國又擴散到了美國、德國、法國、北歐、南歐、日本,20世紀又擴散到了新加坡、香港、台灣,今天已經擴散到了世界大部分地區。

有人把現代市場經濟形容為一台停不下來的機器,[11-17]但機器是動而死的,尚不足以形容上述「奇蹟」。更確切的比喻是生命,生命是動且活的。當氨基酸、蛋白質等要素組合為細胞時,「生命的奇蹟」就發生了:細胞開始攫取資源以自我分裂。類似地,當靜止的、局部的市場要素組合為市場經濟時,「奇蹟」出現了,它開始自然生長、自行擴散。

上述比喻只是為了理解方便,更嚴謹的經濟學解釋來自亞當‧史密斯。在《國富論》的第一章中就指出,勞動分工提高了勞動效率,這正是國民財富增長的來源。[11-18]接下來,勞動分工的專業化會導致收入增加;增加的收入可以用來消費、儲蓄或投資,這擴大了市場;在更大的市場中,消費呼喚更多樣的產品,而儲蓄呼喚更好的項目;這些都推動勞動分工進一步細化。於是就出現良性循環如下:勞動分工──收入、消費、儲蓄的提升──市場擴大──勞動分工再細化──收入、消費、儲蓄再提升──市場再擴大……這解釋了英國近代經濟的自然增長。

亞當‧史密斯的後繼者,李嘉圖進一步指出,上述邏輯不僅適用於單一經濟體,還適用於不同經濟體之間:勞動分工可以讓不同區域間優勢互補,提升彼此的生產效率,從而在更大範圍內擴大市場、消費、儲蓄,從而鼓勵勞動分工更精細、效率更高、市場更擴大……這解釋了近代世界的經濟總量也始終在增長……[11-19]

「奇蹟」當然是有條件的,否則的話,商業「革命」豈不早就發生了。亞當‧史密斯指出,要讓無形的手發揮作用的方法很簡單,就是給它自我調

節的空間、放任自流。亞當·史密斯宣揚自由貿易，似乎給人感覺好像英國當時的經濟不自由似的，但其實在他寫書之前，英國經濟已經自然增長了兩百年，原因就在於各項經濟要素加速流通，亞當·史密斯只是在呼籲障礙更小、流通更快罷了。這正是古代所欠缺的，生產、消費、投資各個環節的各種限制，使得集市局部而僵化。因此，市場化的過程就是一個給經濟要素鬆綁的過程；經濟要素自由了，市場經濟的「奇蹟」就自然顯現，它無孔不入、無所不在，讓俗人得以崛起、工業革命得以發生。【11-20】【11-21】

瓦特與博爾頓要開辦工廠，不僅僅需要自由貿易、資本、消費，還需要自由的勞動力與土地。前者可以來自城市，而後者只能來自農村。【11-22】這意味著，要奠定工業革命的基礎，市場化止步於商業革命是不夠的。必須的下一個環節是農業改革。

參考資料

無形的手

亞當·史密斯在其一生的所有著作中，僅僅兩次提到「無形的手」。一次在《道德情操論》中，一次在《國富論》中。由於後一本是經濟學專著往往更受重視，而前者則常被忽略。但起碼從原文來看，亞當·史密斯的邏輯是連貫的：先有人的市場，才有市場中的物。或者說，市場機制在不同層面有不同作用：在人的層面，市場機制把私利與公益無縫對接起來，就好像一雙無形的手在作用。在物的層面，市場把供需關係無縫協調起來，又好像一雙無形的手在作用。

這樣的協調是有時發揮作用，還總是會發揮作用呢？答案是，在

自由市場中，總存在互惠與競爭。供應方提供的產品與服務如果與其他家相比不夠優質，需求方給出的價格如果沒有其他需求方的出價高，都會被淘汰，這就是競爭。賣方只有滿足買方的需求，買方只有滿足賣方的價格，才能成交，這就是互惠。於是，供應與需求，這兩個看似矛盾的東西，在自由市場中，被強迫地無縫銜接起來，無需任何人的安排。讓我們來重溫下亞當・史密斯在《國富論》的原文：

> 他們通例沒有促進社會利益的心思。他們亦不知道他們自己曾怎樣促進社會利益。他們所以寧願投資維持國內產業，而不願投資維持國外產業，完全為了他們自己的安全；他們所以會如此指導產業，使其生產物價值達到最大程度，亦只是為了他們自己的利益，在這場合，像在其他許多場合一樣，他們是受著一隻看不見的手的指導，促進了他們全不放在心上的目的。他們不把這目的放在心上。不必是社會之害。他們各自追求各自的利益，往往更能有效的促進社會的利益；他們如真想促進社會的利益，還往往不能那樣有效。【11-23】

參考文獻和注釋

【11-1】 保爾·芒圖，十八世紀的產業革命[M]，楊人楩、陳希秦、吳緒譯，北京：商務印書館，2009：69。

【11-2】 亞歷山大·格申克龍，經濟落後的歷史透視[M]，張鳳林譯，北京：商務印書館，2012：56。

【11-3】 密爾頓·弗里德曼、羅絲·弗里德曼，自由選擇[M]，張琦譯，北京：機械工業出版社，2013：16。「市場的作用在於傳遞資訊、激勵、競爭、分配。」

【11-4】 查理斯·霍默·哈斯金斯，大學的興起[M]，梅義征譯，上海：上海三聯書店，2007：91。

【11-5】 《路加福音》第六節。

【11-6】 弗雷德里克·L·努斯鮑姆，現代歐洲經濟制度史[M]，羅禮平、秦傳安譯，上海：上海財經大學出版社，2012：85。

【11-7】 A、海爾布隆納，經濟學統治世界[M]，唐欣偉譯，長沙：湖南人民出版社，2013：11。

B、另見斯坦利·L·布魯、蘭迪·R·格蘭特，經濟思想史[M]，邸曉燕等譯，北京：北京大學出版社，2014：177。給出的例子：1685年德意志地區易北河的貿易狀況，60塊木板從薩克森到漢堡，最終到達目的地的只有6塊，因為沿途繳費站收了相當於54塊木板的費用。另見德國經濟學家李斯特在1819年對該地區貿易屏障的描述：「38項關稅壁壘削弱了國內貿易，就像繃帶阻礙了血液的自由流通。漢堡與奧地利，或柏林與瑞士之間的商業貿易必須穿越10個聯邦，必須弄清楚10道關稅，必須連續支付10次通行稅。如果有人不幸居住在三四個聯邦的邊境線上，他就不得不終日周旋在充滿敵意的收稅者與海關官員中間；他是一個沒有國家的人。」

【11-8】 亨利·皮雷納，中世紀的城市[M]，陳國樑譯，北京：商務印書館，2006：19-23。

【11-9】	揚·盧滕·范贊登，通往工業革命的漫長道路 [M]，隋福民譯，杭州：浙江大學出版社，2016：113。
【11-10】	據羅伯特·艾倫所做統計。
【11-11】	A、科大衛，近代中國商業的發展 [M]，周琳、李旭佳譯，杭州：浙江大學出版社，2010：79-85。在古代中國「作為公司的宗族」中，宗族的收益被分割為「份」，至於宗族的產業則必須經各房一致同意才能處置。 B、曾小萍、歐中坦、加德拉，早期近代中國的契約與產權 [M]，李超等譯，杭州：浙江大學出版社，2011：215。家族合夥制的案例見「自貢鹽場多重所有制的管理」。 C、社會學家，涂爾幹、桑巴特、韋伯、滕尼斯等都將「陌生性合作」視為現代的特性之一：股份公司是陌生人合作，股市是陌生人買賣，媒體是陌生人交流，議會是陌生人政治，人們輕鬆地「與陌生人的日益頻繁邂逅」，這是古代人不習慣，而現代人覺得稀鬆平常的事情。
【11-12】	道格拉斯·C·諾思、羅伯斯·湯瑪斯，西方世界的興起 [M]，厲以平、蔡磊譯，北京：華夏出版社，2009：221。
【11-13】	伏爾泰，哲學通信 [M]，高達觀等譯，上海：上海人民出版社，2014：27。
【11-14】	參考： A、《資本主義的歷史》，波德。 B、湯瑪斯·S·阿什頓，工業革命 [M]，李冠傑譯，上海：上海人民出版社，2020：113。
【11-15】	關於當時的英國利率，見： A、湯瑪斯·S·阿什頓，工業革命 [M]，李冠傑譯，上海：上海人民出版社，2020：10。 B、亞當·史密斯，國富論 [M]，郭大力、王亞南譯，南京：譯林出版社，2011：306。
【11-16】	利率的比較，參考：

A、揚·盧滕·范贊登，通往工業革命的漫長道路 [M]，隋福民譯，杭州：浙江大學出版社，2016：28-30。

B、宮崎市定，東洋的近世 [M]，張學鋒譯，上海：上海古籍出版社，2018：131、140。

【11-17】 海爾布隆納，經濟學統治世界 [M]，唐欣偉譯，長沙：湖南人民出版社，2013：15-16。

【11-18】 《國富論》中的勞動分工創造財富的例子：紐扣的製作過程包括鐵線的拉直、切斷、裝圓頭等十八道工藝。如果每人從頭做到尾，那每天可以生產20個紐扣，但在讓每人製作其中兩三道工序後，人均每天可以生產4,800枚紐扣。生產效率的提升來自勞動者技能的專業化、節省轉換工藝的時間、機器取代部分工藝等方面的節約。亞當·史密斯，國富論上 [M]，郭大力、王亞南譯，南京：譯林出版社，2011：1-2。

【11-19】 關於如何解釋近代經濟增長奇蹟，還有其他解釋：

——哈林頓認為與產權有關。

——西美爾與薩林斯強調貨幣在現代經濟中的作用。

——熊彼特強調創業與創新的作用。

——蘭德斯和布羅代爾等強調資本主義文化的作用。

——馬克思強調資本主義對生產關係的破壞性。

——鮑莫爾強調市場經濟的強制性。

【11-20】 就像對史密斯的其他理論一樣，對他關於市場經濟的自由屬性也始終存在質疑：主要集中在市場經濟是否真自由、自由是否真是好事。但其實，「自由」只是相對的概念，史密斯時代的市場無疑比古代更自由，而今天的市場無疑比史密斯時代更自由。並且，「自由」具有不可否認的兩面性：從短期看，看不見的手的失靈有時導致經濟危機，但從長期看，看不見的手也在不斷化解危機，這是現代市場經濟中的個體利益與社會利益複雜博弈造成的。平衡短時間存在，隨時可能失去，再恢復、再失去……總之，瑕

不掩瑜，質疑者們與其說否決了史密斯的觀點，不如說澄清了史密斯的觀點。

【11-21】 W·W·羅斯托在《這一切是怎麼開始的：近代經濟的起源》中，從反面說明了阻礙經濟增長的三個因素：人口壓力、行政效率、戰爭。W·W·羅斯托，這一切是怎麼開始的[M]，黃其祥、記堅博譯，北京：商務印書館，2017：9。

【11-22】「城市裡聚集了歐洲的食利者、官吏以及大資本家，他們專力於貿易、行政和服務，而不從事工業。」——查理斯·蒂里，引自王國斌，轉變的中國：歷史變遷與歐洲經驗的局限[M]，李伯重、連玲玲譯，江蘇人民出版社，2020：39。

【11-23】 亞當·史密斯，國富論[M]，郭大力、王亞南譯，南京：譯林出版社，2011：24。

第十二章

農業先行，讓地流通

卡梅倫：「農業部門的商業化不過是整個商業化過程的一個側影。」[12-1]

前面兩件事（專利法與商業革命）都是先發生在義大利與荷蘭等地，英國只是跟進罷了。相對而言，下面三件事代表了 16-18 世紀英國的獨特性。

俗話講，兵馬未動、糧草先行，沒有農業改革，就沒有足夠的糧食養活非農人口，更不用說工業化所需的廠房、土地和勞動力。這些資源都來自工業革命前的農村，卻是中世紀農村所無法提供的，也是 16-18 世紀英國外的其他任何農村無法提供的。那麼，我們就要問：改革難在哪裡？又如何在英國發生了？

中世紀的小農與自足經濟

古代的農業模式，雖然隨地區、時段各異，但在小農與自足的模式上高度一致。

「小農」描述的是古代農業的生產方式：耕作的土地被劃分為一個個小格子；隨著家庭人口的增加，格子會越分越小。即使傳統的莊園與村落，總面積很大，但分配到各家各戶，又變為了一個個小格子。

「自足」描述的是古代農村的消費方式：農民們自己種地、織布、擠奶、製作工具；在正常年景剛好能滿足家庭糊口；遇到好年景，多餘的產品也沒

地方賣，就儲存起來；遇到天災，也沒地方買糧食，如果沒餘糧就只能挨餓。

這樣的經濟模式不僅對工商業不利，更對農業不利：小規模的耕作效率低，多種作物無法安排，幫手請不起，複雜機械施展不開，想像聯合播種收割機在那時出現的話，完全派不上用場。

如果把中世紀歐亞大陸形容為一個大農村的話，中世紀歐洲就是農村中的農村。相比起古代中國很早就進入了行政制，它還處於類似於中國周朝的分封制。即，國王（King）分封土地給貴族（Noble），貴族分封土地給領主（Vassal），領主分封土地給騎士（Knight），每層分封都被附加了包括兵役、勞役、效忠禮儀等義務。這一條條義務的鎖鏈把所有人都固定在一塊塊土地上。優先被鎖住的是貴族，因為有土地，就有為上級封建主出征的任務，就不能隨便走動。

在鎖鏈的末端，早期歐洲又採用封建制中最原始的「農奴制」。農奴比奴隸自由點，但又有點像奴隸。領主通常將土地通過長達 99 年的協議交給村民耕種，約定村民有為莊園主免費勞役的義務，在協議期內無法隨便離開土地。即使 99 年的協議終止後，也只有在固定的窗口期、經過領主同意並繳納一筆費用後，方可離開土地。由於誰也記不住到期日，這 99 年就會無限滾動下去。

加起來，封建制下的農奴制，把早期歐洲的農村推向了小農與自足的極端，沒有人有交易的必要或離開的自由。[12-2] 但話說回來，「鎖鏈」之所以為鎖鏈，就因為它極其堅固，以至於歷經近千年而不壞。那麼，它是如何瓦解的呢？

農奴制的解體

正如英國市場化的進程常常被簡化到單一環節，進而，英國農業改革又

常常被簡化為單一步驟。但同樣，下面的步驟加起來才構成英國農業改革的完整過程。【12-3】

有人說，歐洲農業改革從農奴制的解體就開始了。沒錯，這是個開始。促因來自市場：前面說的商業革命慢慢從城市滲透到了農村，莊園中貴族們想要購買城裡的茶、咖啡、糖等奢侈品就需要貨幣，於是鼓勵農民交租用貨幣來替代勞役；農民也願意，因為這樣時間更靈活，還能用餘糧換回些城裡的新工具。在你情我願下，雙方都傾向於把農奴制改為佃農制。到14世紀中葉，黑死病的流行造成勞動力驟減，更加劇了雙方以租代役的意願，西歐的王朝則順應了市場的趨勢。到15世紀中葉，西歐的農奴制基本瓦解殆盡。

西歐的農奴制解體了，但小農經濟與自足經濟的體制沒有改變，人也還是原來的人，地還是原來的地。獲得自由的農民可以但仍不願意離開原地，因為已經習慣於祖祖輩輩留下的土地關係；領主也習慣了，而國王則巴不得不變，不變最穩定。【12-4】

其實，歐洲的情況並不特殊。它在農奴制下屬於「更落後」，而農奴制解體後只是恢復到「正常落後」。如果橫向比較下就發現，中國的農奴制在秦朝就解體了，但在從秦朝到清朝的兩千年間，小農與自足經濟仍在繼續：家家戶戶隨著子女增加、代數增多，土地被分得越來越小，人均產量、人均工具用量、人均收入都在減少……直到饑荒出現。王朝明知這對經濟不利，但為了避免土地兼併與人口流動，也寧可家家戶戶困守在土地上……直到起義爆發。

不管中世紀歐洲的農業，還是「亞細亞生產方式」（馬克思語），都印證了小農與自足經濟的頑固性。要瓦解它，光靠農奴制瓦解不夠，還必須經歷一場腥風血雨的洗禮。

破：圈地運動【12-5】

　　這場腥風血雨的洗禮就是「圈地運動」，讓我們通過澄清對這個名字的若干誤解來瞭解它。

　　首先要講清楚「地」是哪些「地」。英國的莊園農牧交錯，大多數莊園中有農田、也有牧田，這點與古代中國的南方屬於農業區、北方屬於畜牧區很不同。除了莊園之外，英國鄉間還散布著草場、沼澤、荒地、樹林等，理論上屬於領主所有，「人們有時把它稱為領主的荒地。」【12-6】但上百年甚至數百年來，都被村落的農民共用來放養牲畜，沒人管理，也沒人重視，因此又被稱為「公地」。

　　其次要澄清下「圈」字，它給人以強占的感覺，但總體來說，圈地是在英國法律體制下進行的。一般認為，1235年的《默頓法令》與1285年的《威斯敏斯特法令》是其開始的標誌，法案允許英國貴族在自己領地中的「公地」周圍設置矮牆或籬笆，但考慮到公地歸領主所有、又為村落公用的既成事實，英國王室要求領主應與村民協商並對後者補償後，方可把這些草地、沼澤、荒地、樹林等合法地圈占起來自用。理論上，協議與補償是自願進行的，沒有一方能強迫另一方簽字，但鑒於那時雙方地位很懸殊，以大欺小的情況時有發生。這種類型的「協商圈地」一直延續到17世紀早期，但圈地面積僅占據整個圈地運動面積的極小部分。【12-7】

　　從17世紀的憲政改革開始，議會介入了圈地進程。即，圈地協議不僅要得到雙方同意，還必須經議會確認對原集體使用者的「公平補償」後，才被宣布有效。議會作為強勢仲裁者的介入，壓制了貴族的強勢地位、彌補了村民的弱勢地位，讓協定與補償變得公平很多。到了工業革命發生後的18、19世紀，議會多次頒布圈地法令，1740-1750年，38個法案；1750-1760年，156個法案；1760-1770年，超過480個法案。【12-8】最後更以國家的名義收回剩餘的閒置土地，「憑藉圈地法，幾乎所有剩下的敞田以及大多數公共用地

被一掃而空。」【12-9】

最後要澄清下「運動」二字，它給人一種速戰速決的感覺，但前面已經看到，圈地運動從 13 世紀開始，斷斷續續地持續了五個世紀，到 18 世紀才結束，這背後的原因在於，「運動」的動力來自市場，而市場的行情總在變化。

在早期圈地運動中，每當羊毛價格上漲時，英國的莊園主和自由農就有很大的衝動去提高牧場面積。因為畜牧業提供了高價值的肉、奶、毛、皮、羊毛。羊毛是可以保存及運輸的紡織原料，不僅英國紡織業，就連歐洲大陸的紡織業都大量需要。尤其黑死病造成勞動力大量死亡時，考慮到畜牧業比農業需要的人工少，擴大牧場的面積就變成很划算的選擇，但作為糧食基礎的農田又不能太少，於是，莊園主就把目光投向了「公地」。【12-10】

到了圈地運動的晚期，每當糧食價格上漲時，莊園主又有很大的衝動提升耕地面積。在工業革命中，城市人口劇增拉升了糧價，工業用地擴大拉高了地租，而地下蘊藏著的煤礦和鐵礦正變為重要的工業資源，這些都讓土地變得很值錢。英國法律很早就規定：誰的土地中發現礦，礦就屬於誰的；如果是無人土地，誰發現礦產，礦產就屬於誰，可以想像，那時候，如果誰家地裡發現了煤礦，就好像後來誰家後院打出了石油一樣，立即身價暴漲。於是，領主們又把目光投向了「公地」。

除了基於個人利益的考量外，還有基於社會利益的呼聲。比如，當時著名的學者洛克就指出：上帝所賜的每一寸土地都不能浪費，而低效的「公地」是明顯的浪費。現代的經濟學家哈丁給出了一個形象的比喻：想像在一片草原已經達到了承受的極限，但每個牧民都清楚，如果再養一隻羊，受益歸自己，而害處集體分擔。結果是，在無人維護的狀態下，難免發生「公地的悲劇」。讓我們來看看那個時代人對「公地」的描述：

笛福寫道，「新方法的實行碰到了一個阻礙：這就是敞田的存在。這些

沒有圈圍的田地，大多數都耕種得很壞：耕地雖有休耕年，但地力被同類的莊稼無變化的輪種所耗竭了；幾乎任其自流的牧場則長滿了灌木和金雀花。」【12-11】

18世紀農業問題專家亞瑟・楊（Arthur Young）就曾指出：「敞田的生產效率是十分低下的，條塊分割的條田不僅浪費了時間和勞動，而且集體支配土地的做法也嚴重阻礙了引進新的農作物。」【12-12】

圈地運動如腥風血雨般劃過，卻只觸動了小農及自足經濟的皮毛，因為它僅僅涉及農村土地的一小部分，還是與產量關係不大的那部分：公地的使用權明確了、使用效率提升了，但耕作完全沒涉及、耕種效率沒變。

比如讚美者說圈地運動擺脫了黑暗的中世紀，為工業革命輸送了勞動力，【12-13】我質疑這高估了圈地的力量。其實，古代中國早在商鞅變法時就取消了各家輪耕的井田制、代之為固定的名田制，提高了農業生產效率。如果說僅僅靠圈地運動就能實現現代農業的話，那麼中國的春秋時期就應該實現了，但事實相反，商鞅變法後的兩千年間，中國農村的小農經濟都沒改變，其生產效率仍與現代相去甚遠。

反過來，批評者說圈地運動摧毀了田園牧歌式的中世紀，造成了農民流離失所，【12-14】我同樣質疑這是種高估。因為公地不允許放羊了，但自己的私地還在，那就回去種田唄，英國法律是保護保有權的，它與使用權的區別就在於長期性。換句話說，如果佃農寧死保留自己田地的保有權，領主也沒有什麼辦法。【12-15】

這些高估背後的原因是把圈地運動當作了農業改革運動的全部，從而要求它承擔全部責任，而事實上，它僅僅是農業改革運動中「破」的部分。如果農業改革到此為止，那工業革命所需的東西幾乎什麼都沒奠定下來。有「破」，還必須有「立」。

立：大農場的出現

　　市場在摧毀舊體制的同時，也在催生新體制：大農場是相對於小農而言的。先界定下「小與大」：一般認為，100 英畝可以算作界限。一個小農家庭能耕種的最大面積是 60 到 100 英畝；超過 100 英畝的集中耕地則必須通過雇傭勞動力來完成，已經不太算小農；而農業改革後的英國農場平均面積達到 400 公頃／6,000 畝，肯定算「大農場」了……【12-16】

　　要問從小到大的轉型是如何發生的，答案還是在於市場。【12-17】在貨幣與商品的衝擊下，土地變成了錢，雇工變成了錢，農產品變成了錢，於是，誰願意出錢誰就可以來經營農場，不再需要認識農村中的任何人。【12-18】這時，一些城裡人主動來到了農村，目的很明確：賺錢。方式也很簡單：花錢，他們從領主那裡租賃土地、雇傭工人工作、銷售畜牧業產品，於是，在原本農村世代相傳的領主—佃農結構中，插入了一個新興的中間階層，農場經理。他既不是所有者，也不是生產者，卻成為了現代農場的靈魂。【12-19】

　　這就好像小時候我家旁邊有個四季青公社，從來只是遙遙相望、井水不犯河水，但在改革開放後，我去村裡承包 200 畝地、雇傭了幾個人，開辦了個菜場。你說我是農民呢，還是地主呢？都不算。我就是個生意人，以賺錢為目的，把蔬菜當成了商品、農場當成了「工廠」而已。

　　大農場一旦出現，就有越來越大的趨勢。這是因為，更大面積的農場能產生規模效益，把成本攤薄。農場面積增大還有利於引進機械，機械化犁地、機械化播種、機械化收割，這些大傢伙在大塊土地上才能施展開。並且，大面積也有利於規劃，如將土地分為三到四個區域（三圃制或四圃制），分別用於冬季作物、夏季作物、休耕或放牧，這樣可以加入高價值農作物，並降低單一品種遇到災害的風險。「小麥為蘿蔔準備了土地，蘿蔔為大麥準備了土地，大麥為三葉草準備了土地」。【12-20】

　　基於規模化、機械化、合理化的優勢，大農場的成本更低、品質更好、

抗風險能力更強。相比之下，小農的效率低、作物單一、技術落後造成其產品在質與價上無法競爭。其實，不僅自由農，連大莊園也無法競爭，因為大莊園中的小農仍然是分散的。在市場競爭面前，小農們只有兩種選擇：或者淘汰出局，或者跟上集約化的形勢、自己成為大農場。不管哪種，結果都一樣。據估算，從 13-16 世紀，大農場的面積已經比小農耕作面積增加了一倍；17 世紀初時小農仍然為農業生產的主要形式，大中型農場所產比例僅僅為 11.6%，而到了 19 世紀的工業革命時期，大中型農場的比例上升到了 55.1%。[12-21]

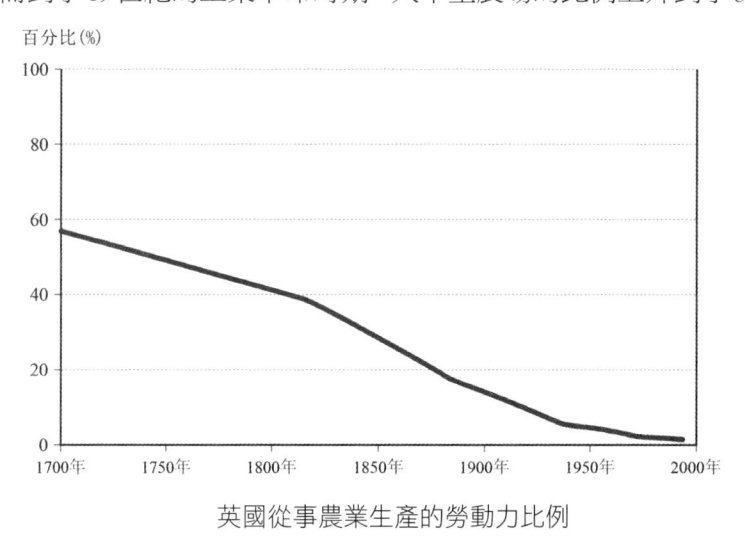

英國從事農業生產的勞動力比例

資料來源：數據來自 Maddison, The World Economy: A Millennial perspective, 95, and Maddison, Monitoring The World Economy, 1820-1992, 39。

圖示出自：威廉·伯恩斯坦，繁榮的背後 [M]，符雲玲譯，北京：機械工業出版社，2011：184。

另參考：羅伯特·艾倫，近代英國工業革命揭秘 [M]，毛立坤譯，杭州：浙江大學出版社，2012：89。

至此，英國農業改革才完成，才適合給出完整評價：它為工業革命奠定了糧食基礎：古代的情況是人多糧少，或人糧正好，即使最富裕的時候，每

個農民也就養活 1.25 人左右。而在農業改革後，每個英國農民可養活 1.5 個非農業人口；到 1830 年，變為了 2.5 人；到 1850 年，變為了 5 人。【12-22】

更重要的是，農業改革為工業革命奠定了勞動力的基礎。隨著小農被迫退出市場，農民進城變成了自然的趨勢，他們或者到分包商那裡承接訂單，或者到新型工廠去工作，或者加入遠洋貿易的船隊，總之，開始流動。【12-23】

但就像任何一劑猛藥，農業改革也帶來了副作用：小農消失、失地農民湧入城市，讓整個社會陷入混亂中。好在，混亂是暫時的，【12-24】1688 年憲政改革後的議會代表了民意基礎，推進農業改革穩定前行，看看今天的英國就知道，農村恢復了平靜，而農業改革的成果永久留下來了。回首往事，我們只能說，「改革」不可能不付出代價：假如小農與自足經濟不瓦解，那麼瓦特與博爾頓們就無法崛起，工業革命就無法發生，人類社會就永遠進入不了現代！

在這一切眼花撩亂的改革背後，我們又能看到那雙無形的手在運作。但它還需要再加一把勁才行，因為英國農業改革只是把勞動力提供出來，接收還要靠新工業——這是古代農業改革進行不下去的原因之一，因為農村即使不需要那麼多人種田，多餘的人也沒地方可去，於是只好大家原地不動，直到下次歉收的來臨；同時，這也是早期圈地運動搞得怨聲載道的原因之一，因為小農出售土地後如果沒有足夠的工作可做，就會變得無家可歸。這些問題都被 16-18 世紀英國新興工業的興起解決了，但前提是，市場化還有最後一程要走：行會的解體。

參考文獻和注釋

【12-1】 此外，關於農業改革的市場性的評述，還可參考如下：

A、詹姆斯·弗農，饑餓：一部現代史[M]，沈淩譯，北京：北京大學出版社，2021：5。

B、威廉·詹姆斯·阿什利，英國的經濟組織[M]，王麗譯，北京：商務印書館，2018：107。

C、亞當·史密斯，《國富論》第三卷，第四章。

【12-2】 「一種由土地和自然經濟占主要地位的生產方式，其中勞動力和勞動產品都不是商品，直接生產者——農民，和生產資料——土地，以特有的社會關係結合在一起。」佩里·安德森，從古代到封建主義的過渡[M]，郭方、劉健譯，上海：上海人民出版社，2016：107。

【12-3】 A、保爾·芒圖，十八世紀的產業革命[M]，楊人楩、陳希秦、吳緒譯，北京：商務印書館，2009：144。

B、阿諾德·湯恩比，產業革命[M]，宋曉東譯，北京：商務印書館，2019：81。

【12-4】 約翰·希克斯，經濟史理論[M]，厲以平譯，北京：商務印書館，2017：111。

【12-5】 威廉·詹姆斯·阿什利，英國的經濟組織[M]，王麗譯，北京：商務印書館，2018：第一講與第六講。

【12-6】 保爾·芒圖，十八世紀的產業革命[M]，楊人楩、陳希秦、吳緒譯，北京：商務印書館，2009：118。

【12-7】 阿諾德·湯恩比，產業革命[M]，宋曉東譯，北京：商務印書館，2019：19。

【12-8】 湯瑪斯·S·阿什頓，工業革命[M]，李冠傑譯，上海：上海人民出版社，2020：68。

【12-9】 威廉・詹姆斯・阿什利，英國的經濟組織[M]，王麗譯，北京：商務印書館，2018：106。

【12-10】 錢乘旦、許潔明，英國通史[M]，上海：上海社會科學出版社，2002：120。

【12-11】 保爾・芒圖，十八世紀的產業革命[M]，楊人楩、陳希秦、吳緒譯，北京：商務印書館，2009：124、129。

【12-12】 引自，石強，英國圈地運動研究[M]，北京：中國社會科學出版社，2016：58。另見馬特・里德利，美德的起源[M]，吳禮敬譯，北京：機械工業出版社，2015：197。

【12-13】 正面的評價，如保爾・芒圖：「隨著最富裕的和最有知識的人希望開發利用其土地時，舊土地制度越來越受到威脅：這就是18世紀整個英國農村的歷史。」保爾・芒圖，十八世紀的產業革命[M]，楊人楩、陳希秦、吳緒譯，北京：商務印書館，2009：122、143。「整個英國農村的歷史」有所誇張。

【12-14】 負面的評價，如摩爾在1516年的《烏托邦》一書中提到的所謂「羊吃人」的說法，在圈地運動的早期，很多新圈起來的土被臨時用來放羊了，造成了無業遊民的增多。但這樣的說法同樣誇張，因為從長期看糧食價格上漲意味著種糧食比放羊更划算，但也不適合稱為「糧食吃人」，更合理的說法，還是土地利用平衡的過程。

【12-15】 有人認為因為公地被圈占造成小農靠自己的土地收益無法獨存。這種說法主要基於英國的情況及事後的結果推測，其實不然：首先，大部分、大面積的圈地運動出現在工業之後，這是有原因的，原因就在於工業革命的吸引力。見：阿諾德・湯恩比，產業革命[M]，宋曉東譯，北京：商務印書館，2019：53。湯瑪斯・S・阿什頓，工業革命[M]，李冠傑譯，上海：上海人民出版社，2020：69。其次，英國小農消失持續了很長時間，並且主要從工業革命後才加快。見克拉潘・現代英國經濟史：上冊第1分冊[M]，北京：商務印刷館，1977：148。最後，古代中國的情況很好提供了反例，即使家

家戶戶都在自己的小土地上,即使收益越來越低,農民也沒有離開的必然性。

【12-16】關於大農場的定義,可參考如下:

A、石強,英國圈地運動研究[M],北京:中國社會科學出版社,2016:262、270-271。

B、沈漢,英國土地制度史[M],上海:學林出版社,2005:340。以100英畝作為小農場和大農場界限。

C、克拉潘,現代英國經濟史:上冊第1分冊[M],北京:商務印刷館,1977:156。按照100畝、300畝、500畝,區分小田莊、中田莊、大田莊及「廣田」。

D、威廉·詹姆斯·阿什利,英國的經濟組織[M],王麗譯,北京:商務印書館,2018:107。

【12-17】約翰·希克斯,經濟史理論[M],厲以平譯,北京:商務印書館,2017:108。

【12-18】巴林頓·摩爾,專制與民主社會的起源[M],王茁、顧潔譯,上海:上海譯文出版社,2013:8。

【12-19】威廉·詹姆斯·阿什利,英國的經濟組織[M],王麗譯,北京:商務印書館,2018:4-5。

【12-20】亞·沃爾夫,十八世紀科學、技術和哲學史[M],周昌忠等譯,北京:商務印書館,2012:634。

【12-21】關於英國農村小農消失的速度,參考如下:

A、肯尼士·O·摩根:(牛津英國通史),正覺非等譯,商務印書館1993年版,第400頁。「富裕的資本主義農場主,他們通常是鄉紳地主階級的佃農而不是地主本人,逐漸成為農村的統治者,而在這些階層之下的人則越來越多地變為沒有土地的勞動者。這個過程有時被誇大了,但是在18世紀這個進程肯定是加速了。」

B、阿諾德·湯恩比，產業革命[M]，宋曉東譯，北京：商務印書館，2019：44、46。「在17世紀末，在英格蘭有180,000名自由土地持有者，但在不到100年之後，小自由土地持有者實際上已經消失了。」「然而，小自由持有農的兼併起初進行得很慢，消失的過程大約從1760年一直持續到今天。」

C、皮爾·弗里斯，從北京回望曼徹斯特[M]，苗婧譯，杭州：浙江大學出版社，2009：47-48。「到18世紀末，大約一半的英國耕地掌握在地主手中，人均擁有土地400公頃。大型農場都要靠雇工經營。」

【12-22】羅伯特·艾倫，近代英國工業革命揭秘[M]，毛立坤譯，浙江：浙江大學出版社，2012：28。資料稍有出入，1500年，一個農民養活1.35人，1800年，一個農民養活2.86人。

【12-23】關於英國農業人口進入城市的統計，參考如下：

A、大衛·蘭德斯，解除束縛的普羅米修斯[M]，謝懷築譯，北京：華夏出版社，2007：6。英國農業人口占總人口比例，中世紀為95%，1500年為74%，1800年為35%，1850年為20%，1912年為12%，1951年為5%。

B、龍多·卡梅倫、拉里·尼爾，世界經濟簡史[M]，潘寧等譯，上海：上海譯文出版社，2009：196-197。英國農業人口占總人口比例，17世紀末60%，19世紀初36%，19世紀中22%，20世紀初10%。

【12-24】農業改革引發過短暫的暴動，包括瓦倫泰勒起義，持續時間很短，並且訴求也僅僅是要求國王授予農民與貴族平等的地位，而非推翻政權。

第十三章

行會解體，讓人流動

「行會的基礎是兄弟般的平等，不是競爭原則。」[13-1]

今天，我們想開辦工廠，隨便辦個手續就行，但在工業革命的年代，這個手續是要經過城市行會批准的。前面講到，瓦特早期以格拉斯哥大學技工的身分研究蒸汽機，實屬不得已，因為只有「掛靠」到大學這樣的單位才能獲得執業資格。[13-2] 試想，如果工業革命中的所有發明者都要經過行會批准才能開業，那麼十一條線的起飛無異於天方夜譚。而如前所述，這十一條線最終起飛了，因為行會制度已在解體中！但請注意，晚至瓦特時代，行會也尚未徹底瓦解，足見其頑固。那麼，它為何如此頑固，又為何最終解體了呢？

行會的威權

一種常見的誤解是把行會理解為今天的行業協會，那樣的話，我們會想：「找經濟部商業司不更好嗎？」但其實，對中世紀的手工業者來說，行會就是法律授權的主管部門、「中世紀的經濟部商業司」。

前面講到，中世紀早期的行會覆蓋了城市中的所有行業，諸如紡織業、礦業、造船業、玻璃工業、眼鏡業、印刷業、食品業、建築業、金屬加工業、皮革業、運輸業等，也就幾乎覆蓋了所有市民，也就通過選舉控制了議會；而議會負責城市的立法並監督城市的執法。這意味著行會可以間接地確保城市法對自己有利，並間接地監督著城市為自己護法。

最早的例子出現在義大利半島。從 1250 年開始，佛羅倫斯的行會控制了議會，進而推舉出城市的執委會，在 9 人的執委會中，7 個大行會占據了 7 個名額，14 個小行會競爭 2 個名額。有人把佛羅倫斯毛紡工人起義事件追溯為世界上第一次工人起義，但其實，作為起義者的佛羅倫斯紡織行會會員並不想推翻行會制度，而只要求新增三個梳毛行會，以便與其他小行會爭奪名額。結果也頗有戲劇性：肉商行會發起了反擊，屠戶們利用「使用鋒利武器的職業技能」，粉碎了新成立的梳毛協會，維持了 21 個行會的原狀。[13-3]

到了中世紀晚期，商業革命已經蔓延到西歐，行會—議會—城市的模式也擴散到西歐城市：在巴黎，1292 年「有 130 個有規章的行會：18 個屬於食品業，22 個屬於金屬加工，22 個屬於紡織和皮革，36 個屬於服裝等等」。在倫敦，1377 年有 48 個手工業行會的代表參加了倫敦市議會。[13-4]「到 15 世紀中期，英國的所有城鎮無一例外地建立起了行會組織，並在行會組織的基礎上建立起了市政機構」。[13-5]

既然新興工業者繞不過行會，那接下來我們會想：「加入行會不行嗎？」可能性很小，這裡面的關鍵還是在於「利益」二字。要知道，英國各階層，王室、貴族、平民都對新興工業階層相對友好，因為不存在根本的利益衝突。王室希望新興工業繳納更多稅收、裝備海軍和陸軍，甚至幫助王室來抗衡貴族階層；貴族們希望冶金業能在自己的領地內發現煤礦、希望紡織業能購買自己領地的羊毛、希望任何新興工業能用更高的租金租賃土地；平民希望有更多的工作機會選擇。可唯一的例外是城市中的行會，它與新興階層間存在著難以調和的利益衝突。

這就要講到行會的本職工作：議會只是其社會活動，行業管理才是其本職，包括：一，價格管理。行會監督價格不能低到會員沒有利潤，也不能高到市民不能接受，為此制定了合理的報價規範。二，品質管理。行會監督產品不能差到損壞本行業的聲譽，也不能好到讓其他會員沒飯吃，為此規範了

工具、工藝、材料、運輸等。三，人員管理。行會監督開業者的數量不能過多，也不能過少，為此，規定了人員的篩選、培訓、晉級、待遇。中世紀的作坊一般包括師傅、見習工和學徒三類人員；學徒需要七年以上才能出師，這是英國《學徒法令》的要求；出師後成為待遇稍好的見習工，在五到十年間為師傅幫忙；等到哪一天行會有名額了並且被批准了，見習工才能成為獨立執業的新師傅。在行業管理之外，行會也成為了工匠間友誼的紐帶，它甚至為離世會員料理後事，並照顧遺孤。

行會既然以維護本行業的秩序為己任，那就要時刻提防「搗亂者」。傳統的搗亂來自別的行會，比如，工匠與商人分屬不同的行會，那麼，商人越界製造、工人越界貿易，就屬於惡意競爭。經濟學家斯坦利布魯和蘭迪格蘭特列舉了一個生動的例子：在巴黎，賣烤鴨的和賣家禽的商人爭吵了半個多世紀，針對未加工的家禽的銷售權；廚師對製醬商人取得了勝利；然後，賣烤鴨的又與廚師產生了糾紛。在服裝領域，經營舊衣服的零售商與裁縫之間進行了長達 300 多年的訴訟。【13-6】

到了工業革命時期，一種全新的「搗亂」來自新興工業：機器展現出傳統手工業者無法抗衡的優勢，行會必須扼殺這個苗頭！新興工業者希望隨意發明、隨意聘用人員、隨意設廠，屬於破壞秩序；而行會有城市法的背書，將新興工業者拒之門外，完全是依法行事！

城鄉之間

行會權力如此之大、管理如此嚴密，按說很難瓦解。但市場是無孔不入的，這次它滲透到了城鄉之間。同英國的農業改革一樣，這個「前工業化」的過程也常常被簡化為某一環節，但其實，下面的環節加起來才能勾勒出完整的路線。【13-7】

i) 家庭手工業

從 12-15 世紀，貿易先把農村與城市拉到了一起。在農村這邊，隨著貿易的復興、農奴制解體，農民開始把自用的工具拿到集市交換；在城市這邊，行會也非鐵板一塊，雖然手工業者是行會的主體，但商人、進出口商、銀行家也有自己的行會。比如城市的出口商人有了羊毛的訂單，按說應該分派給城裡的羊毛工匠，但他們發現從農村購買的羊毛更便宜、人也更友好，就把訂單轉去農村做。因為這事發生在城外，一出了城牆，就超出了城市法乃至行會的管轄範圍，所以城裡的手工業者不高興，但很難反擊。農村家庭手工業就這樣發展了起來，有人說它就代表了「前工業化過程」，但其實，它只代表了繞過行會的第一個苗頭。

ii) 外包加工

貿易進一步發展，就出現了「定制」的需求：城裡的貿易商發現，與其從農村人那裡購買，不如直接讓農村人按照要求做。尤其，出口貿易商收到海外客戶的訂單，很難買到完全符合標準的現成貨物。除了讓農村手工業家庭定制，貿易商為控制生產管道，還常常預付貨款、租借設備、提供原料，而自己只負責驗收、包裝、運輸。貿易商轉變為了分包商，讓自己的地位急劇上升，因為他們既可以把訂單給城裡的工匠們，也可以分派給農村人生產；誰得罪分包商，誰就拿不到派單。【13-8】這就好像過去叫車很難的時候，計程車司機態度很牛，可有了網路打車後，網路變成了老大，計程車司機反過來討要訂單。就這樣，外包加工的形式流行起來了，也有人把它當作「前工業化過程」的全部，但在這個階段，行會與新興工業仍然並行。【13-9】

iii) 工廠下鄉

隨著外包生產的成功，商人們又有了「下鄉」的衝動：與其把訂單承包給農民，不如自己加工自己的訂單。在城裡辦工廠是要經過行會批准的，但

在農村沒問題，新興工業為農民們提供了就業機會、為領主們提高了地租收益，而農村為新興工業者提供的是勞動力和庇護所。這是兩廂情願的事。

就這樣，在城鄉的裡應外合下，大工廠興起了。大工廠是相對於小作坊而言的，正如大農場之於小農，但這裡「大小」不是按面積衡量，而是按機械化水準：機器可以全天候生產，生產的規模幾乎可以放大到無限；機器占地很小、產值很大，運行成本很低；機器生產的東西就像一個模子刻出來似的，於是，規模化、專業化、合理化的優勢得以「最大化」。

在效益法則的推動下，大工廠也有自行變大的趨勢。比如，當機器被賦予蒸汽動力時，阿克萊特的工廠用上了幾千台動力紡紗機，其價格、品質、精度都比傳統的手工紡織品好很多，迅速占領了市場。相比之下，小作坊生產嚴重依賴於人力，產品品質則取決於技藝，產量受空間限制。它們面臨了同小農一樣的兩難：或者選擇退出市場，或者選擇跟上集中化生產的潮流、自己開辦大工廠。不管哪種選擇，新興工業都成為大勢所趨。【13-10】

行會的反對變得更激烈。合法的手段不行，它就試圖鼓動工人用非法手段去摧毀機器。但遺憾，機器可以移動，摧毀了這裡的，別處又冒出來。早期的很多工廠，如阿克萊特的動力紡紗工廠，都設在鄉村，不僅因為地租便宜、勞動力充沛，還因為那裡遠離了城市的威脅。這種情況很像今天電商與實體店的競爭，實體店承擔著額外的房租，而電商在同等貨物上價格更便宜，前者當然競爭不過後者，甚至找都找不到「電商」位於哪裡。也有人把工廠的興起當作「前工業化過程」的全部，但這時的行會雖然失去了鄉村，卻仍然控制著城市，在那裡負隅頑抗！

iv) 行會解散

行會因為城市法興起，其解體也不可能繞過城市法。換句話說，要為上述市場化過程一錘定音，還要走法律程序。

在中世紀的晚期，城市中的議會大都由行會指定，城市居民也認可行會

作為穩定製造業的力量。而在憲政革命後，情況變得很不同，深受啟蒙運動薰陶的知識階層充斥於議會中，而當行會鼓動工人去摧毀機器時，它就站到了知識階層的對立面，這也讓普通市民們意識到行會從對製造業的保護變為了障礙。[13-11] 於是，在民意支持下，議會陸續出台了限制行會的法規，時間進程與第一次工業革命大致重合：

1769 年，針對手工業者屢次摧毀機器的暴動，議會通過法律禁止破壞機器。

1779 年，阿克萊特的水力織布工廠被失業的織布工人燒毀，但最終，英國議會授予了他一萬英鎊的獎勵。

1809 年，英國廢除了「強制的學徒及限制其流動」的條款。

1814 年，英國廢除《學徒法令》，行會制度最終結束。

至此，英國前工業化的過程才完成，也才適合給出完整的評估：對它的指責與對英國農業改革的指責同樣多，因為大工廠對小作坊的衝擊重演了大農場對小農的衝擊，短期看，機器衝擊了現有行業、造成了工人失業是短時的，而長期看，勞動力轉移到了新興領域，農民變成了建築工人，普工變成了技工，技工變成了控制室的操作員，操作員變成了電腦工程師……現代市場的特性就在於自由流通，包括商品、資本和勞動力。我們只能說，這是任何猛藥都免不了的副作用：如果沒有英國前工業化的流通基礎，那麼，工業革命中的十一條線、乃至今天的上百條線，就無法全面起飛！

小結

上述眼花撩亂的過程發生得那麼自然而然，背後又好似有一雙無形的手在運作。泛而言之，商業革命、農業改革、行會解體發生得那麼自然而然，都是市場經濟邊形成、邊作用的過程。伏爾泰評價道：「商業已使英國的公

民富裕起來了，而且還幫助他們獲得了自由，而這種自由又轉過來擴張了商業；國家的威望就從這些方面形成壯大了。商業漸漸地造成了海軍的力量，從而英國人也就成為海上的霸王。現在他們差不多擁有兩百多隻戰艦。也許後世要驚訝起來，說這樣一個小島，它本身只有少量的鉛、錫、矽藻土和粗羊毛，怎麼由它的商業而會變成這樣的強大，竟可以在1723年同時派遣三個艦隊到世界上三個遼遠的地區。」【13-12】

　　市場經濟的意義如此之大，但它的完整成型卻來得如此之晚，原因恰恰在於可能的「副作用」：商品在流動、資本在流動、人員在流動、小作坊在解體、小農者在失地、手工業者在破產，這些都是古代統治者所無法承受的。當農業改革劇烈到引發動盪的地步時，幾乎所有農業文明的統治者都會息事寧人；面對新興工業與行會之間的矛盾，大多數歐洲王朝的統治者也會息事寧人。而16-18世紀英國走出了步步險棋，也可以說走出了步步妙棋，這背後的底氣何來？法律環境的保障。

參考文獻和注釋

【13-1】 於爾根·科卡，資本主義簡史[M]，徐慶譯，上海：文匯出版社，2017：81。

【13-2】 英國行會的勢力在每個城市中是不同的。瓦特所在的格拉斯哥市是行會勢力傳統而強大的一類。相比而言，在曼徹斯特與伯明罕等新興城市，行會實力較為薄弱。

【13-3】 瑪格麗特·L·金，歐洲文藝復興[M]，李平譯，上海：上海人民出版社，2008：35。

【13-4】 雅克·勒高夫，試談另一個中世紀[M]，周莽譯，北京：商務印書館，2018：126。

【13-5】 威廉·詹姆斯·阿什利，英國的經濟組織[M]，王麗譯，北京：商務印書館，2018：26。

【13-6】 斯坦利·L·布魯、蘭迪·R·格蘭特，經濟思想史[M]，邱曉燕等譯，北京：北京大學出版社，2014：30。

【13-7】 關於原始工業化時期的細分階段，下面的學者對此曾經做過詳盡的研究：
A、佛蘭克林·孟德爾斯及查理斯·蒂利將1500年到1700年間的工業革命前階段命名為原始工業化時期（Proto-industrialization）。
B、阿什利，英國的經濟組織，第二講，將原工業化分為四個階段；邁隆·古特曼（Myron Gutmann）把從農業到工業的轉型分為三個階段。
C、王國斌，轉變的中國：歷史變遷與歐洲經驗的局限[M]，李伯重、連玲玲譯，江蘇人民出版社，2020：38。
D、卡爾·波蘭尼，大轉型[M]，馮鋼、劉陽譯，當代世界出版社，2020：179。將從農業社會到工業社會的轉型分為三個階段：土地商業化、農業工業化、海外殖民化。

【13-8】 費爾南·布羅代爾，15至18世紀的物質文明、經濟和資本主義[M]，顧良、施康強譯，北京：商務印書館，2017：753。「批發商掌握一切，他既是商人，又是銀行家，保險人，船東，工業家。」

【13-9】 大衛·蘭德斯，解除束縛的普羅米修斯[M]，謝懷築譯，北京：華夏出版社，2007：45。書中提及，到1400年，英國毛紡織品中大約有一半是在農村生產的，而另一半是在城市生產的，可見分包模式之普及。

【13-10】 亞瑟·路易斯，經濟增長理論[M]，周師銘、沈丙傑等譯，北京：商務印書館，2016：162。

【13-11】 弗雷德里克·巴斯夏，經濟學詭辯[M]，麻勇愛等譯。北京：機械工業出版社，2010：11、40。巴斯夏曾為新興工業的競爭辯護，以諷刺的口吻在「蠟燭商關於陽光不正當競爭的請願」中寫道：「懇請你們務必通過一項法律，要求關閉所有窗戶、屋頂窗、天窗、百葉窗、窗簾布、窗扉、小圓窗、舷窗，堵住所有出口、洞口、裂縫及所有能漏進陽光的縫隙，這樣一來，太陽光就不可能進入房間，如果陽光進入房間就損害了產業中的公平。我們很自豪地說，我們的國家不會、也不能無情無義，置我們於如此不平等的競爭而不管不顧。」「要看穿這個謬論（機器造成失業），必須記住人類勞動不是結果，而是手段。這樣就再不會有失業，因為一旦克服一個阻力，轉而會冒出另一個阻力等待人們去克服。」

【13-12】 伏爾泰，哲學通信[M]，高達觀等譯，上海：上海人民出版社，2014：48。

第十四章

君主立憲，讓國王退休

經濟學家傑瑞米・本森：「離開法律，所有的經濟繁榮都會停滯。」[14-1]

法律環境的意義不言而喻，沒有它，就沒有對市場經濟的保障，更談不上對發明者個人權利的保障，甚至沒有基本的和平與穩定。工業革命中的「工程型」發明需要的時間長、參與的人數多，這要求法律保障對社會而言是長久的、對個人而言是普惠的。今天我們稱這樣的法律環境為「法治」，而它的雛形可以追溯到 16-18 世紀的英國。[14-2] 這就涉及本書要講的最後一場革命，憲政革命。

關於法治的定義，在今天的法律教材中，它已經變得多樣而複雜。但說實話，我以為，古人的想法要簡單得多，「法治」就是字面的意思，法律治國。這麼推斷的理由在於，古人並不是憑空想出的這個概念，而是在現實中遇到了人治的麻煩：是人就會犯錯誤，再開明的君主也不可能在所有時候、所有事情上都正確。在一件事上英明、在另一件事上愚蠢的君主，在年輕時英明、在年紀大後糊塗的君主，屢見不鮮。退一步講，是人就會死的，再開明的君主也無法確保其繼承人同樣英明，或其繼承人的繼承人同樣英明。遲早，愚蠢的君主會出現，並殺死下金蛋的母雞。為了避免人治的不穩定，一種模糊的理想很早就出現了，如果社會能按照法則自轉，那就會穩定許多。即，古人之所以想到「法治」，只是樸實地把它當作「人治」的解藥。

解藥的理想有了，配方卻始終是個難題。首先，有法律絕不等於有法治。

自從文明出現之後，統治者說出來的指令就是法律，這是一大進步，因為有規則總比沒規則好。西元前 1776 年出現的漢摩拉比法典被認為是最早法律文本，這是又一大進步，因為寫下的規則總比口頭的指令清楚。但口頭與文字只是形式的區別，在古代世界的大多數地區的大多數時間裡，法律性質都一樣：君主可以隨便改變規則，哪怕是自己剛剛發布的指令，這當然是人治。

其次，法律制度也不等於法治。在軸心時代的中國戰國時期，法家學派宣導把法律制定得更具體與精確，形成制度，然後昭示天下，讓下級官員及百姓依照執行。這又比意向性的法律有進步，因為除了皇帝之外的人起碼可以照辦了。但本質上仍沒變，因為皇帝本身在律法管束範圍之外，他或她作為律法的最高制定者，可以隨時改變或取消制度；作為律法的最高執行者，可以隨時違法而不受制約；作為律法的最高仲裁者，可以隨意判決或赦免。由於最終決定權都在君主一人，說是「王子犯法與庶民同罪」，但其實因人定罪，結果對皇帝下面的人而言，制度從來也不絕對。事實證明，從秦到清兩千年間，律法越來越嚴，帝王卻越來越專橫，等級觀念越來越重，這當然是人治。

在軸心時代的古希臘，出現了另一種「法治」的嘗試。哲學家柏拉圖在《理想國》中用一個故事來說明人治的危害：如果把一個魔法戒指給一個不法之徒，他會用這個戒指作惡；但如果把這個魔戒給一個有德性的人，會不會好呢？答案是不會，因為「沒人能有這樣鋼鐵般的意志，堅定不移地做正確的事情」，柏拉圖以此推論，假如不受制約的話，再英明的統治者也可能墮落。而柏拉圖的弟子亞里斯多德則在《政治學》中正面論述了法治的優勢：人有情感，法律沒有情感，法律出錯的機會比人出錯的幾率小；君王一人處理不了這麼多事物，法律才能確保所有公民受同等制約。接下來，亞里斯多德給出的藥方是「良法與善治」。遺憾的是，這在柏拉圖與亞里斯多德所在的雅典城邦，已被證明很難實現。雅典採用的絕對民主代表了公民的意志，按說符合良法的要求，起先治理也還行，它領導希臘聯盟戰勝了專制的波斯

帝國,但希臘聯盟不久就陷入內戰,民主制的雅典城邦居然被寡頭控制的斯巴達城邦擊敗。痛定思痛的柏拉圖與亞里斯多德認為:專制不是辦法,但絕對民主也不是。

在下面的兩千年中,歐洲人做了各種實踐,都證明良法善治難實現、更難長久。古希臘之後的羅馬共和國嘗試了介於民主與專制之間的貴族共和制;最初也很成功,羅馬共和國成為執政官、元老院、羅馬公民的三位一體,但當羅馬共和國擁有廣袤的領土後,共和制日趨陷入混亂。凱撒、奧古斯都及其後繼將領們開始專權,元老院名存實亡,人民默不作聲,共和制回歸了帝制。在羅馬帝國崩潰後,歐洲更陷入了黑暗時期及中世紀。

當歐洲走出低谷時,出現了商業革命與文藝復興的義大利半島,成為各種政體的實驗室:以佛羅倫斯為代表的絕對民主制,以威尼斯為代表的貴族民主制,以米蘭為代表的開明民主制,都曾嘗試依法治國的理性,都曾短暫興盛,但最終,皆因動盪而回歸君主制。

此後,歐洲人把更多期盼投向開明君主制。開明君主之所以被稱為開明,是因為他(她)們宣導重視科學與教育,但他或她仍然是君主,因此擺脫不了人治的根本。在破壞制度這點上,明君與昏君之間並無區別,明君越能幹,成就可能越大但錯誤可能同樣致命,路易十四如此,乾隆也如此,憑一人之興就把整個民族拖入歧途,這是英武之君的悖論。即使一輩子少犯錯的君主,也無法確保其繼承者同樣:英國在伊莉莎白後不久出了被砍頭的查理一世,法國在路易十四後不久出了被革命者砍頭的路易十六,德國在威廉一世後立即出了挑起第一次世界大戰並慘敗的威廉二世;這些昏庸之君都以為能輕易超過前人的功績,卻被證明缺乏自知之明。由此產生的悖論是:君主越開明,人們反而越擔心好景不長,往往這樣的擔心很快就會應驗。

總之,在 17 世紀之前,「法治」的理想始終存在,而實踐徹底失敗。這就要提到英國在現代化進程中的示範意義。

憲政革命

關於英國的現代化進程，如果不說明可能產生混淆的是，它在經濟上與它在政治上進入現代的時點不同，於是，這兩個時點都曾被不同的學者當作英國近現代的開始。我以為，最清楚的方法是把整個過程分三段來講：

第一期是中世紀的英國，無論從商業還是法律環境看都屬於古代。

第二期是近代的英國，在商業環境上已經進入了現代，在法律環境仍然停留在古代；一隻腳跨入了現代大門，另一隻腳還留在門外。這是最容易混淆的階段。

第三期是現代的英國，無論從商業還是法律環境看都進入了現代。

i) 中世紀的英國

英國從1160年起才建立完整的封建專制體系，比歐亞大陸的諸多王朝晚很多。相應地，它也從歐洲大陸照搬來了封建等級：國王、貴族、教會、平民。國王作為貴族的首腦，也是貴族的一部分，理論上應該接受貴族元老會的制約。比較有特點的一件事是，在1125年，英國國王與貴族簽署了一份名為《大憲章》的歷史性檔案，明確國王加稅、維持內陸軍隊、終止法律、拘禁公民等，都要經過貴族議會的同意，作為回報，貴族有義務向國王效忠。但畫外音是，如果國王違約，那貴族的效忠義務也就不復存在。

監督《大憲章》執行情況的機構是英國議會，上議院由土地貴族和宗教人員組成，下議院由平民代表組成。在平時，英王不需要也不願意與議會打交道，因此常常無限期地拒絕召開議會，而只在下面兩種情況下才不得不召開議會。一是新立法，「如果沒有上、下議會的同意，則君主無立法權」。[14-3] 二是新加稅，比如遇到與國外打仗，國王就不得不召開議會徵收外派軍隊的費用。

有人說，是《大憲章》讓英國的法律從源頭上就比較開明，但其實，荷

蘭、丹麥、瑞典的王朝也曾有類似《大憲章》的檔案。又有人說，是議會制讓英國的法律從源頭上就比較開明，但其實，議會制是從歐洲大陸照搬過來的，前身都是蠻族的貴族元老會，隨著時間的推移，都過渡為議會的形式。總之，中世紀的英國始終跟在歐洲大陸國家後面，不可能有什麼本質區別，它們都屬於國王掌權、議會輔助下的封建制。

ii）經濟變革期

從 15 世紀或更早開始，英國在經濟方面走出中世紀，由於經濟轉型向來漸變，所以具體開始時間無法確定。這裡有必要肯定憲政革命之前的英國王室，尤其亨利八世與伊莉莎白一世在位期間，英國將重商主義作為國策。即便其前後的其他英國統治者，包括信奉新教的愛德華六世、信奉天主教的血腥瑪麗、被送上斷頭台的查理一世、把查理一世送上斷頭台的護國公克倫威爾、復辟後把克倫威爾鞭屍的查理二世，雖然在外交和宗教政策上反覆不定，但都延續了重商主義政策。結果是，在開明君主時代，英國的市場化過程已經開始了一半：隨著農奴制瓦解、商業革命、遠洋航行，它已然成為了軍事、經濟、技術方面的西歐強國。

有人說英國法律環境的特殊性在於其君主比較開明，但在 16 到 18 世紀的歐洲，開明君主制蔚然成風，法國的路易十四、奧匈帝國的查理五世、普魯士的費烈特二世等，都重視富國強兵、教育興國、商業興國、技術興國，因而享有這樣的聲譽。那時的英國國王只是跟上了時代潮流罷了。

又有人說，英國法律環境的特殊性在於王室比較穩定。但其實，在憲政革命前，英國王室連續卻並不穩定，相反，它的反覆更替與所有古代王朝同樣血腥。即使像亨利八世這樣的開明君主，去世後的幾十年間，英國都處於宗教紛爭中；即使像伊莉莎白一世這樣的開明君主，去世後的宗教與外交矛盾愈演愈烈，終於在四十年後，爆發了憲政危機。

iii) 憲政革命期

伊莉莎白的繼任者詹姆斯一世還算中庸，但到了接下來的查理一世繼位，氣氛變得緊張起來，因為查理一世堅信君權神授、視議會為羈絆，終於在 1642 年釀成內戰。內戰的結果是，議會派的克倫威爾獲勝、逮捕了查理一世並送他上了斷頭台。克倫威爾自命為護國公，實行軍事獨裁下的新教專政。當克倫威爾去世後，英國議會及絕大多數英國人都受夠了軍事獨裁與新教專政，又請回查理一世的兒子查理二世作為國王，條件是，查理二世承諾「恢復英格蘭的法律和自由議會的權威」。這是第一輪動盪。

查理二世對克倫威爾的支持者進行了清算，但總體還算中庸。到了查理二世的弟弟詹姆斯二世繼位，他又開始宣揚起君權神授，並表現出明顯的天主教傾向，這再次讓國王與議會的關係緊張起來，並最終導致了光榮革命的發生。革命的過程是：議會從荷蘭請來了詹姆斯二世的女兒瑪麗及其丈夫威廉為英國國王；詹姆斯二世不戰而逃；新君同意了君主立憲的架構。這是第二輪動盪。

至於為什麼這場革命被命名為「光榮」，簡單的理解是「和平」的方式。看看人類政權交替的歷史，暴力的多、和平的少；推倒重來的多、折中妥協的少。如果政權交替還伴隨著制度更替，那就難免更劇烈，如俄國的十月革命、中國的辛亥革命等，無不在炮火紛飛中實現。對比下，1688 年英國的光榮革命卻在兵不血刃中實現了新舊政權、新舊制度的更替，這無疑是種光榮。但我們會看到，更大的「光榮」不僅在當時，更在於下面兩百多年的穩定與進步。【14-4】

從 1640 年後，議會就開始了對英國法律體制的一系列改革；到了 1688 年後，進程急劇加速。1694 年，議會通過《三年法案》，規定議員必須每三年改選一次。1701 年，議會通過《王位繼承法》，明確王位的繼承順序。1714 年到 1721 年間，內閣負責制確立，首相負責組閣。從 1721 年到 1830 年間，由「俗人」階層組成的下議院地位逐漸上升。1832 年，議會通過《選舉

修正法案》，讓新興工業者大量進入議會。前後加起來，「憲政革命」指的是從 1640 年的憲政危機爆發到 1832 年的選舉改革完成，這期間英國議會主導下的英國法律體制的變革。它常常被簡化為光榮革命，但其實，後者只是它在 1688 年的高光時刻。

法治的形成

憲政革命形成了怎樣的「憲政」呢？
——君主立憲制

英國在憲政革命前、後都有王室，給人沒變的感覺，但注意，此「王室」非彼王室也：憲政革命前是國王執政、議會監督，名為「王在法中」，實際是「王大於法」，因為國王違法了，也沒誰能有效監督。在光榮革命後，英國議會選擇了「名義君主」的折中道路，它既沒廢棄國王，也不想再換一個國王來作威作福，於是與國王簽署了一份名為《權利法案》的《大憲章》的補充協議，約定如下：國王不能未經法庭審判而逮捕；不能在沒有對外戰爭的情況下建立軍隊；不能選擇英國國教之外的信仰；不能逃亡國外或向外國請求救兵。在這樣的約定下，國王確實變得無事可做，甚至連隨意走動都不能。但話說回來，「名義君主」也是憲政的一部分：他或她只是日常無事可做；在軍事政變等情況下，是要出來維憲的，只是從 1688 年到今天的三百多年中，英國還沒有過憲政危機，於是，英王連立功的機會都沒有，就只好用加冕、婚嫁、喪禮等一切可能的儀式來刷存在感。

——議會負責制

國王退出國家治理，這已經清除了對法治的最大威脅。取而代之的國家管理者是議會，其責任包括：主持立法，提出並通過法律草案；監督執法，包括監督政府預算、徵稅、國家銀行、國債發行、政府官員的任用及彈劾、對外的宣戰與停戰等等；議會還負責提名並有權彈劾不稱職的法官。議會的

許可權這麼大，會不會自己犯錯呢？可能，但議員們自己的利益不在裡面，比國王的立場公正，而且，議員做出的表決最終會作用到自己頭上，沒必要懲罰自己。【14-5】

——選舉制

議會由議員組成，議員由選民選舉產生，因此，議員與議會如果不站在普通人的角度來思考問題，就會在換屆時下台。由於議員常常輪換，這屆當選未必下屆連任；議會多數黨常常更替，這屆多數未必下屆繼續多數，因此，長期的操縱機制也不存在。如果你不滿這屆議會或議員，那下次投票改選，甚至自己參選唄！

——法院

英國的法官在君主制時代就有終身制的傳統，憲政革命後更融入為法治體系的一部分。聽起來「終身制」不那麼現代，但其實，它確保了司法系統獨立於政治風向之外，前提是，法官必須接受議會與媒體的監督。【14-6】

——媒體監督

憲政革命後不久，英國議會廢除了出版審查制度，這讓選民多了一個選舉之外的日常監督工具：新聞。在大報、小報、狗仔隊的監督下，英國皇室、官員與議員的醜聞不斷，但政權始終在穩定運行中。1936年，愛德華八世因為與美國已婚婦人戀愛而辭職。伊莉莎白女王好不容易拍了張親民自駕照，被人質疑是否超過了合法的駕駛年齡。王妃凱特因為修剪了一張自己的照片而不得不對「作假」嫌疑向公眾道歉。其實，沒有任何法律程式要求他（她）們這樣做，全因媒體全天候監督的壓力。

讓我們回顧下法治的基本定義：法律治國。16-18世紀的英國「憲政」實現了這樣的雛形，國王僅僅是最高級的公務員，需要受媒體、議會、法院的監督，這已經滿足了王在法下的要求，王在法下也就滿足了法律至上的要求。【14-7】下面就看能不能「穩定治國」了。

穩定與進步

歷史上的古希臘、佛羅倫斯城邦等，都曾短期實現「法律至上」，但無法「穩定治國」。英國在王室統治的前六百年間，動亂更沒有中斷過。而在憲政革命後，英國卻始終保持了穩定中的進步、進步中的穩定。究其原因，之前動亂的兩大根源被消除了。

一是宗教紛爭。16世紀爆發的歐洲宗教改革運動把原來的基督教分為了新教與舊教，而英國的亨利八世自創了英國國教（安立甘教）。這樣一來，英國就分出了三大類宗教人群：天主教徒希望國王信天主教，新教徒希望國王信新教，大多數英國貴族則希望治理英國的人信奉國教。不管英國王室繼承人信哪種宗教，另外兩類信徒都會不滿，這導致近代英國始終處於宗教鬥爭的腥風血雨中。在憲政革命後，由於議會是多元的，信仰也多元，於是很快就以憲政的形式確定下來宗教寬容原則；國教仍然是國家典禮及國王必須信奉的宗教，但普通人則有信仰其他任何宗教而不受歧視的權利。【14-8】

比宗教紛爭更具有普遍意義的是政治紛爭，相比起之前的英國國王每每因為出兵海外、需要加稅而引發不滿甚至動亂，在憲政革命後，軍事開支比之前大很多、稅收比之前高很多，英國民眾對國家的認同感卻沒有下降，並構成英國對外政策的民意後盾。英國在兩次世界大戰中的勝利是最近的例證。【14-9】

除了穩定大環境，法治還穩定了市場經濟。由於英國經濟起步在前，一種誤解是以為即使沒憲政改革，市場經濟也會繼續發展下去，但所有古代王朝的商業繁榮都曇花一現的事實暗示著「未必」二字。而英國在憲政革命後，市場化改革的進程不僅持續，還大大加速了。

這裡我們要列舉兩項天才的金融改革措施，國家銀行與國債。它們唯有在政權存續的前提下才能有效兌現，因此無形中把國家與民眾的利益捆綁在一起。歐洲各國的王室早就深諳這一道理，於是自文藝復興後，就嘗試委託

私人金融機構來發行固定年金的債券。但效果不佳,原因很簡單:機構的信譽各異,而國王的信譽最差。國王的收入與支出無規劃、無制約、不透明,於是常常隨便找個理由違約,甚至一句「不還」了事。

對比之下,在英國與荷蘭實現憲政後,議會監督了央行、法院、內閣的運行,用徵稅系統取代了包稅制,用預算遏制了政府濫用、濫印鈔票的衝動,連王室的花費都需要議會批准。這些都提高了國家運行的廉潔度、透明度及可預測性,讓國家銀行真正變成了國民的銀行,也讓國債真正變成了國民的債券。

1694年,議會批准英格蘭銀行正式成立,由私人投資、議會監督、為政府服務。其業務包括印刷英國的紙幣、處理養老金、彩票、公債、借貸等。為了消解公眾的顧慮,英格蘭銀行宣布將英鎊與硬通貨掛鉤(銀本位與金本位),從此英鎊成為了穩定、保值、流通、支付的手段。【14-10】直到今天,英國還有一句口頭禪是「像英國銀行般保險」(As safe as the Bank of England)。國家銀行不僅穩定了貨幣,還穩定了利率。政府在戰爭時會向國家銀行借款,又會在財政剩餘時向國家銀行存款,這都要求國家銀行的存、貸利率合理,於是逐漸成為其他銀行所參照的標杆。相比之下,在英國成立國家銀行後,法國也很快跟進成立了國家銀行,但它仍在王室控制下,不受控制地印刷鈔票,結果引發了通貨膨脹與貨幣貶值的滔天巨浪。

1692年,英國議會監督下的政府正式發行國債,成交量持續上升,到1800年,英國與拿破崙戰爭期間,英國的國債已經高達當時國民收入的2.5倍之多。稍早前的荷蘭國債更誇張地達到國家收入的3倍以上。在過去的三百多年間,英國與荷蘭的債券沒出現過違約,而同時期,不知有多少國家因政變倒台,次次都將貨幣與債券化為廢紙。【14-11】

無疑,「穩定」僅僅是相對而言,相對於之前的體制,也相對於改革之難。在16-18世紀的英國,在法治雛形形成的同時,司法不公與財富不均隨

處可見，示威、抗議、工人運動同步發生，只是都遠遠沒有達到推翻政權的程度。【14-12】原因很簡單，百姓心裡明白新制度比舊制度好太多，而且，恰恰因為百姓通過遊行、新聞、選舉等發洩出了不滿，反而讓起義顯得不太必要。

以上，我們僅僅是按照法治的「基本」定義，即法律治國，這也是它的社會意義。而 16-18 世紀英國的「法治」比這又要多點內涵。正是因為加入了一點點「個人」的內容，「法治」才從古代走向了現代。

參考資料

守夜人的意義

「法律治國」意味著法律自轉，那政府不就沒事做了嗎？應該講，它有時沒事做，有時又有事做，有些事不能管，有些事又必須管，亞當‧史密斯稱此為「守夜人」的功能。顧名思義，守夜人白天休息、夜裡工作；只防外患、不管內部。類似地，亞當‧史密斯認為政府的義務在於維護法律、國防、公共設施（即法治的基本框架）；而其他（法律框架內的）一切不應該管，也無需管，因為那屬於市場經濟自主運行的範圍。在無形的手的作用下，私利與公益會自動協調，供應與需求會自動匹配，經濟會自然成長、滲透。反之，比如以保護國家利益為名實施保護性關稅，則悖逆了市場規律，反而不利於國民與國家財富的增長。

亞當‧史密斯：「除了提供治安、輕賦和尚可接受的司法外，由極度荒蠻走向高度富裕，需要國家所做的幾無他物。」「任何國家，

如果沒有具備正規的司法行政制度，以至於人民關於自己的財產所有權，不能感到安全，以至於人民對於人們遵守契約的信任心，沒有法律予以支持，以至於人民設想政府未必經常地行使其權力，強制一切有支付能力者償還債務，那麼，那裡的商業製造業，很少能夠長久發達。簡言之，人民如對政府的公正沒有信心，這種國家的商業製造業，就很少能長久發達。」【14-13】

參考文獻和註釋

【14-1】 馬特·里德利，美德的起源 [M]，吳禮敬譯，北京：機械工業出版社，2015：174。

【14-2】 法蘭西斯·福山，政治秩序的起源：從前人類時代到法國大革命 [M]，毛俊傑譯，廣西師範大學出版社，2012：16。「英國是把最高權力者的利益、社會的集體利益、民眾的個人利益聚合在一起的第一個大國。強大且有能力的國家，國家從屬於法治，政府對所有公民負責……能取得這種平衡，本身就是現代政治的奇蹟。」

【14-3】 戴雪，英憲精義 [M]，雷賓南譯，北京：中國法制出版社，2016：127。

【14-4】 A·G·M·屈威廉，英國革命 [M]，宋曉東譯，北京：商務印書館，2020：2、10。

「這次革命的真正光榮之處，並不是為了保證它的成功只使用了最低限度的暴力，而是在於，這次革命的解決辦法為後世的英格蘭人民找到了一個避免使用暴力的方法。」

B、費爾南·布羅代爾，15 至 18 世紀的物質文明、經濟和資本主義 [M]，顧良、施康強譯，北京：商務印書館，2017：454。

布羅代爾：「這一成就的取得全靠英國公眾的態度，他們的公民責任感以及他們對一個始終以穩定為務的貨幣制度由來已久的信任。不過這一信任也建立在財富帶來的保證和信心之上。銀行券的保證金肯定不是金銀，而是不列顛群島巨量的勞動產品。英國用它製造的工業品和它的轉口貿易取得的收益向它的歐洲盟友提供數額驚人的資助，從而使他們能打敗法國，維持一支在當時歎為觀止的艦隊以及龐大的陸軍，從而在西班牙和葡萄牙扭轉局勢，使拿破崙陷於困境。在那個時代，任何別的國家都沒有能力做同樣的事。」

【14-5】　A、戴雪，英憲精義[M]，雷賓南譯，北京：中國法制出版社，2016：3、130。

戴雪關於議會負責制的詮釋是：「在不列顛帝國內，國會有權可以造法，亦可以毀法；在英格蘭四境以內，無一人有權利踐踏。國會的權力『不受制於任何人』，它可以創造、可以批准、可以擴張、可以收縮、可以裁減、可以撤回、可以再立，可以詮釋法律。它可以改變王位繼承大法，可以變更國教，甚至可以變更國會本身的構造。」

B、G·M·屈威廉，英國革命[M]，宋曉東譯，北京：商務印書館，2020：107。

屈威廉的詮釋是：「如果法律高於過往的意志，法律又可以由議會修改，那麼議會就成為了這個國家的最高權力。」

【14-6】　傑克·戈德斯通，為什麼是歐洲？世界史視角下的西方崛起（1500-1850）[M]，關永強譯，杭州：浙江大學出版社，2010：139。

戈德斯通：「18世紀的英國，則擁有著一直保持獨立的普通法法院、活躍的議會、由法律保護的不同宗教信仰以及多種不同類型的官方教會，如果從英吉利海峽向大陸望去，從法國一直到土耳其再到中國，都是一片專制王權的海洋。」

【14-7】　A、G·M·屈威廉，英國革命[M]，宋曉東譯，北京：商務印書館，2020：107。

屈威廉：「國王是法律的第一公僕，而不是它的主人；是法律的執行者，而不是它的源泉。」

B、伏爾泰，哲學通信[M]，高達觀等譯，上海：上海人民出版社，2014：37。「英國是世界上抵抗君主達到節制君主權力的唯一的國家；他們由於不斷的努力，終於建立了這樣開明的政府：在這個政府裡，君主有無限的權力去做好事，倘使想做壞事，那就雙手被縛了。」

【14-8】　伏爾泰玩笑地評價道：「如果在英國只允許有一種宗教，政府就非常有可

能是專制的；如果有兩種宗教，人民就會相互殘殺：但是如果有各種各樣的宗教，人民都會幸福。」伏爾泰，哲學通信 [M]，高達觀等譯，上海：上海人民出版社，2014：27-28。

【14-9】 詹姆斯·弗農，遠方的陌生人 [M]，張祝馨譯，北京：商務印書館，2017：51。

「從都鐸王朝開始，每個世紀都會發生政府內部的革命。然而，在19世紀中期創造出現代國家的革命面前，它們都顯得無比蒼白。」

【14-10】 A、彭慕蘭·史蒂文·托皮克，貿易打造的世界：1400年至今的社會、文化與世界經濟 [M]，黃中憲、吳莉葦譯，上海：上海人民出版社，2017：333。

彭慕蘭：「真正的世界經濟，乃是有龐大貨物、資本、技術遊走世界各地的經濟，而這種經濟要誕生，法律和習慣行為必須變得更可預測且為普世所奉行。」

B、卡爾·波蘭尼，巨變 [M]，黃樹民譯，北京：社會科學文獻出版社，2017：29。

「這為全球貿易自律提供了一個完美的機制。英格蘭的商號能向各地輸出商品，或在各地投資，因為它們知道賺回來的貨幣就像黃金一樣可靠。」

【14-11】 尼爾·弗格森，金錢關係 [M]，唐穎華譯，北京：中信出版社，2012 第四章和第六章。「如果對比下的話，18世紀荷蘭與英國的公債收益率為3.5%以下，公債規模卻不斷擴大。而法國公債收益率在10%之上，卻問者寥寥。」

【14-12】 見當時人的評述：

A、亞當·史密斯驚呼：在1600-1760年「這段最幸福、最幸運的時光中」，七場戰爭、三次叛亂、倫敦大火和鼠疫均未能阻止「英國走向富裕」。轉自埃里克·鐘斯，歐洲奇蹟 [M]，陳小白譯，北京：華夏出版社，2015：33。

B、在18世紀60年代居住在英國的本傑明·佛蘭克林寫道:「我發現一年之內,在鄉下爆發了各種騷亂,包括糧食引發的騷亂,選舉引發的騷亂,濟貧院引發的騷亂,礦工引發的騷亂,紡織工的騷亂,運煤工的騷亂,伐木工的騷亂,水手的騷亂……」轉自羅傑·奧斯本,鋼鐵、蒸汽與資本[M],曹磊譯,北京:電子工業出版社,2016:10。

C、具體如戈登暴亂、勒德分子事件、托爾普德爾蒙難、彼得魯屠殺、盧德運動等,其持續時間及死傷人數在世界範圍內相比均屬有限規模。

【14-13】亞當·史密斯,國富論II[M],郭大力、王亞南譯,南京:譯林出版社,2011:687-688。

第十五章

權利是如何下沉的

《牛津法律大辭典》對法治的定義是,「對立法權的限制,反對濫用行政權保護措施,獲得法律的忠告、幫助和保護大量的平等的機會,對個人和團體各種權利和自由的正當保護以及在法律面前人人平等。」【15-1】

今天,我們判斷一種法律體系是否實現了法治,不僅看它是否實現了「法律治國」,還要看它是否確保了「個人權利」。這樣的定義是從 16-18 世紀的英國產生的,以至於「權利」已經成為了我們今天的口頭禪。

但究竟何為權利?

這個詞自古就存在,在每個時段的內涵都稍有不同。古希臘有自由本性說,古羅馬就有物權說,中世紀就有上帝面前平等說,文藝復興又有平等人格說,如果從這些說法中提取共同之處,那就是指一種屬於自己、無需批准、無法剝奪的私人領域。【15-2】除了上述時段外,其他時段的古代統治者都不太希望提及、更毋寧說澄清「權利」二字,因為怕百姓太清楚不好治理。但在 17 世紀的憲政思潮中,洛克等知識分子讓這個詞再度熱門起來;在憲政革命中,議會通過的法令中常常也提到「權利」;在憲政革命後,選民選舉議會、議會管理國家,作為國家最終控制人的選民,當然要搞清楚自己有何「權利」。

三大宣言【15-3】

1688 年到 1689 年英國憲政革命中形成的《權利法案》，強調了「權利」的第一個現代特徵：絕對性。即「這個王國的人民根本的、古老的、不容置疑的權利和自由」，該法案寫道：「法庭有自己挑選陪審團的權利……人民有請願的權利和攜帶武器的權利，有免於過多的保釋金，或罰金，或非酷刑懲罰的權利。」

接下來，1776 年的美國《獨立宣言》強調了「權利」的第二個現代特徵：普遍性。「我們認為這些真理是不言而喻的：即人人生而平等，造物主賦予了他們某種不可剝奪的權利，其中包括生命、自由以及追求幸福的權利。」

接下來，1789 年的法國大革命《人權和公民權宣言》強調了權利的第三個現代特徵：平等性。在權利方面，人們生來是而且始終是自由平等的。只有在公共利用上面才顯出社會上的差別（第一條）。法律對於所有的人，無論是施行保護或處罰都是一樣的（第六條）。

今天的《聯合國憲章》、《聯合國世界人權宣言》、《國際勞工組織公約》等也強調了現代「權利」的同樣內涵。如聯合國《世界人權宣言》寫道：「人人生而自由，在尊嚴和權利上一律平等。」「人人有權享有生命、自由和人身安全。」

正是這三個特性，把現代的「權利」與古代的「權力」區分開來：古代的「權力」往往是少數人，甚至某個人的。而現代的「權利」代表著屬於自己、無需批准、無法剝奪的私人領域，具有絕對、平等、普遍的特徵。【15-4】它是為普通人而設立的。

權利的細分

具體哪些私人領域，即現代權利的具體種類，在憲政革命的前期，針對過去國王隨意逮捕與隨意沒收財產的情況，人們最關心司法與財產權，而到了晚期，人們又把注意力投向了選舉權。

——司法權

即每個人在法律上享有平等的權利。【15-5】

洛克寫道：「不論貧富貴賤，在法律面前一律平等。此外，不會因為特殊情況而破例。」【15-6】

戴雪在《英憲精義》中寫道：「在英格蘭四境內，不但無一人在法律之上，而且每一人，不論為貴為賤，為富為貧，須受命於國內所有普通法律，並須安居於普通法院的管轄權之治下。」所謂「法律主治」，即法律面前人人平等；武斷的權利不存在；個人權利是法律的來源。【15-7】

——財產權

即個人財產享有被保障的權利。這裡的前提是對財產的清晰劃分，包括馬克思、普魯東、洛克、威廉·布萊克斯通在內的大多數近代西方學者對「財產」的定義都是排他性的，馬克思寫道，「私有財產如果沒有獨占性就不成其為私有財產。」【15-8】即你的傢俱、餐具，玩具、住宅，唯有你有權使用、處置、傳承，別人無權干涉，那才算你的。如果某個東西你可以用，別人（比如更高地位的人）也可以用，那算共有。如果某個東西，所有人都可以用，那算公有。

在財產清晰劃分的前提下，「財產保護」即以法律的形式確保財產的「排他性」。拋開它是否「神聖不可侵犯」的爭議不談，【15-9】僅就財產保護的功效而言，大部分現代經濟學家都認同，這是現代社會高效運行的前提；反之，如果某社會財產劃分不清或可能被侵犯，那麼其運行效率將低到「偽現代」的程度。【15-10】

在英國，最重要的財產權、土地產權，是憲政革命後才變得清晰的。之前，國王最終擁有英格蘭土地的所有權，而一級級的受封者擁有一級級土地的使用權。國王一般不干涉你使用土地，但只要有需要，就可以隨時徵用你的土地，或逮捕你並沒收土地，或把你的土地獎勵給他人，只要一句話，「以國王的名義」。——有人說，英國土地交易從 13 世紀起就存在了，但這並不影響英國產權混亂的事實，因為在封建制度下，土地轉讓意味著效忠義務的轉讓。想像下，你作為賣方，要出賣自己的地，必須徵詢上級貴族可否；你作為買方，要購買土地，還要向上級貴族三拜九叩，最終難免了不了之；再加上，封建制早期的人們認為世代不變是正常的，轉讓土地的意願很低。——有人說，英國土地交易到 15 世紀後就活躍起來了，那只是因為農奴制瓦解了，買賣的意向多了，英國貴族們也逐漸放棄了效忠禮之類的附加要求，但這仍然沒有改變英國產權混亂的事實，因為交易的仍然是使用權，上級貴族乃至國王仍然享有最終所有權。——有人說，圈地運動釐清了英國土地產權，這更牽強，因為圈地不涉及農民的耕地，僅僅涉及「公地」；即使公地，也僅僅涉及使用權。——到憲政革命後，議會在 17 世紀宣布廢除領地制並取消封建義務，讓土地所有權從源頭變得獨立，也讓土地成為了普通交易的商品。最早這對地主有利，但逐漸地，對每個擁有財產的公民、尤其弱勢群體都形成了保護，即自己的家「風能進、雨能進、國王不能進」的典故，【15-11】它出自英國首相威廉・皮特的原文：「即使是最窮的人，在他的小屋裡也敢於對抗國王的權威。屋子可能很破舊，屋頂可能搖搖欲墜；風可以吹進這所房子，雨可以打進這所房子，但是國王不能踏進這所房子，他的千軍萬馬也不敢跨過這間破房子的門檻。」

——選舉權

英國在王室時期的《選舉法令》規定，具備一定資產或收入的人才有投票權，這在長時間內都被民眾認為是合理的。【15-12】這樣的傳統延續下來，到 1688 年光榮革命時及之後相當時間裡，議會仍主要由大貴族與鄉紳組成。

但憲政新體制已經揭示出選舉的意義，於是，普通人開始為自己的利益而爭取選舉權。終於在 1832 年的《改革法案》中，選舉人被擴大為當時成年男子的四分之一；【15-13】1867 年，被進一步擴大到包括城市工人在內的約三分之一；1884 年，被進一步擴大到包括農村工人在內的約三分之三；1918 年，被進一步擴大到英國成年男子及 31 歲以上英國女性。1928 年，普選權實現，即 21 歲以上的所有英國人，不論性別，不論資產，都具備了選舉資格。

——經濟權利

法律權利是權利，經濟權利何嘗不也是？在市場經濟中，一塊麵包就是一塊麵包，一塊錢就是一塊錢，對貴族如此，對平民如此，對皇室如此，對囚犯也如此；不僅所有人購買商品；所有人提供商品也都要在同等的價值體系下競爭。有人批評市場經濟沒有人情味了，只認錢，不認人，但這正是它與等級、熟人社會的區別所在，它的複雜程度超過了任何人的掌控！這裡我們可以引用馬克思的名言，「商品是天生的平等者」；「貨幣是天生的比商品更進一步的平等派」。【15-14】

經濟權利與法律權利相加，才構成了完整的權利，而完整的權利塑造出完整的公民。今天我們說，人民群眾是社會的基石，但基石何以成為基石，離不開「權利」二字。【15-15】

在古代的金字塔社會中，國王在上，中間是貴族，最下面是臣民。臣民，顧名思義，在經濟上與法律上處於非獨立、被主宰的地位。雖然在中間有過古希臘城邦、文藝復興城邦等代議制的嘗試，但由於市場經濟的缺席，公民的權利從不完整。沒有完整的權利，公民社會就缺乏基礎。

在 1500 年前後，隨著商業革命波及到英國，市場經濟帶給了普通人經濟權利；在 1688 年後，隨著憲政革命的進行，法治帶給了普通人司法上的權利。有了完整的權利，基石才有基礎，這讓臣民變為了公民、金字塔的社會變為了公民社會！

總結下 16-18 世紀英國商業與法律環境的轉變。由於專利法的形成、商業革命、農業改革、行會解體、憲政革命的發生，傳統的小農與自足經濟被市場經濟取代，傳統的人治為法治取代。這讓權利得以形成，公民得以塑造。沒錯，那時的英國像一隻剛剛孵化出的小雞，相貌不堪、氣味難聞、跌跌撞撞，但它前途光明。

恩格斯在 1844 年評價道：「英國無疑是地球上（北美也不除外）最自由的，即不自由最少的國家。因此，有教養的英國人就具有在某種程度上說來是天生的獨立自主權利，在這一點上法國人是誇不了口的，德國人就更不用說了。英國的政治活動、出版自由、海上霸權以及規模宏大的工業，幾乎在每個人身上都充分發展了民族特性的固有的毅力、果敢的求實精神、還有冷靜無比的理智，這樣一來，大陸上的各個民族在這方面也遠遠地落在英國後面了。」[15-16]

我們的結論已經呼之欲出了。

參考文獻和注釋

【15-1】 大衛·M·沃克，牛津法律大辭典[M]，北京社會與科技發展研究所組織譯，北京：光明日報出版社，1988：990。

【15-2】 弗里德利希·馮·哈耶克，自由秩序原理[M]，鄧正來譯，北京：生活·讀書·新知三聯書店，1997：171-172、264。哈耶克詳盡地闡述了權利的「私域」屬性，「個人的權利，乃是承認這種私域的結果。」

【15-3】 諾曼·大衛斯，歐洲史：下卷[M]，郭方、劉北成等譯，世界知識出版社，2013：728-729。

【15-4】 哈耶克，自由憲章[M]，楊玉生等譯，北京：中國社會科學出版社，2018：321-348。「真正的法律」應該具備的特徵：事的普遍性、人的平等性、判決的確定性。

【15-5】 關於法律平等的必要性，請參考：

A、約翰·麥克西·贊恩，法律的故事[M]，于慶生譯，北京：中國法制出版社，2019：37。「正義便是將所有的人置於相通的基礎之上，換而言之，正義需要對所有人同等適用規則。」

B、哈特，法律的概念[M]，許家馨、李冠宜譯，北京：法律出版社，2018：272。「正義的最簡單形式，不過是堅持所有人都必須適用同樣的一般化規則，不因偏見、利益或恣意而有所偏倚。」

【15-6】 約翰·洛克，政府論[M]，豐俊功譯，北京：金城出版社，2019：216。

【15-7】 戴雪，英憲精義[M]，雷賓南譯，北京：中國法制出版社，2016：130、255-269。

【15-8】 關於財產的排他性定義，請參考：

A、馬克思、恩格斯，馬克思恩格斯全集：第3卷[M]，北京：人民出版社，1979：425。「私有財產如果沒有獨占性就不成其為私有財產。」

B、理查·派普斯，財產論[M]，蔣琳琦譯，北京：經濟科學出版社，2003：1。「財產所有權指的是，『所有者所擁有的，為公共權力所正式承認的，既可以排他利用，資產又可以通過出售或其他方式來處置資產的權利』。」

C、約翰·洛克，政府論[M]，豐俊功譯，北京：金城出版社，2019：214。「有過有人可以未經我的同意，擅自拿走屬於我的東西，我就無財產權可言。」

D、威廉·布萊克斯通，英國法釋義[M]，游雲庭、繆苗譯，北京：商務印書館，2023。「財產權是一人主張並對世界上的外部事物行使的唯一和專有的權利，完全排除了宇宙中任何其他個體的權利。」即「獨占的排他的支配」。另見羅伯特·考特、湯瑪斯·尤倫，法和經濟學[M]，張軍等譯，上海：上海三聯書店、上海人民出版社，1995：63。

E、《拿破崙法典》第544條：「所有權是以最絕對的方式享受和支配物件的權利。」

【15-9】 前面對「財產排他性」一致的學者，對「財產保護」的看法卻不同：──質疑的聲音是（如普魯東）土地的最初來源是否合理？財產繼承是否會造成不勞而獲？──贊同的回應是（如洛克）財產權是「人與生俱來的權利」，「是保護一切其他權利的衛士」（亞當·史密斯）。此外的辯護還包括：不勞而獲的情況即使存在，也會很快在市場競爭中被淘汰；即使資本的原始情況無法查明，但在現代社會中普通人的薪資財產是清楚的，而普通人的財產是社會資產的主體。因此，財產保護對現代社會中的大多數人是有利的。

【15-10】 現代經濟學家一般採取「不論對錯，只論功利」的視角。

A、德姆塞茨：產權的功能在於激勵，因為「正是權利的價值決定了交換物品的價值」。一是明確的利潤劃分，投資者是誰需要明確，受益者是誰也要明確。二是投資者要有再投資的意向，前提是財產保護。

B、科斯定律，市場經濟在三要素下可以自動調節：明確的產權、低交易成本、透明度。代議制對這三項都是最有利的保護。現代市場的先決條件

是個人財產權的強制執行。在之前、缺乏這點保障的情況下，交易成本普遍太高。在共有、國有、私有三種產權中，私有產權的效率最高（《關於產權的理論》及《財產制度與制度變遷》）。

C、哈耶克，自由憲章 [M]，楊玉生等譯，北京：中國社會科學出版社，2018：122。「每人都擁有的財產實際上是無主財產，那麼每人都承擔的責任就是無人責任。」

D、路德維希‧馮‧米瑟斯，自由與繁榮的國度 [M]，韓光明等譯，北京：中國社會科學出版社，2018：106。「人類有意義的經濟秩序，人類社會的共同生活如果背離了這一基礎就會完全進行不下去。」

【15-11】 雅克‧巴爾贊，從黎明到衰落 [M]，林華譯，北京：中信出版社，2018：647。「在 19 世紀的大部分時間裡，要求選民必須擁有一定的財產是理所當然之事，也是符合邏輯的。一個人若想負責任地運用自己享有的那份權利，就得擁有社會共同財產的一部分，就像股東投票選舉公司董事會一樣。」

【15-12】 在更早之前，英國大法官柯克與英國哲學家洛克有過類似的表述。

【15-13】 另一說法是八分之一。見：帕爾默，世界史 01 [M]，北京：世界圖書出版公司，2013：55。從 55 萬人增加到 81.3 萬人。

【15-14】 馬克思，資本論：第 1 卷 [M]，北京：人民出版社，2004：103、152。

【15-15】 關於權利的法學基礎，請參考：

A、羅奈爾得‧德沃金，認真對待權利 [M]，信春鷹、吳玉章譯，上海：上海三聯書店，2008：21。「權利是必要的，它給公民這樣的信心，即法律享有特別的權威……在所有承認理性的政治道德社會裡，權利是使法律成為法律的東西。」

B、約翰‧穆勒，功利主義 [M]，徐大建譯，北京：商務印書館，2019：53、62-63。「正義就是對每個人的法定權利的尊重，非正義就是對任何人的法定權利的侵犯。」

C、戴雪，英憲精義[M]，雷賓南譯，北京：中國法制出版社，2016：255-269。「凡憲章所有規則，不但不是個人權利的淵源，而且只是由法院規定與執行個人權利後所產生的結果。」

【15-16】 馬克思、恩格斯，馬克思恩格斯全集：第3卷[M]，北京：人民出版社，1963：678-679。

第十六章

人沒變，激勵變了

米塞斯：「人們不可能把黑人變成白人，但可以賦予黑人同白人一樣的權利。」【16-1】

普萊斯：「民主要求公民生而平等，但平等主義堅持公民死而平等。」【16-2】

俗人的崛起促發了工業革命，那什麼促成了俗人的崛起？我們當然可以說是市場經濟與法治，但如果以它為答案，會有幾個缺憾。首先，前面的推理主要基於瓦特與博爾頓為代表的創新與創業者的角度，但要說所有人都受益於市場經濟與法治土壤，則要找出一種無差別的且最直接的機制。另一個問題是，市場經濟與法治，聽起來像兩個而非一個答案。能不能是兩者之一呢？不行，因為從前面現代體制形成的過程看，法治保障市場經濟的發展，市場經濟穩固法治的基礎，它們就像DNA雙螺旋結構那樣彼此成就、難解難分。

好在，市場經濟與法治是從社會層面講，如果從個人層面講，就還可以回到「權利」。市場經濟為每個人提供了經濟權利，法治為每個人賦予了法律權利，它們作用於同一個人。這之間直接的作用機制就是權利。如果我們要激勵某個人、某個階層，可以採取有針對性的激勵措施，但如果要激勵所有人，包括連想都想不起來、找都找不到的張三與李四，那麼唯一的方法就是無差別的激勵——權利正是這樣的偉大發明，其絕對性、普遍性、平等性為國王、議員、官員、百姓提供了一個公平的起點。公平的經濟權利意味著

公平的機會，公平的法律權利意味著公平的保障。從這樣的起點出發，儘管結果未必相同，也難以預料，但每個人都能看到希望。

有人質疑公平是一種假像，【16-3】但公平是相對的，相對於特權，平權無疑公平得多。更重要的是，公平意味著可能性而非結果，在個體條件存在差異的前提下，公平的起點應該導致不同結果才對。反之，要求所有百米賽跑選手在同一時間達到終點、要求所有考生考試成績相同、要求所有勞動者待遇一樣、要求所有案件法院的判決相同，恐怕是世界上最不公平的事！

事實也證明了普遍激勵的存在：在16-18世紀的英國，整個社會像著了魔似的追逐夢想，甚至為了夢想而冒險。說來奇怪，英國王室與貴族帶頭冒險。16世紀的伊莉莎白女王就投資了海盜生意，並獲得巨額回報！榜樣作用巨大……英國貴族實行長子繼承制，長子之外的其他子女都要另謀出路，於是參與到探險或貿易的遠航中！再加上自商業革命後，英國的貴族與商人階層之間常常聯姻，這讓英國貴族與商人之間的界限變得模糊。比如發現進化論的學者達爾文，他的祖父輩是傳統的土地貴族，他的祖母輩韋奇伍德是瓷器商人，他的父母繼續兩個家族之間的聯姻。

理論上，權利對所有人都有效。但在歷史上，貴族們處於強勢的地位，而平民階層處於弱勢地位，因此，權利的絕對、普遍、平等的特性對平民階層的激勵最大！追求世俗利益的普通人從來不敢期盼天上掉下來的餡餅，只要能有從勞動中獲得餡餅的機會，以及餡餅不被奪走的保障，已經謝天謝地了！因此，對平民階層而言，榜樣固然有益，而「權利」已經足夠。

如前所述，16-18世紀的英國工商階層是商業與技術冒險的直接受益者，他們的數量不管縱向相比，還是橫向相比，都前所未有之多，所以英國才獲得了「小店主之國」的稱謂。在工商人士之外，如律師、醫生、教師、經理人、銀行家、會計師、公務員、職員、技師等「專業人士」服務於冒險者，同樣是受益者，不僅經濟收入大幅度提升，而且體現在，越來越多的知識精

英成為議會議員乃至政府要員。

除上述冒險的受益者之外，占比更大的普通工、農的生活水準則存在不同視角的評估。如果僅從人均收入角度看，16-18世紀的英國在當時的世界中遙遙領先。據統計，到1750年，英國各項人均經濟指標都位居歐洲前兩位，僅次於荷蘭；英國工人的收入是法國人的兩倍，是西班牙和義大利工人的三到四倍。在識字率方面，荷蘭為68%，英國為53%，法國德國為35%，東歐20%。【16-4】【16-5】

平均收入提升的另一證明是大眾消費的潮流。勞動階層變成了需求的主力軍。對1675年到1725年間的家庭財產清單的研究證明，很多普通人擁有書籍、鐘錶、眼鏡、窗簾、瓷器、飲茶和煮茶的茶具，乃至多層碗櫃、抽屜櫃、壁櫥以及新型的桌子和椅子等傢俱。【16-6】到18世紀早期，英國非熟練工人的平均工資已經足夠支付以下的食譜：麵包、肉、雞蛋和起司、大豆、豌豆和啤酒，剩下的錢還可以購買做飯和取暖用的燃料、蠟燭、亞麻布、燈油和肥皂。在耐用品與必需品之外，更能說明大眾消費趨勢的是奢侈品：在16世紀前，下列都被認為屬於貴族專享，而在16世紀後，卻越來越以平民為物件：飲食方面如糖、巧克力、咖啡、茶、辣椒、煙草等；穿著方面如飾品、皮鞋、懷錶、五顏六色的棉布等；家居方面如刺繡、餐具、傢俱、掛毯、鏡子、瓷器、珠寶、鐘錶、圖書等；娛樂方面如酒館、咖啡廳、劇院、舞廳、餐廳、商店等。【16-7】讓我們再次看看當時人的描述：

1728年，當時的著名作家，《魯賓遜漂流記》的作者，笛福在其《英國商業計畫》一書中，描述：「即使那些我們稱為窮人、匠人、苦命的工人的人，都可以實現這些：溫飽有餘、生活富足、工作勤奮、基本上沒有什麼短缺。」【16-8】

「這個地區完全致力於工業，人口的一半是海員，另一半是從事製造業的，看不到遊手好閒之徒，每個人都忙於生活中的主要事務——賺錢。」【16-9】

大眾消費繼續演變下去，還出現了大眾投資的趨勢：普通人可以投資於

股市;具有專業化管理技能的職業經理人通過期權等獲得股票;原始股東則經過數代的稀釋與分散後變為普通投資者。發展到今天,美國聯行、通用電氣等背後的股東是千千萬萬的股民,仍由原始股東控制的大企業已很少見,而 CEO 往往由職業經理人出任。

普通人生活水準的提升,不僅體現在收入上,還體現在地位上:越來越多出身於平民的人成為各領域的翹楚。

一個例子是發現血液循環的著名醫學家威廉·哈威(William Harvey),他的父親是個農民,後來成為商人並躋身於上流社會。農民出身的哈威在劍橋受教育,留學義大利,並成為詹姆斯一世及繼位者查理一世的御醫,提出並證實了血液循環及心臟的功能。

另一個例子是鐘錶匠約翰·哈里森(John Harrison)。他出身貧寒卻完成了發明航海經線儀的壯舉。在 16 世紀後的大航海時代,困擾航海者們的一大難題是如何在海上知道自己的經度位置。西班牙國王最先為這項發明設立了獎金,沒人破解;荷蘭決定追加獎金,仍沒人破解;英國議會把獎金升高到兩萬英鎊(約為今天一百萬美元),伏爾泰稱此巨獎為:「我所見到的最驚奇的事情,類似路易十四對藝術家的豪華氣派。」【16-10】最終,鐘錶匠約翰·哈里森通過精確計時的鐘錶完成了任務,其發明的難度在於:船舶經過不同地區的溫度不同,再加上航海顛簸,都會破壞計時的準確性。哈里森嘗試了多種不同的金屬及設計來補償金屬的變形,終於在 1735 年獲得成功。

稍晚的例子是英國首相小羅伯特·皮爾(Robert Peel)。他的祖父是小自耕農,父親老羅伯特·皮爾先是紡織工人,後來開辦紡織廠,因為對國家財政有功而被封為准男爵,但現實地講,小羅伯特·皮爾是典型的農民後代與工人子弟。他先後擔任議員、內務大臣、議會領袖,並於 1834 年至 1835 年間、1841 年至 1846 年間兩次出任英國首相。「在四分之一的世紀裡,他是英國的第一公僕。」【16-11】

另一個例子是著名的庫克船長（James Cook）。他出身於農場工人家庭，只受過基礎教育，當過學徒、工人，後加入海軍，由於功勳卓著被提升為船長。1786年，他率領「奮進號」對南太平洋地區進行探險，歷時三年，期間，幫助英國皇家學會對金星進行了觀察、帶回了三萬件植物標本；之後，還測繪了澳大利亞、紐西蘭、夏威夷等地的地圖。

另一個著名的例子是發電機與電動機的發明者法拉第（Michael Faraday）。出身於鐵匠家庭，僅僅上過小學，當過報童、學徒，後作為著名科學家大衛的實驗助手而躋身科學界，於1821年及1831年分別發明了世界上首台電動機及首台發電機，如果離開了這兩項發明，很難想像今日世界繼續運行。

沒錯，古代也有鯉魚跳龍門的情況，但歷史上從來沒有哪個時代，有這麼多的鯉魚同時湧進龍門，以至於讓人懷疑龍門是不是變成了普通門！

沒錯，在成功者之外，失敗者更多。但反過來想，這恰恰彰顯了激勵的作用：無數的普通工匠、農民、士兵、水手、律師、理髮師、商人、貴族，明知失敗概率大，仍然前赴後繼地向著自己心中的小目標狂奔，因為成功的可能性再小也已經前所未有之大，而且，誰知道呢，沒準我就是那成功的下一個！

由下而上

在權利的激勵機制下，社會發展的模式也顛倒了過來。

古代的金字塔結構決定了自上而下的發展模式，帝王們獨占財富、獨攬大權，而工匠的創造或者被動，或者雖然自主進行，但隨時面臨被制約、被否決、被沒收的不確定性，這讓發明者無法預測成功的收益。在這種模式下，社會發展的確取決於有沒有明君與天才的出現，而發明的偶然與斷續成為常態，古代的歷史證明了這點。

當市場經濟與法制為公民賦予「權利」後，被賦予了完整權利的公民就像完整的種子那樣，爆發出向上的生命力。這讓公民社會從下往上生長，聚木成林、聚沙成塔：

——前面提到過的 16-18 世紀出現的「勤勉革命」，原因在於，工業革命前的普通人已經意識到自己可能改變自己的命運，於是願意以更多勞動以換取更多收入。

——前面提到的 18-19 世紀工業革命中創新與創業者們的夢想，原因在於，之前兩百年間，工匠階層與商人階層已經形成，並且夢想實現的可能性大大提升。

——前面提到工業革命後技術進步的速度持續、加速、轉向，這被稱為「現代經濟持續增長的奇蹟」，原因在於，當最基本的人群（普通人）與最基本的目標（世俗利益）結合在一起時，其釋放出的能量巨大而持久。

回到本書開頭的討論：現代性。何為現代性？在財富積累、技術進步、文化轉型、社會變革的背後，我以為，最根本的現代性莫過於「普通人的可能性」，而普通人的一切其他可能性都取決於物質利益的可能性。今天，過去帝王的衣、食、住、行已經變為大眾消費，過去精英的專屬都在加速平民化：以前唱歌是歌星的專利，今天被卡拉 OK 平民化了；以前健美是運動員的專利，今天被健身房化了；以前發表是記者的專利，今天被自媒體化了；以前技術史的專業話題「工業革命」，今天，也被你我這樣的俗人思考其背後的緣由……

完整的因果鏈

現在，我們可以把完整的因果鏈列出來了：[16-12]

追問：「究竟什麼發生了革命？」縱觀漫長的古代，人類社會的財富與技術水準處於低水準波動之中，在工業革命中由於重大發明的「空前」湧現，直到今天都保持了高水準發展的模式。因此，重大發明的「空前」湧現，這是古今轉折的關鍵，也是工業革命的核心。

繼續追問：「工業革命的原因何在？」在第一次工業革命中重大發明「空前」規模的背後，我們看到的是眾多追求世俗利益的普通人所爆發出的創造力，因此，俗人階層的崛起，這是工業革命發生的短時段促因。

繼續追問：「人的原因背後的環境原因何在？」在16-18世紀的英國，市場經濟帶來了經濟權利，法治帶來了法律權利；完整的權利塑造了完整的公民，由此形成了從下而上的自發力量。公民就是權利，權利就是公民，因此，公民權利的形成，這是俗人階層崛起的原因，也是工業革命的中時段、結構性原因。

繼續追問：「是什麼推動著人類社會在追逐財富與技術的歷程上不斷前行？」本書的第一章就已經揭曉了答案：人類特有的逐利性推動著追逐財富與技術的歷程，工業革命是這個歷程中的關鍵節點，而在人類的無限欲望的推動下，這個歷程還會繼續下去。因此，人的逐利本性，這是工業革命發生的長時段、根本原因。

至此，工業革命「為何發生」之謎告破。

參考文獻和注釋

【16-1】 路德維希·馮·米瑟斯，自由與繁榮的國度 [M]，韓光明等譯，北京：中國社會科學出版社，2018：68。

【16-2】 Roger Price,The Great Roob Revolution,1970，轉自：保羅·福塞爾，格調 [M]，梁麗真等譯，南寧：廣西人民出版社，2002：30。

【16-3】 此處僅舉一例，莫斯卡在《統治階級》寫道：「在任何時候，在所有人類團體中，總有少數統治者和多數被統治者。」加塔諾·莫斯卡，統治階級 [M]，賈鶴鵬譯，上海：上海譯林出版社，2012：97。

【16-4】 羅伯特·C·艾倫，全球經濟史 [M]，陸贄譯，南京：譯林出版社，2019：11-27。

【16-5】 一些經濟學家的統計數字顯示 1688 年到 1962 年間英國社會的貧富差距不僅沒擴大，反而縮小了，另一些則顯示長期趨勢是先上升，再下降。不管哪種，都說明平均值並非因為最高值而被拉高。請參考：

A、伊恩·莫里斯，人類的演變 [M]，馬睿譯，北京：中信出版社，2016：115。長期基尼基數趨勢。

B、龍多·卡梅倫、拉里·尼爾，世界經濟簡史 [M]，潘寧等譯，上海：上海譯文出版社，2009：87。

C、格里高利·克拉克，告別施捨 [M]，洪世民譯，桂林：廣西師範大學出版社，2020：262。通過比較 1630 年與 2000 年英國人在身高、壽命、存活子女和識字率的等收入外其他層面而得出類似的結論。

【16-6】 羅傑·奧斯本，鋼鐵、蒸汽與資本 [M]，曹磊譯，北京：電子工業出版社，2016：262-263。

【16-7】 關於英國工業革命前英國普通人的生活水準，請參考：

A、羅伯特·C·艾倫，全球經濟史 [M]，陸贄譯，南京：譯林出版社，2015：32。

B、卡爾・波蘭尼, 巨變 [M], 黃樹民譯, 北京：社會科學文獻出版社，
　　2017：64。

　　C、羅傑・奧斯本, 鋼鐵、蒸汽與資本 [M], 曹磊譯, 北京：電子工業出版
　　社, 2016：6。

【16-8】 大衛・蘭德斯, 解除束縛的普羅米修斯 [M], 謝懷築譯, 北京：華夏出版社,
　　　　2007：48。

【16-9】 Daniel Defoe, A Tour through the Whole Island of Great Britain, p95.

【16-10】 伏爾泰, 哲學通信 [M], 高達觀等譯, 上海：上海人民出版社, 2014：
　　　　127。

【16-11】 英國歷史學家戈德文・斯密語。

【16-12】 這裡我們借鑒的是法國歷史學家費爾南・布羅代爾的歷史分期法：短時段的原因對應的突發事件；中時段的原因對應緩慢變化中的社會結構；長時段的原因對應相對穩定的自然地理因素。在《菲利普二世時代的地中海和地中海世界》一書中, 他以地中海為隱喻：最表面的白沫則象徵政治事件；緩慢流動的中間層象徵經濟和社會變革；而靜止不變的深層水域象徵前工業化時期的農民生活（Fernand Braudel, The Mediterranean and the Mediterranean World in the Age of Philip II）。唯一區別在於, 布羅代爾認為最長期的因素是自然地理因素, 而本書認為在於人性。

參考文獻和注釋

第四篇

潛能
—— 為何沒能更早或在別處？

　　回到本書開頭的追問，「這一切是如何開始的？」另一種問法是，這一切為何沒有更早、以別的方式開始？要知道，工業革命率先發生在 18 世紀英國的事實，與之前的人類歷史形成了反差：在此之前，人類已經出現了兩百萬年，埃及王朝及巴比倫王朝已經有五千多年，羅馬帝國及中國的秦帝國也過去了一千多年，但工業革命並沒發生。再橫向看，在中世紀的歐亞大陸上，從西到東出現過如中亞文明、阿拉伯文明、古印度文明、古中華文明等，都曾是古代世界財富與技術的中心，截止到 18 世紀，工業革命也沒發生。那麼，為什麼現代沒能更早到來？為什麼沒率先來到曾產生輝煌成就的歐洲大陸、小亞細亞半島、阿拉伯世界、古代印度、古代日本、古代朝鮮、古代中國？

　　為了回答這個問題，在這部分中，我們會將鏡頭拉寬，審視下 18 世紀前的所有古代文明的發展路徑，答案仍然與人有關：人可以被環境激勵，也可以被環境抑制。

第十七章

明君、盛世、天才、重獎

　　完整的工業革命之謎，不僅包括「工業革命為何發生」，還包括「工業革命為何沒發生」？對於反事實的追問，福爾摩斯就更幫不上忙了，他偵破的是謀殺案，沒人會追問為什麼自己沒受害。但我們偵破的是工業革命，讀者當然想知道這般好事怎麼沒早點來、先到自家來？好在，福爾摩斯的偵破已經為我們打下了因果鏈的基礎：市場經濟與法治促成了俗人的崛起、俗人的崛起促成了工業革命的發生，有因、有緣、有果。那麼反過來，因、緣不俱足，結果也不會出現。

天才與明君

　　這裡的「因」，即創業與創新的人數。原始社會的人口本來就少，每個部落的人數不會超過幾十人，即使剛剛定居的早期村落也不超過數百人；在人口密度很低的狀態中，部落中的孤獨天才發明的新工具，只能在小範圍內使用、傳播；由於部落生活始終處於流動之中，技術也很容易失傳。

　　進入古代文明後，人口總數迅速增加、人口高度集中，但真正參與創造的人數仍然有限，因為占人口絕大多數的平民，既無資源，也無動力；不僅發明者的人數不足，就連消費者的人數也不足。於是，不奇怪，在工業革命之前，重大發明的出現都處於斷續而偶然的狀態，而財富水準則深陷馬爾薩斯循環的泥潭中。

這時，會有人指向兩類特殊人物：天才與明君。他（她）們以一頂百、以一頂萬，能否彌補凡人數量上的不足呢？

在中學的教科書上，我們已經讀到了阿基米德、魯班、墨子、達文西等的才華與成就，如果把他們集中在一本教科書裡，會顯得「天才輩出」，但平均到幾千年中的各個時代，則一個個都好像石頭縫中蹦出似的——少而偶然。事實上，正因為少而偶然，他們才被古人冠以「天才」的稱謂。這帶來了幾方面的問題：

最直觀的是，同代的發明者少，發明規模就小。阿基米德與魯班再能幹，每人發明的東西，掰著手指頭能都數得過來。

不太直觀的是，同代的發明者少，發明的方向也單一。木匠魯班如果需要交流金屬方面的魯班，或陶瓷方面的，或橡膠方面的，或流體方面的，都難找到。哪怕木匠魯班希望與另一個木匠魯班進行思想碰撞，也難找到。在既缺乏跨行業的合作者，又缺乏同行的競爭者的情況下，魯班就只好一輩子做個孤獨的靈魂！

更不直觀的是，後繼的發明者少，還危及發明的延續性。魯班與阿基米德再優秀，也沒怎麼聽說過其接班人如何，更沒聽說過其接班人的接班人如何。這中間有形的技術與無形的技巧都可能失傳。而要等到下一個魯班、下一個阿基米德出現，還要再過幾百年！

上述加起來，偉大的阿基米德、魯班、墨子、達文西等，改變不了古代重大發明的基本面，但會不會出現某個絕頂的天才，一鼓作氣發明了蒸汽機，從而改變了一切呢？不可能。因為工業革命中的重大發明如蒸汽機、火車、輪船等都包含成百上千項機械組合，要求眾多行業的無數發明者交流協作，甚至幾代發明者持續完善。因此，即使某個絕頂的天才出現，也不可能讓同時代的人都配合著變為天才；即使這一代冒出諸多絕頂的天才，也很難讓下一代也配合著成為天才；即使幾代天才從天而降，還面臨著社會需求的

嚴重不足。因此我斷言，蒸汽機、火車、遠洋輪船的發明，就別指望單靠天才了！

那麼，英明神武的「明君」呢？他（她）們自己就能組織專案，還能委派賢臣負責金字塔、大皇宮、長城這樣的宏偉專案，但仍然解決不了「人數」的問題，因為這裡的「人數」不是人口總數，而是獨立思考的頭腦的數量。在壓制「獨立頭腦」上，明君與昏君並沒有本質區別，君主之所以是君主，就因為他或她是獨斷的，只不過明君獨斷的成功率高些、昏君獨斷的失敗率高些罷了，不管哪種獨斷，一旦失敗，都面臨徹底的失敗。像拿破崙這樣英明的君主也放棄了蒸汽船的發明，否則贏得英法海戰的可能是法國。更常見的情況是人存政舉、人亡政息，鄭和遠航的開始與終止都很隨意，否則，發現新大陸的可能是明帝國。

如果說君主的獨斷專行對凡爾賽宮、紫禁城的興建還有些作用，那麼對工業革命中工程性發明所需的發散性思維，則是窒息的。在通常情況下，明君選拔出來的人，不過是其方針的執行者。即使某位英明賢明到不再像君主的地步，能不拘一格降人才並放手讓人才去創造，那撐死了也就選拔幾十個能臣，與工業革命中同時出現的成千上萬的發明者相比，尚有數量級的差別。如果像蒸汽機、火車、輪船等這樣改變世界的發明僅靠少數人就能實現的話，那工業革命就不成稱其為工業革命了！

「人數」問題在古代解決不了，天才與明君也不管用，但通過前面的介紹我們知道，是有解的：在工業革命中，普通人的參與讓一個新思想帶出兩個，兩個新思想帶出四個，四個新思想帶出八個……大眾參與帶來發明的規模與多樣性，還引發社會需求同步增長。由於供、需兩旺，工程性的發明源源不斷地湧現出來，這是自然生長與「揠苗助長」的區別！

盛世與重獎

　　既然普通人的參與能解決「人數」問題，在今天看來這麼簡單，為什麼之前的社會辦不到呢？這就涉及商業與法律環境的「緣」，即條件。

　　原始社會處於一盤散沙式的無序狀態，在朝不保夕的狀態中，人們不僅難以安心發明，甚至偶爾有的發明也難以保存下來。進入古代社會後，一盤散沙的社會變為了金字塔式的社會：在歐亞大陸的古文明中，通常前三個階層的人數相加大約占社會總人口的 1% 左右，而平民階層的人數占據了社會總人口的 99% 左右。這個金字塔比埃及的金字塔還要失衡，卻比埃及的金字塔還要穩定：貴族生下來就是貴族，平民生下來就是平民，農民世代務農，商人世代開店，工匠世代做工匠，醫生世代行醫。有沒有可能，平民通過立功或發明實現階層跨越呢？有，但可能性不大。在和平時期，普通人受教育的機會就不多，立功的可能性也不大。再加上，等級是代代世襲的，要說服貴族階層接納一個新貴族，並不容易。除非改朝換代，但那不過是那 1% 的洗牌，因為農民起義領袖們也只希望成為新的王公將相，對底層的那 99% 而言，誰稱王、誰起義，真無所謂。

　　被固化在金字塔中底層的普通人，與原始時代相比有了基本秩序的保障，但權利則談不上：朝廷有集市，但統治者視天下為己物，可以隨意沒收、徵用、罰款、加稅！朝廷有法律，但統治者可以隨意制定、更改、判決！在古代羅馬、古代中國、古代伊斯蘭、古印度、中世紀都存在不完整的財產保護，但國王是一切財產的最終擁有者，貴族是法律的執行者，他們都可以名正言順地侵犯平民的財產。

　　想像下古代世界的工匠們——所有古代文明都有自己的瓦特，如果他們的好想法難以從市場收益，自然發明的意願就低；即使為了改善生活而發明，在改善生活後也沒繼續發明的必要；即使他們自己這樣頭腦發熱地做下去，後繼者們也很可能頭腦冷靜下來。

俗人的壯舉：當我們遭遇工業革命

想像下古代世界的商人們——所有古代文明都有自己的博爾頓，但如果他們的利益無法長期保障，自然投資的意願就低；即使短期投資能盈利，盈利後繼續投資的必要性則不大；即使他們以投資為樂而無限投資，繼承者也不會願意繼續。

想像下古代世界的消費者們——99%的平民，他（她）們年復一年過著重複的日子，不指望也不需要新技術的出現；大多數時間連溫飽都勉強維持，更不用提對新技術的消費！【17-1】

於是，古代體制構成了一種穩定的惡性循環：重大發明的偶然而斷續，讓它無力走出低水準波動的陷阱，於是只能靠金字塔結構來維持穩定。反過來，金字塔結構又壓制了普通人，讓發明者與消費者都很少，於是重大發明出現得偶然而斷續。

這時，有人會指出兩種特殊情況：盛世與重獎，它們對普通人也有激勵，那麼，能否彌補體制上的不足？

我們每當看到電視劇中的「大唐盛世」、「大明盛世」、「大清盛世」時，總會產生一種「近現代」的錯覺，但還是那句話，古代的東西再像現代也改變不了其本質：盛世下的市場比較繁榮，但城市中的集市仍然局部而僵化，農村中的小農經濟與自足經濟依然牢固。盛世之下的律法比較鮮明，但擺脫不了等級制度的影子。於是，只要金字塔的結構不改變，作為底端的普通人就沒有公平的機會，也沒有公平的保障，積極性就有限，盛世也不例外。而且，所謂大唐盛世、羅馬盛世、蒙古盛世、阿拉伯盛世等，之所以被後世傳頌，就是因為它們太稀有的緣故。比如中國漢朝文景之治只有大約40年的光景，唐太宗的貞觀之治只有大約20年的光景，羅馬帝國五賢帝加起來也才一百多年。於是，在時間上也無法滿足工業革命中重大發明所需的條件。

那麼，重獎呢？俗話講，重獎之下必有勇夫。聰明的統治者當然會設立

重獎,甚至不止於經濟獎賞,還可能加官進爵。這種方式對特定人士、特定目標是有效的。比如激勵將士斬首對方將領,那麼,的確,重賞之下確有勇士。但對工業革命中的重大發明來說,效果則大打折扣。

首先,獎勵的目標就不明確。比如,我們今天知道火車可以翻山越嶺,也知道遠洋輪船可以跨越大洋,但古代坐船與轎子的帝王們想像不出這些玩意,自然無法事前設獎。工業革命中的大多數發明大都屬於前所未見、前所未聞的東西。

退一步講,就算哪位帝王腦洞大開之下,安置個「蒸汽轎子」或「蒸汽龍舟」的發明獎,昭告天下,但誰相信又打個問號:在古代等級森嚴的社會中,普通人想覲見皇帝絕非易事,普通工匠可能已經投入畢生的精力、傾家蕩產發明後,卻覲見無門,這是不確定一。即使輾轉見到皇帝,皇帝可能不識貨,這是不確定二。即使皇帝識貨,他或她也有權變卦或罰沒,這是不確定三。即使過了皇帝這關,下面的貪官污吏還可能從中作梗,這是不確定四。如果不信的話,看看春秋時期和氏璧的故事就清楚了,自從有了和氏的慘痛教訓,就再沒聽過張氏璧、王氏璧、李氏璧、陳氏璧的後續……老百姓心裡有本帳。

從現代的轉型我們已經知道,社會結構的問題是可以解決的──市場經濟提供了公民平等的機會,而法治保障了現代公民平等的權利,最普遍地調動了普通人的積極性,由此引發了重大發明的「空前」湧現,從而實現了現代經濟持續增長的「奇蹟」。如果哪個王朝也能實現這樣的無差別激勵,那它就不再是古代,而是現代了!

洛克寫道:「君主專制與公民社會是格格不入的。」[17-2]

派普斯也指出:「普遍而獨立的法律制度,在世襲的專制制度中是沒有容身之地的。在那裡,法律只是政府的一個分支而已,旨在加強而不是約束君主的權力。」[17-3]

這就呼應了本書在序中對「現代與古代」的分期：古代與現代，不僅僅是時間概念，更是社會概念；不僅僅因為時間的遠近，更因為社會結構的迥異。

各不相同的路徑

邏輯儘管如上，但考慮歷史路徑千差萬別，我們還是具體文明具體分析為妥。這既出於對各文明的尊重，也為了驗證前面的結論。前面提到，市場經濟與法治促成了俗人的崛起、進而促成了工業革命的發生，但是否存在下面反例：某種文明既有法治又有市場經濟，卻沒有產生工業革命？如果被發現是，將降低我們結論的可信度；反之，則提升。──並且前面提到，市場經濟與法治不可分割，也最好驗證下：是否存在某個文明的商業環境很接近市場經濟但法律環境差，卻並沒有發生工業革命，或者反過來，法律環境很接近法治但經濟環境差，沒有發生工業革命？如果是的話，將印證了我們結論的可信度；反之，則降低。

稍有抱歉的是，由於「為什麼沒發生」與「為什麼發生」是追問的兩面，回答難免有重疊又有不同。如果僅僅關注於古代中國的讀者，不妨快進到第二十章，但我希望通過更完整的橫向比較為您鋪墊的基礎資訊是：古代中國絕非古代世界的特例，更非差生；它只代表了古代世界的普遍情況。

在把審視的焦點聚焦於歐亞大陸前，先說明下這樣做的理由：工業革命的發生要求一些基礎條件，缺少金屬材料這樣的硬體，機器組裝不起來；缺少文字、數字這樣的軟體，知識就不可能傳播與傳承。而這些基礎條件，恰恰是截止到1750年左右的非洲、美洲、大洋洲，都欠缺的。

i) 非洲

非洲地域廣袤，但人口從來不密集；衣索比亞、馬利、辛巴威等地出現過不同形態的王朝，但地域間都相對隔絕。至於為什麼非洲的文明形態如此，加州大學的生態地理學家戴夢德給出了很好的解釋：相比起東西走向大陸（歐亞大陸）上的文明屬於同一溫度帶，便於流動與交流，南北走向的大陸要跨越不同的溫度帶，流動與交流都很困難。[17-4]非洲就屬於後一種典型，它縱貫南北，中間地帶要麼沙漠太乾燥，要麼叢林太潮濕，於是，那裡的文明不管想去鄰居家打劫還是串門，都不那麼容易。在各自孤立的狀態下，各個非洲文明的市場有限，重大發明也有限，就連引進技術都有限，「沒有輪子，沒有犁」。[17-5]

ii) 美洲

美洲文明的原始人口來自歐亞大陸，自從到達美洲大陸後，就分散在幾個區域各自發展。按照戴夢德的說法，美洲大陸與非洲大陸同屬於南北走向，因此早期文明的形態類似。北美、中美、南美出現過不同的文明，儘管都輾轉聽說過彼此的存在，但要想南下或北上去說聲問候，或交換東西，或占領土地，都要克服極大的生態屏障，於是長期以來都彼此隔絕。如果從每個地區的文明單獨看，則北美洲的文明更分散些，相對聚集的是中美洲與南美洲。

在中美洲，今天的墨西哥和瓜地馬拉半島地區，相繼出現過包括馬雅文明、阿茲特克文明等幾十個地區文明。它們的共同特徵是發達的城市、農業灌溉工程，天文觀測和祭祀用的金字塔。此外，馬雅文明以複雜圖案的文字、計數與日曆著稱，而阿茲特克帝國以黃金飾品及大規模的市場著稱。在古代文明中，中美洲文明不僅先進，而且獨立演進，這點十分難得。但獨立演進也帶來了各方面的局限：工具及武器的材料局限於石頭與木頭；搬運主要靠人力；馬雅文字是刻在石頭上的，好似複雜的壁畫，難以記錄大量資訊，更

難於傳播資訊。

在南美洲，今天的秘魯與智利高原與海岸，也陸續出現過幾十個獨立的城邦。最後出現也最著名的是印加帝國，它以發達的城市、穿山越嶺的道路、郵寄傳遞、農業灌溉等著稱。南美文明也是獨立發展出來的，既難得，又局限：印加文明還沒發展出文字，無法進行複雜的記錄；他（她）們發展出來結繩的方法，但不適合複雜的計算。在材料與能源方面與中美洲帝國類似，以木製品為主要材料，雖然馴化了羊駝，但搬運重量有限。

在 15 世紀，上述兩個地區的偉大文明被人數極少的西班牙侵略者摧毀，這背後的原因在於，那時的美洲文明不管在硬體上，還是在軟體技術上都已經落後於歐亞大陸許多。歐洲侵略者有馬、牛、驢、騾等大型牲畜，有車輛、鐵器、火器，有高效的文字、科學與航海知識，而美洲文明還都沒有發展出來這些。

iii）大洋洲

散落在太平洋上的島嶼，有大島與小島之分。澳大利亞與紐西蘭這樣的大島，面積大但人口稀疏，人口密度制約了市場規模；夏威夷、斐濟等小島，人口稠密但面積小，島嶼面積也限制了市場規模。在這些島嶼之間，大海構成了天然的屏障，阻礙了交流與競爭。於是，這些島嶼上的土著居民停留在相當原始的物質與文化水準上，即使其祖先從其他地方漂流來時帶過來的技術，到島上後，有些長期不用也退化了。

截止到 1750 年前，上述地區遠落後於歐亞大陸，這並不是非洲人、美洲人、澳大利亞土著人沒歐亞大陸人聰明的緣故，更不是不渴望財富與技術的緣故。在進入現代後，非洲、美洲、大洋洲迅速趕上了歐亞大陸的工業化水準，成為了「現代奇蹟」中的奇蹟。這再次證明所有民族都有工業化與現代化的潛質。

通過上述對比,我們就更能理解歐亞大陸的特殊性:它是古代世界中最發達的區域,既有複雜的文字、數學、科學、航海知識等軟體,也有複雜的工具、金屬材料、機械、牲畜、帆船等硬體,讓我們沿著從西向東的次序,審視下該地區在工業革命前的狀況。

參考文獻和注釋

【17-1】 關於古代社會不均等的評價：

A、馬克斯・韋伯，世界經濟簡史[M]，李慧泉譯，上海：立信會計出版社，2018：255。「印度和中國宮廷的奢侈是歐洲從未有過的，可並未發展出任何對資本主義工業有意義的重大刺激……向資本主義發展的關鍵只有一個來源，就是大眾市場的需求。」

B、龍多・卡梅倫、拉里・尼爾・世界經濟簡史[M]，潘寧等譯，上海：上海譯文出版社，2009：96。「雖然中國較早有了科技發展，但並沒有迎來任何技術突破，帶領國家進入工業化的時代。工藝製品是供朝官員、皇室和少數地主貴族們享用的。農民大眾過著窮困清貧的日子，根本買不起如此精緻的工藝器皿。」

【17-2】 約翰・洛克，政府論[M]，豐俊功譯，北京：金城出版社，2019：183。

【17-3】 理查・派普斯，財產論[M]，蔣琳琦譯，北京：經濟科學出版社，2003：220。

【17-4】 賈雷德・戴蒙德，槍炮、病菌與鋼鐵[M]，王道還、廖月娟譯，北京：中信出版集團，2022：433。

【17-5】 埃里克・鐘斯，歐洲奇蹟[M]，陳小白譯，北京：華夏出版社，2015：123。

第四篇｜潛能——為何沒能更早或在別處？

第十八章

為什麼歐洲大陸起步較晚

最愛追問「工業革命為什麼沒發生？」的，還輪不到遠在天邊的我們，而是與英國隔海相望的歐洲大陸近鄰：它們歷史相似、文化相傳；在近代歐洲復興中，英國緊隨歐洲大陸的步伐，成為了商業革命的最終受益者；在第一次工業革命後，歐洲又追隨英國的步伐，成為了第二次工業革命的發生地，因此，歐洲自認為是英國之外最可能率先發生工業革命的地方。

需要說明的是，以1750年（第一次工業革命開始時）為觀察點的歐洲版圖，與今天的稍有不同。西歐差別不大，中東歐則很大：在兩百年前，德意志地區與義大利地區都由分散的邦國組成，所以只能以「地區」相稱；奧地利與匈牙利地區那時是號稱神聖羅馬帝國的哈布斯堡王朝的根據地；巴爾幹半島那時仍為鄂圖曼土耳其帝國所占領。換句話說，德國的統一、義大利的統一、奧匈帝國的解體、巴爾幹半島的解放，都是19世紀才發生的事。

回到1750年的歐洲大陸版圖，按照與英國關係的遠近，我們可以分出三類地區，對每類地區的主要國家，讓我們審視下商業與法律環境對「工業」的影響。

核心圈的商業城邦

在傳統意義上的「歐洲核心圈」中，一類是以荷蘭、義大利諸邦國為代表的商業城邦。它們與英國不僅地理位置近，而且比英國更早就形成了議會

負責制、財產保護制、專利保護制的雛形，區別在於搞工業所需的人口、市場乃至和平資源。

i) 義大利半島：

歐洲商業革命開端於 13 世紀的義大利半島，基於其特殊的地理優勢：它自身就有極發達的交通網，又位於地中海的中心，運河又直通歐洲內地。更特殊的是，羅馬是西歐天主教的教皇與教會所在地；天主教原本禁止借貸，但由於教皇與教會從歐洲各地收取的稅金要處理，於是允許熱內亞、威尼斯、佛羅倫斯等地設立銀行。銀行除了為教會與教皇服務，還為商業與市民提供儲蓄與借貸服務。在商業與金融的繁榮下，股份合夥公司、保險、複式記帳法等雛形被創造出來。

義大利半島的另一個特點是政體多元的城邦。其中，威尼斯、佛羅倫斯、匹薩、熱內亞等地採取議會管理的共和制，而米蘭、那不勒斯等地屬於傳統公國，而教皇國則作為單獨的存在。它們都在一定程度上沉浸在崇尚藝術、知識、財富、技術的共同氛圍中。

在寬鬆的經濟與政治環境下，不奇怪，義大利半島出現了最早的專利制度，也湧現出不少發明家。比如，藝術家達文西就在筆記本上留下了包括飛行技術、蒸汽技術等「超現代」的構思。諸多「天才」的湧現，讓義大利半島成為了 13 到 15 世紀歐洲工藝美術、軍事、船舶、紡織、玻璃等領域的中心。讓我們看看當時最著名的兩個城邦。

佛羅倫斯共和國：從《正義法案》開始，行會控制了議會，甚至直接派代表進入執行委員會。其中，毛紡織行會最大，擁有兩百多家作坊，並與整個城市中約三分之一的人口有關。其次是銀行業行會，包括了麥地奇家族在內的八十多家銀行，服務物件包括教皇、全歐洲的教堂、全歐洲的領主以及義大利半島的政府及市民。

威尼斯共和國：從更早些開始，那裡的兩百個商業家族的代表就組成了

議會及執行委員會。「政府就像一個股份公司；統領就像總經理；參議院就像董事會；公民就像股份持有人。」[18-1] 擁有歐洲著名的造幣廠、葡萄酒廠、冶煉廠、玻璃廠、珠寶廠、眼鏡廠、紡織廠、製革廠、船塢及武器廠等。在先進的製造業、海軍艦隊、商船艦隊、航運知識的支持下，它稱霸地中海達500年之久，到1500年的大航海時代，其海上霸權才結束。

無疑，在13到15世紀之間，義大利半島衍生出某種市場經濟與法治的雛形，但畢竟，雛形不等於成型。那裡的製造業從來沒有擴展到「工業革命」的規模，因為有來自幾方面的限制：首先，義大利半島城邦分散、面積太小，木、煤、鐵資源都不足；其次，人口太少導致市場需求及供給都不足，威尼斯才十萬人，佛羅倫斯二十萬人；再次，專利的激勵在如此小的市場中也作用有限。最致命的隱患來自義大利半島外部局勢，並且最終，隨著外部局勢的動盪，義大利半島沒落了下去。

1453年，鄂圖曼土耳其占領了拜占庭帝國的首都君士坦丁堡，讓地中海變為了基督徒與穆斯林的戰場，這破壞了義大利向西的航線。不久在1500年前後，葡萄牙與西班牙發現了直通美洲與亞洲的航線，這讓義大利半島向東的貿易也不再有競爭力。在失去了東、西方貿易樞紐的地位後，義大利半島又在幾十年間失去了獨立的政治地位，北部淪為神聖羅馬帝國的附屬，南部由西班牙控制，中部的教皇國多次遭到洗劫。在動盪的環境中，商人們將閒置資本購買土地，變身為土地貴族。相應地，歐洲的經濟中心從義大利地區轉移到了荷蘭—比利時地區。

ii) 荷蘭

荷蘭被認為最類似於英國的、略早於英國崛起的國家。在《17世紀的荷蘭文明》中，約翰‧赫伊津哈總結了荷蘭崛起中的四個優勢：商業立國、社會和諧、海洋運輸、思想開放。這些也都是英國的優勢。

同英國一樣，荷蘭擁有議會民主的傳統。1477年，荷蘭的統治者瑪麗就

簽署過與英國《大憲章》類似的檔案：《大特權》。1581 年，荷蘭的七個地區組成了「聯合省」議會，不久宣布成立共和國；1688 年，荷蘭共和國還派兵幫助英國完成了「光榮革命」。

同英國一樣，荷蘭也曾擁有海上霸權。17 世紀是荷蘭的海上黃金時代。它的海軍陸續擊敗葡萄牙的船隊、西班牙的船隊、漢薩同盟的船隊，之後，荷蘭東印度公司控制了海外殖民地與貿易網路。在一個世紀後，海上霸權才轉移到了英國。

荷蘭與英國都有宗教寬容的傳統。在西班牙、法國等地迫害並驅趕猶太人時，兩國成為了大批猶太工匠、商人與知識分子的避難所。

荷蘭與英國都十分重視商業。繼義大利之後，兩國先後成為歐洲的新經濟中心。荷蘭繼承了義大利發明的現代商業工具，還衍生出證券交易所、國債與國家銀行等新形式。前面提到英國的金融利率不斷降低，其實從 13 到 17 世紀，荷蘭的利率也呈現類似趨勢。「他們是歐洲的代理商和經紀人。」【18-2】

基於商業與法律環境的相似，不出意外，荷蘭與英國都有高素質的勞動力：在 16-18 世紀的歐洲，兩國的工資水準、識字率水準、城市化水準、人均壽命位居前兩名。【18-3】而且，荷蘭人與英國人一樣，都有把技術與知識結合的實用傳統：荷蘭發明了對人類意義非凡的光學儀器，眼鏡、顯微鏡與望遠鏡【18-4】：眼鏡延長了人眼的年限，顯微鏡打開了人的微觀視野，望遠鏡擴展了人的宏觀視野。把實用傳統發揮到製造業中，荷蘭人將有限的資源發揮到了極限：它開發泥煤作為燃料、以風力推動風車、以水力推動水車，【18-5】應用於漁業、船舶、紡織品、釀酒業、磨麵、鋸木、造紙、榨油、排水等行業。荷蘭的傳統製造業如此小而精，以至於在工業革命後，它把風車與水車換成蒸汽機，就迅速跟上了工業化步伐。

荷蘭在鼎盛時期也沒出現工業革命，原因與義大利類似：它國土面積太小，自然資源匱乏到土地要填海、淡水要自製的程度；荷蘭的人口才不到兩百萬，相比起英國的六百萬人，市場的供需有限，專利刺激也效果有限。

更可怕的制約來自外部，荷蘭的金融與貿易高度依賴於外部穩定，卻始終面臨戰爭威脅：先是西荷戰爭與西班牙交戰，然後是英荷戰爭與英國交戰，然後是法荷戰爭與法國交戰，荷蘭本土數次遭受破壞，能倖存下來已經屬於萬幸。最終，隨著英國取代荷蘭成為新的海上霸權，倫敦也取代了阿姆斯特丹成為了新的國際金融與貿易中心。【18-6】

iii) 比利時與瑞士

這兩個地區無法作為獨立的政治經濟體被評估發生工業革命的可能性。在 1500 年到 1800 年之間，它們始終夾在歐洲列強的爭鬥間，既擺脫不了西班牙、法國、奧地利的巨大影響，但又因此受戰爭的蹂躪較少。直到工業革命發生後、乃至拿破崙戰爭結束後，這兩個地區才徹底擺脫了外界干擾，並迅速跟上了英國工業化的步伐。

核心圈的農業大國

在傳統意義上的「歐洲核心圈」中，另一類是法國、西班牙、奧地利等農業大國。它們不僅與英國距離近，還都擁有巨大的經濟體量，但主要區別在於制度。

i) 法國

英法兩國隔海相望，在歷史上的淵源剪不斷、理還亂。從 10 世紀起，兩國不是在備戰，就是在交戰；到了 18 世紀，英國工業革命、法國大革命發生時，兩國還在戰爭中。競爭延續到文化領域，英國這邊有牛津、劍橋，法國那邊有巴黎大學，都是歐洲最早的大學；英國這邊有培根、霍布斯、洛克、牛頓等，法國那邊有笛卡爾、帕斯卡、帕潘、拉瓦錫等，都是享譽世界的大師。紛爭再傳導到技術領域，英國這邊宣稱瓦特發明了蒸汽機，法國這

邊宣稱帕潘早已發明具備壓力傳導功能的高壓鍋。口角之爭再延續到老百姓中，英國人說自己喜歡法國但不喜歡法國人，法國人回敬說，自己喜歡英國但不喜歡英國人。

除上述歷史淵源外，兩國的農業則各自代表了兩種類型：雖然都從小農經濟開始，但英國最初就農商混雜、後來更發展出大農場，法國則始終是個農業國，農業土地小而分散，被馬克思與摩爾形象地比喻為「一堆馬鈴薯」；相應地，法國在農業生產效率上始終落後於英國。【18-7】

更大的差別在於，它們的君主制也各自代表了兩種類型：英國以弱勢君主著稱，甚至退化為「名義君主」；法國則以強勢君主著稱，法王路易十四自稱為「太陽王」，宣稱「朕即國家」。在工業革命前的一段時間裡，英法兩國都以「重商主義」為國策，但英國是市場主導，法國由王室主導：從路易十四到路易十六統治期間，法國政府直接擁有地毯廠和軍艦廠，「事無巨細地管控所有行業，規定了每英寸布匹所需要的絲線根數」。再如，法國銀行緊隨著英國銀行設立，由政府出資並控制；法國科學院緊跟英國皇家學會而設立，也是政府出資並控制的官方機構。這些設置都被證明與市場脫節：法國人沃康松發明過一隻能像鴨子一樣走動的機械鴨，法國人德·齊弗瑞在美國人富爾頓前就發明了蒸汽船，法國人巴爾台爾米·蒂莫尼埃發明了世界上第一台投入實用的縫紉機，法國人艾梅德·阿爾岡發明了捲筒芯油燈，這些法國的巨匠大都在窮困潦倒中死去，因為其發明無法產生商業效益。【18-8】更愚蠢的是，路易十四頒布的敕令，迫使約20萬的新教商人及手工業者移民荷蘭與英國，不僅陷法國於落後，還助推了他國的興起。【18-9】

法國學者基佐評價：「這個政府只信奉絕對權力的唯一原則，建立在這唯一基礎上，它的衰落接踵而至也是理所當然的，路易十四統治下的法國所缺少的是獨立的、自生自主的，也就是能自發地採取行動和進行抵抗的政治性的社會組織和力量。」【18-10】

在英國的新興工商階層通過憲政革命而逐漸控制政權後，那時的法國商

人與工匠還被稱為「第三等級」，受到「第一」與「第二」等級的公開歧視。最終，在路易十四去世後僅僅幾十年，等級間的矛盾醞釀出 1789 年的法國大革命。在之後的 26 年間，法國經歷了內部的腥風血雨及對全歐洲的持續戰爭，直到 1815 年拿破崙戰敗後，法國人才恍然意識到：第一次工業革命在英國已接近完成。

ii) 西班牙與葡萄牙

葡萄牙與西班牙位於歐洲西南角的伊比利半島上，它們與英國同屬於海洋國家，但起步更早。在 15 世紀末開始的大海航行時代，葡萄牙就建立了印度洋上的殖民點並占領了南美洲的巴西，西班牙則占領了南美洲的其他部分以及太平洋上的菲律賓。南美洲的黃金與白銀被大量運回伊比利半島，讓歐洲各國眼饞得不行。這些「從天上掉下的餡餅」，又是怎麼被生生揮霍掉的呢？

今天的經濟學家有時提到一種「資源魔咒」的現象。就像一個突然中彩票的賭徒會忘乎所以，把事業、愛情、親情拋在腦後而只顧享受。類似地，當一個經濟體突然發現資源時，它開始不儲蓄、不製造、不種植而只消費，當資源消耗完後，才發現原來的產業結構也不復存在。今天擁有石油資源的阿拉伯國家正在試圖避免這一「魔咒」，但更早的例子來自 16 至 18 世紀的西班牙——

在 16 世紀前，西班牙的「原生態」就不利於創新。它有專制的王室及嚴格的貴族等級，這兩個階層加起來僅占人口的約 3%，不用交稅，盡享奢華。相反，工匠、商人、農民們占總人口的約 97%，卻負擔沉重的稅賦，還被鄙視。1492 年，西班牙王室出於天主教的狂熱，宣布驅逐猶太人與摩爾人等異教徒並剝奪其財產，迫使大量的猶太人帶著知識、技能與創業精神搬到了荷蘭和英國。

當殖民地財富在 16 世紀輕易而來時，西班牙貴族就更不喜歡常規勞動

了，西班牙王室也變得更為好戰、用掠奪來的金銀開展對歐洲其他國家的戰爭。但 1588 年，西班牙無敵艦隊在大西洋敗於英國，不久，西班牙艦隊又在秘魯敗於荷蘭艦隊。在失去了海上的控制權後，西班牙王室仍未罷手，不是開展內陸戰爭，就是開展內戰。連年戰爭造成原料成本瘋狂上升、稅賦不斷加重、生活成本增加，壓迫得製造業與農業至奄奄一息。【18-11】但王室仍然需要從英國、法國、義大利進口奢侈品，於是用從南美掠奪來的黃金和白銀來交換。【18-12】到 1650 年之後，從美洲運來的黃金已經枯竭，西班牙王室三次宣布破產，即，拒付國外銀行的借款。

屈勒味林評價道：「全盛時代的西班牙人，是一流的軍人及殖民者，是次等的航海者，無出息的商人，和不可教的政客及治理者。」【18-13】

西班牙學者馬丁·塞洛里戈評論西班牙大起大落的過程：如果說西班牙沒有金錢，那是因為它曾經擁有這些，如果說西班牙貧窮，那是因為它曾經富有。其實，不管貧窮還是富有，西班牙產生工業革命的概率都很小。

順帶講下葡萄牙。它比西班牙體量小很多，由於在王室、語言、文化、歷史等方面的淵源，它想擺脫西班牙的影響都難。比如，西班牙自己迫害猶太人和穆斯林，也施壓葡萄牙採取同樣的政策；再如，西班牙曾短期吞併過葡萄牙；又如，拿破崙進攻西班牙時，也順帶占領了葡萄牙。在這麼多負面影響下，如果工業革命沒在西班牙發生，可以說，它在葡萄牙發生的可能性幾乎為零。

iii）德意志地區、普魯士、奧地利

顧名思義，中歐位於歐洲的中部，距離英國稍微遠一些，還算在傳統歐洲的核心圈之內。它大致分為三個區域：

偏南的奧地利，作為神聖羅馬帝國的所在地是德語區的傳統中心，政權穩定、經濟發達。但反過來，也為傳統所束縛：農奴制把勞動力、土地、資本等市場要素都捆綁在一起、無法流動。直到 1848 年，第一次工業革命已

經結束時，馬克思與恩格斯還在《共產黨宣言》中寫道，「那裡（中歐）的資本主義剛剛開始反對封建專制的鬥爭。」【18-14】

偏北的普魯士，是個軍事強國。腓特烈二世是常常被提起的明君，他重視軍事、教育與文化，還謙卑地自稱為「政府的第一僕人」。【18-15】但現實情況是，腓特烈二世治下的整個國家都在為戰爭服務，如同大兵營一般，也就談不上什麼經濟發展與技術創新。

夾在南、北歐中間的是「德意志地區」，由諸多獨立的公國組成。在14、15世紀，商業革命中波及到波羅的海及其內河沿岸。盧貝克呂、布萊梅、科隆、漢堡等城市，很像文藝復興中義大利半島的自治城邦，自行徵稅、自管司法、自鑄貨幣、自行結盟。那裡出現過強大的漢薩同盟，其艦隊控制著波羅的海的貿易，但在敗給丹麥後，又失去了海上控制權。更災難性的是，在1618年到1648年的三十年宗教戰爭中，德意志地區成為了主戰場，造成土地荒蕪、人口劇減，但封建割據卻未減少，在戰後依然存在兩百多個小公國、一千多個更小的騎士領地。到18世紀，拿破崙法國、普魯士、奧地利又一次把德意志地區當做戰場。也就是說，直到第一次工業革命發生時，德意志地區還沒形成統一的市場及法律制度。直到19世紀中葉，德國在統一後崛起，才給人們留下了「強大德國」的印象。【18-16】

iv) 丹麥與瑞典

北歐，顧名思義，位於歐洲的北部、英國的正北方，那裡氣候寒冷、日照時間短、人口稀少，但好的方面是，它與歐洲其他區域的貿易順暢，政治體制也相對寬鬆，丹麥王室與丹麥貴族在1282年簽署過《國王法令》，瑞典王室與瑞典貴族在1350年簽署過《權力書》，都是與英國《大憲章》類似的限制王權的檔案。在今天的北歐五國中，挪威、芬蘭、冰島都到近代才獨立，因此我們只需要關注丹麥與瑞典，它們才是歷史上的北歐強國。

丹麥位於北歐與歐洲大陸接壤處，交通樞紐的位置帶來了貿易的繁榮，

但也帶來了無盡的戰爭。它先是為爭奪斯堪的納維亞半島領導權而與北方的鄰居瑞典長期作戰，接著又在 1618-1648 年的三十年宗教戰爭中與神聖羅馬帝國作戰，在戰敗後一蹶不振。

瑞典的位置更北，由於不屬於貿易樞紐，反而比較重視製造業。在 17 世紀，瑞典的冶金及軍事工業曾有過短暫的繁榮，但需求不是來自內部，而是來自西歐。隨著瑞典在與俄國彼得大帝的戰爭中先勝後敗，其製造業的微弱火花也就慢慢沉寂了。

到 19 世紀中葉，第一次工業革命已經結束後，北歐國家才逐漸跟上英國的步伐。

歐洲的周邊圈

在歐洲傳統的核心圈外，還有一個包括俄國、東歐、巴爾幹半島等地的周邊圈。顧名思義，周邊圈在地理上、歷史上、文化上與英國乃至西歐差別很大。【18-17】這些國家倒很少把自己當做工業革命的可能發生地，但為了勾勒一幅完整的畫面，讓我們還是把它們走一遍。

i) 俄羅斯

俄羅斯位於歐洲的東北邊緣，在很長時間裡，都不怎麼被歐洲人當做歐洲的一部分。那裡比北歐氣候更冷、交通更不方便，相比起北歐與西歐間有海陸貿易，俄羅斯與西歐間基本封閉；再加上，它在歷史上曾經被蒙古帝國統治過兩百年，體制上有歐亞兩邊的影子：沙皇類似蒙古皇帝，是國家的主宰者、一切土地的所有者、不受限的徵稅者。但在形式上，俄國貴族又組成了類似歐洲議會的杜馬，可以在沙皇空缺時推舉沙皇。

部分出於沙皇專制的需要，也部分由於俄國的嚴寒，農奴制被視為最適合俄國的統治工具。它把人口捆綁在土地上，方便沙皇徵兵和徵稅，也方便

農奴生存下來，儘管活得很差。1580年，伊凡四世頒布法令限制農民的遷移；1649年，阿列克謝一世頒布《法律大全》進一步限制農民的外出必須得到領主同意。【18-18】

在沙皇的威權下，法治無從談起；在農奴制下，市場經濟也無從談起；但話說回來，俄國倒出現過不少英明的沙皇。最著名的是彼得大帝。他在英國的第一次工業革命啟動前的幾十年，發起了近似全盤西化的改革，從西歐引進武器、艦隊、學校、醫院、奢侈品、新髮型、法文、德意志公主……一切都被改變了，唯獨沙皇體制和農奴制沒變。相反，彼得大帝強化了沙皇權威、解散了杜馬。

下一位明君是彼得大帝的繼任者的繼任者，葉卡捷琳娜大帝。這位原來自德意志地區的公主執政後，再次推進了俄國西方化的改革。她在頒布的《貴族權利和特權詔書》及《城市權利和利益條例》中承諾「維護和保障每一個公民的財產」，並赦免貴族與商人的體罰與兵役。但葉卡捷琳娜大帝再次加強了沙皇體制，並維護了農奴制。

終於等到1861年，真正的明君亞歷山大二世大筆一揮，解放了俄國農奴。那時第一次工業革命已經結束，而俄國的現代化才剛開始。俄國的大文豪屠格涅夫、托爾斯泰、契訶夫、杜斯妥耶夫斯基等都是19世紀出現的，並非偶然。

ii) 波蘭

波蘭同樣位於歐洲的東北部，比俄國距離西歐近些，但仍然屬於周邊地帶。在中世紀，波蘭曾經在貴族共和制下有過一段時間的輝煌，但到了近代早期，卻面對了兇險的局勢：它夾在俄國、普魯士與奧匈帝國幾個強鄰之間而無險可守，這時波蘭的貴族們又走向內訌，甚至發展為周圍強敵的內應。內外交困下的波蘭於1772年、1793年、1795年三次遭到瓜分。在動盪之中，誰還有心思發明技術？而且，波蘭的農奴制也屬於最頑固的一種，在沒有人

員與商品流通的情況下，誰又去生產、購買新技術？

iii) 巴爾幹半島

　　巴爾幹半島位於歐洲的東南方，包括今天的匈牙利、羅馬尼亞、保加利亞、阿爾巴尼亞、希臘等國家，直到 19 世紀前，還處於鄂圖曼土耳其帝國的控制下。那裡不僅遠離西歐的中心，也遠離鄂圖曼帝國的首都伊斯坦堡，於是不管在哪邊人眼裡，都屬於基督教世界與伊斯蘭世界的「交戰區」。由此帶來的結果是資訊不暢、貿易不暢、交通不便，更不用提多信仰和多種族的衝突一直持續到今天。

　　總結下，18 世紀前的歐洲大陸的情況印證了我們的結論：沒有良好的商業與法律環境，就沒有俗人的崛起、工業革命的發生。但在兩種環境中，歐洲尤其揭示了市場經濟的重要性。這麼說是因為，歐洲的法律制度是多元的，有城邦議會制，有開明君主制，有專制；在局部時段，甚至可以是超前的，古希臘的雅典，文藝復興時期的佛羅倫斯共和國，義大利半島、荷蘭都實現過代議制民主，只是在經濟上仍然與現代相去甚遠。而相比起法律制度的多元，整個歐洲大陸在一點上是共同的，那就是市場經濟的缺位：城邦國家則因為面積小而受限，農業大國因為小農作業而分割，國與國之間因為壁壘森嚴而貿易不暢。

　　讓我們繼續從歐洲大陸往東看。

參考文獻和注釋

【18-1】 黃仁宇，資本主義與二十一世紀[M]，北京：生活讀書新知三聯書店，2008：66。

【18-2】 《魯賓遜漂流記》的作者丹尼爾‧笛福（Daniel Defoe）對17世紀荷蘭人的描述。轉自喬伊絲‧阿普爾比，無情的革命資本主義的歷史[M]，宋非譯，社會科學文獻出版社，2014：43。

【18-3】 羅傑‧奧斯本，鋼鐵、蒸汽與資本[M]，曹磊譯，北京：電子工業出版社，2016：8、261。「在17世紀，普通的荷蘭人可以買得起代夫特瓷磚、櫥櫃、桌子和椅子，以及煙斗、表、銀器、壁毯和瓷器，這些都是由本地工匠製造的。這不是狂熱的消費主義，也不是狹隘地追求社會地位；人們選擇從當地傳統手工業中得到高品質的產品是為了營造一種家庭和美的感覺。」另見：羅伯特‧C‧艾倫，全球經濟史[M]，陸贇譯，南京：譯林出版社，2015：26。

【18-4】 關於眼鏡最早出現與何處，也有說義大利半島的，也有說伊斯蘭世界的，但毫無疑問，最早投入商業用途的是荷蘭。

【18-5】 卡洛‧M‧奇波拉，工業革命前的歐洲社會與經濟：1000-1700[M]，蘇世軍譯，北京：社會科學文獻出版社，2020：362。「在17世紀中葉，荷蘭有大約3,000台風車在運行，相當於5萬馬匹的能源。」

【18-6】 約翰‧赫伊津哈，17世紀的荷蘭文明[M]，何道寬譯，廣州：花城出版社，2010：123。「我們的國家突然失去了強權地位，就像它突然興盛一樣。」

【18-7】 資料依據：
A、羅伯特‧艾倫，近代英國工業革命揭秘[M]，毛立坤譯，浙江：浙江大學出版社，2012：31。按照1800年的資料，法國從事農業生產的人占總人口的比例為59%，英國為35%，荷蘭與比利時為40%。

B、費爾南·布羅代爾，15至18世紀的物質文明、經濟和資本主義，第3卷[M]，顧良、施康強譯，北京：商務印書館，2017：712。「法國的土地在革命前已經有2,500萬份，如今更達11,500萬份。」

【18-8】威廉·羅森，世界上最強大的思想：蒸汽機、產業革命和創新的故事[M]，王兵譯，北京：中信出版社，2016：278。「在1740-1780年間，法國人傾向於獎勵那些為獲取津貼和獎金的發明人，而不獎勵那些行使天賦權利的發明人，這就使得有近700萬里弗的獎金——大約為今天的6億美元——獎金給了某類發明人，他們發明的裝置完全被人們忘記了。」

【18-9】伏爾泰，風俗論[M]，梁守鏘譯，北京：商務印書館，2019：419。「英國感覺到逃亡到他們那裡的法國工人給了他們很大的好處，就給了這些工人150萬法郎，並且用公眾的錢在倫敦城裡供養了13,000名這些新市民達一年之久。」

【18-10】基佐，歐洲文明史[M]，程洪逵、沅芷譯，北京：商務印書館，2005：257。

【18-11】道格拉斯·C·諾思、羅伯斯·湯瑪斯，西方世界的興起[M]，厲以平、蔡磊譯，北京：華夏出版社，2009：187。「隨著王權財政困難加劇，侵占／沒收／單方面改變合同便成了屢見不鮮的事情，最終影響了從事商業，工業，以及農業的每個團體。」

【18-12】埃里克·S·賴納特，富國為什麼富，窮國為什麼窮[M]，楊虎濤等譯，北京：中國人民大學出版社，2013：66。西班牙財政部長路易士·奧提斯在1558年一份致國王菲利普二世的備忘錄中寫道：「那些外國人花1弗羅林貨幣從西班牙和西印度購買原材料，尤其是絲、鐵和胭脂蟲（一種紅色染料），然後他們把原材料生產成製成品再賣回到西班牙，這樣他們就能獲得10到100弗羅林貨幣。其他歐洲國家以這種方式對西班牙的侮辱比它們強加在印度人身上的侮辱更大。西班牙人用價值大致相等的小飾品去交換金銀；但他們卻用高價買回他們自己的原材料，西班牙人成了全歐洲人的笑柄。」

【18-13】 屈勒味林，英國史：上 [M]，錢瑞升譯，北京：東方出版社，2012：381。

【18-14】 《共產黨宣言》P167。

【18-15】 弗雷德里克·巴斯夏，財產、法律與政府 [M]，姚中秋譯，北京：商務印書館，2018：223。有個故事說，普魯士的腓特烈二世正在建造自己的行宮，他發現規劃中的一條林蔭道的視線被一個磨坊擋住了，於是召來磨坊主，開出很高的價錢希望購買。而磨坊拒絕了。腓特烈大怒道，「你難道不知道，只要我樂意，我就可以用暴力拆掉你的磨坊？」這位磨坊主回答說，「哈哈，當然，假如柏林沒有法官的話，你可以這麼做。」最後，腓特烈允許磨坊主保留了自己的磨坊。

【18-16】 關於德意志地區的市場分割，請參考如下：
A、詹姆斯·W·湯普遜，中世紀晚期歐洲經濟社會史 [M]，徐家玲等譯，北京：商務印書館，2018：180。
B、斯坦利·L·布魯、蘭迪·R·格蘭特，經濟思想史 [M]，邸曉燕等譯，北京：北京大學出版社，2014：177。

【18-17】 大衛·蘭德斯，解除束縛的普羅米修斯 [M]，謝懷築譯，北京：華夏出版社，2007：12。「歐洲越往東走，資產階級或資本主義對於封建領主社會來說就越像是個異域的贅物。貴族瞧不起他們，而人身仍依附於當地莊園主的農民階級對他們的態度也是仇恨或懼怕。」

【18-18】 俄羅斯史的權威，理德·赫利爾評論道：「莫斯科（沙皇）到1650年為止，幾乎控制了三大經濟要素中的兩個：土地和勞動力，而且對於第三個要素資本，也有潛在的控制。」轉自迪爾德麗·N·麥克洛斯基，企業家的尊嚴 [M]，沈路等譯，北京：中國社會科學出版社，2018：419。

第十九章

來自阿拉伯、鄂圖曼、印度帝國的啟示

在歐洲大陸到中國之間，廣袤的亞洲草原把小亞細亞半島、阿拉伯地區、波斯地區、印度半島、蒙古等地區連接起來，於是，在這些地區崛起過的鄂圖曼帝國、阿拉伯帝國、蒙兀兒帝國、蒙古帝國等都經歷了相似的發展軌跡：它們最早都是草原上的遊牧民族，在征服周邊的定居文明後，自己定居下來並建立了帝國。它們初期的軍事成功來自遊牧的淵源，而從遊牧到定居的轉化程度決定了它們在經濟、制度與技術上走多遠。大致而言，阿拉伯帝國最完全地實現了定居轉型，鄂圖曼帝國和蒙兀兒帝國定居了下來但改不掉掠奪的習性，蒙古帝國從未認真定居下來。於是，它們在經濟、制度、技術的成就也依此排序。

阿拉伯帝國

阿拉伯人原本屬於沙漠中默默無聞的遊牧民族。在穆罕默德創立了伊斯蘭教後，統一了各部落；又經過幾位穆罕默德後繼者的卓越領導，形成了地跨阿拉伯半島、中東、伊朗、北非的大帝國。隨著帝國的形成，管理方式也相應改變：7世紀出現的伊斯蘭奧瑪亞王朝定都於敘利亞，將推選部落首領制改為王朝世襲制。8世紀取而代之的阿拔斯王朝定都於巴格達，停止對外擴張並啟用穩健的帝國體制，已經與歐洲或中國的定居王朝沒什麼差別。

商業是阿拉伯人的強項。他們原本就擅長於沙漠中的轉手貿易，在帝國

成型後，更把中轉貿易擴展到亞、非、歐大陸：從遠東進口絲綢、香料、紙張，從俄羅斯進口蜂蜜與毛皮，從非洲進口黃金與奴隸。從《一千零一夜》的故事中可見一斑，其中與金銀財寶、商人大盜有關的很多，與種田、織布、農民有關的很少。為方便長途貿易的結算，阿拉伯商人還啟用了匯票／信用系統，這在當時算極其先進的金融工具，也反映了當時的業務量之大。

阿拉伯帝國保護商業契約及財產分割，但不是無條件的。阿拉伯君主集世俗與神聖權威於一體，高於任何「人」的制約，其專斷程度比歐洲及中國的帝王更甚，隨時可以剝奪生命，毋寧說財產權。由於伊斯蘭法高於世俗法，在君主之下，掌握司法解釋的神職人員又在世俗人之上。在神職人員之下，伊斯蘭信徒又在非信徒之上。加起來，所謂契約與財產保護，要先看誰與誰才能判定。布克哈特評價道：「它容許特定條件下甚至渴望物質財富，但無論何時何地，它都沒有為生產提供安全的環境。」【19-1】

在有限的市場與法律環境下，不出意料，阿拉伯的技術人才與成就也有限。雖然歐洲人把風車、水車、星盤航海術、三角帆的運用、煉金術、紡織品、地毯、香水、化妝品業、玻璃、冶金等，都冠以「阿拉伯技術」之名，但哪些是阿拉伯人獨創的，哪些是改良的，哪些是買賣的，則分不清楚。阿拉伯文明太擅長於貿易，帶來的副作用就是不太熱心於製造。作為東西方交流的紐帶，它引進產品、詮釋消化、重新輸出，這當然也算巨大的貢獻。但正因為如此，從頭到尾製作就不太必要。退一步講，就算這些屬於「阿拉伯」獨立製作，其新穎性也遠不如中國古代的四大發明，複雜性又遠不如工業革命中的「工程性」發明。

最終，「黃金時代」總有褪色的一天，阿拔斯王朝在西元一千年後敗落。到 13 世紀，蒙古大軍如摧枯拉朽一般入侵。與理性的征服者要求對手臣服不同，蒙古人是非理性的征服者，他們為屠殺而屠殺、為摧毀而摧毀，屠殺了巴格達的大部分人口，又摧毀了巴格達周邊的水利設施，致使下面幾百年中都無法居住。在首都被摧毀後，阿拉伯世界的其他地區陷入了分崩離析中。

鄂圖曼土耳其

　　鄂圖曼原本屬於中亞突厥中的一支，在遊牧過程中，輾轉遷徙到了小亞細亞半島、阿拉伯帝國的邊緣。在那裡，它以阿拉伯帝國附屬的身分壯大，在阿拉伯帝國衰落後，更把占領區擴大到小亞細亞半島全部、巴爾幹半島、中東、埃及及北非，終於形成了橫跨歐亞大陸的大帝國。從 1453 年鄂圖曼帝國攻陷君士坦丁堡，到 1683 年它最後一次圍攻維也納失敗，可以算作其鼎盛時期，在之前醞釀了很久，在之後衰落了很久。

　　鄂圖曼帝國的成功與失敗都在於戰爭。它宣稱自己是伊斯蘭世界的繼承者哈里發，但深知自己突厥人的身分難以服眾，於是只能靠戰爭來維持其合法性。即使在帝國建立後，鄂圖曼也從未放棄戰爭，在西邊，它與哈布斯堡王朝交戰；在東邊，它與伊朗的薩菲王朝爭鬥。「彷彿哪一年不打仗，帝國就失去了存在的意義。」鐘斯評價道：「鄂圖曼帝國是一台掠奪機器，它總是需要豐厚的戰利品和廣袤的土地來做燃料。」【19-2】

　　對被征服的地區，鄂圖曼帝國採用軍事采邑制，類似於軍事管理下的農奴制，非常接近奴隸制。在殘酷的壓迫下，面積遼闊的帝國居然人口有限，在 1600 年左右才大約 2,800 萬人口，到 1800 年左右竟然下降到 2,400 萬。【19-3】在軍事奴隸制的管理下，也少有人有創造的衝動。

　　有人說，鄂圖曼帝國的首都、伊斯坦堡是發達的大城市，應該有市場。但商品供應對象主要是王室和軍隊，而商品供應來源主要是國外，都與普通百姓沒什麼關係。當時歐洲的訪問者把伊斯坦堡形容為一座「大兵營」。

　　有人說，鄂圖曼宮廷裡有波斯人、巴爾幹人、東歐人等各民族人種，還有些被選為首相、大臣或王妃，看似很包容。但蘇丹的幾十個兄弟都可能被隨時勒死，更不用說帝國的首相、大臣、王妃了。蘇丹一視同仁地把所有人

都當做奴隸。

有人說，鄂圖曼帝國對槍炮技術很感興趣，它用大炮攻破了君士坦丁堡、擊潰了埃及和波斯。但鄂圖曼貴族從來鄙視勞動，早期是請歐洲工匠來鑄造大炮，到後來直接進口歐洲槍炮。於是，它在軍事裝備方面始終落後於歐洲。

最終，酷愛戰爭的鄂圖曼帝國也敗於戰爭。從 17 世紀起，它在西面被歐洲擊退，在東面遭到波斯帝國的抵抗。更糟糕的是，葡萄牙、西班牙、荷蘭、英國早已開闢通往亞洲與美洲的商貿路線，鄂圖曼帝國失去了歐亞中轉站的地位，經濟能力也一路下滑。

印度文明

從中亞繼續向東南看，是包括今天的巴基斯坦、印度、孟加拉、尼泊爾在內的南亞次大陸。該地區在歷史上的大多數時間段中很少統一過，外部的原因在於中亞的遊牧民族從西北方的缺口持續入侵，而內部的原因在於南亞次大陸地貌複雜而交通不便，地處熱帶而瘟疫流行。在長期分裂中，各地區乃至各村落各自過著資訊閉塞而自給自足的生活。

比地理上有形分割更嚴重的是種姓上無形的分割：印度特有的種姓制度嚴格地區分了人的職業，工匠就是工匠，製造但不能出售；商人就是商人，出售但不能製造。黑格爾舉的例子是，「士兵種姓出身的士兵不得去挖戰壕，不願意挑任何東西，也不願意去拉大炮，而必須由其他人去做這些事……一個少尉需要有 30 人來服侍，一個上尉需要 50 人，因為每人都只幹他自己的行當。」[19-4] 蘭德斯列舉的例子是：直到 19 世紀，印度人寧願用木頭，也不用鐵器；寧願用手工，不願用機器；寧願用頭頂著貨物，也不用手推車運輸。[19-5]

上述分割加起來，古印度的市場就像切糕那樣，被橫著切為無數層，又

豎著切為無數塊。這讓商品流通相對於歐亞大陸其他地區困難許多。16世紀到此的歐洲殖民者對此大為驚訝，就連19世紀末到印度旅行的康有為還在抱怨找不到飯館。

與市場被分割得清清楚楚形成強烈反差，印度法律寫得極其模糊，因為在其軍事化的統治者及官僚看來，這樣才便於隨意罰沒、收稅與逮捕。本來就不好的市場經濟，加上嚴刑峻法，讓印度村落裡的普通人處於赤貧狀態，沒什麼工具作為發明的基礎，也沒什麼財產可以傳承。【19-6】古印度的建築、藝術品、紡織品、清真寺與皇宮很精美，但都是王公貴族的專享，與底層百姓的生活形成鮮明反差。【19-7】

蒙古帝國

蒙古人原本是蒙古草原的一群零散部落，在成吉思汗魔鬼般的領導下，於12世紀凝聚為一支瘋狂的軍事力量；又通過野蠻征服，建立了一個橫貫亞歐大陸的大帝國。由於成吉思汗以野蠻為榮，其子孫建立的帝國比起阿拉伯帝國要野蠻很多，比鄂圖曼帝國還野蠻，接近了所有可能想像的人類野蠻的極限，沒錯，動物世界都沒見過那般野蠻。

儘管如此，我們還要提及這個帝國，因為歷史上有所謂「蒙古和平」的說法。在蒙古帝國建立後，其軍事力量保障了長期穩定，交通網路暢通無阻，使得商人可以在7、8個月的時間內穿行歐亞大陸。正是借助這樣的網路，義大利半島的馬可波羅來到中國並記錄下了中國元朝的城市、運河、商行、紙幣等情況。

「蒙古和平」加速了東西方的交流與貿易，但在蒙古人的嚴酷統治下，生命都不安全，財產更別提，於是，苟且求生的人多，想長期投資的人少，民間的發明更少得可憐，工業革命發生的可能性幾乎為零！

總結下，18世紀前歐亞大陸中部的情況再次印證了我們的結論：沒有良好的商業與法律環境，就沒有俗人的崛起、工業革命的發生。法治與市場經濟的核心在於平等，而上述帝國均建立在完全相反的基礎上：鴻溝。阿拉伯帝國按信仰劃分出了一道鴻溝，鄂圖曼帝國按蘇丹與真主劃出了兩道鴻溝，古代印度按種姓劃出了無數道鴻溝，蒙古帝國按照人種劃出了更赤裸裸的鴻溝。這些帝國都曾出現過繁榮，但與普通百姓的生活水準無關，甚至可能呈相反的關係。

讓我們繼續往東看。

參考文獻和注釋

【19-1】 雅各·布克哈特，歷史講稿[M]，劉北成、劉研譯，北京：生活·讀書·新知三聯書店，2014：57。

【19-2】 關於鄂圖曼帝國的掠奪性的評價：

A、埃里克·鐘斯，歐洲奇蹟[M]，陳小白譯，北京：華夏出版社，2015：149。

B、雅各·布克哈特，歷史講稿[M]，劉北成、劉研譯，北京：生活·讀書·新知三聯書店，2014：99。

【19-3】 埃里克·鐘斯，歐洲奇蹟[M]，陳小白譯，北京：華夏出版社，2015：153。

【19-4】 黑格爾，世界史哲學講演錄[M]，劉立群等譯，北京：商務印書館，2016：158。

【19-5】 大衛·S·蘭德斯，國富國窮[M]，門洪華等譯，北京：新華出版社，2010：244。

【19-6】 梅英，古代法[M]，沈景一譯，北京：商務印書館，2018：127。「遺囑所處的地位被收養所占據著。」

【19-7】 關於蒙兀兒帝國的評價，可參考：

A、大衛·S·蘭德斯，國富國窮[M]，門洪華等譯，北京：新華出版社，2010：162。「在印度，分不清個人財產和不動產之間的區別。人們盡可能地隱藏以防蒙兀兒帝國搶走自己的財富。這克制了他們的消費，也使他們在貿易中一直保持著自己的秘密。」

B、尼爾·弗格森，帝國[M]，雨珂譯，北京：中信出版社，2012：24。「1615年羅爾爵士在訪印度時也感歎，商人們因為害怕敲詐勒索而主動藏匿財產。」

C、彭慕蘭，大分流：歐洲、中國及現代世界經濟的發展[M]，史建雲譯，南京：江蘇人民出版社，2003：261，「沒有什麼條件保證一個聰明的印度工匠個人能從一項發明中獲利。」

D、W·H·莫蘭：「我嚴格地從經濟學家的立場評價，17世紀的印度對於普通人來說肯定是人間地獄。」引自：埃里克·鐘斯，歐洲奇蹟[M]，陳小白譯，北京：華夏出版社，2015：154。

E、迪爾德麗·N·麥克洛斯基，企業家的尊嚴[M]，沈路等譯，北京：中國社會科學出版社，2018：422。「蒙兀兒帝國統治下的印度在許多方面都光輝燦爛，唯獨沒有創新。」

第二十章

四大發明何以可能

　　我把大家最關心的問題留到了最後：為什麼工業革命沒發生在古代中國？

　　這不僅是我們中國人關心的問題，其實，也是日本人、朝鮮人、越南人共同關心的問題，因為在 19 世紀之前，我們都同處於一個文明圈，史學界稱之為「中華文明圈」。關於這點，古代朝鮮、古代越南爭議不大，它們與中國接壤，不可避免地與中國在經濟、技術、制度方面相互融合。稍有爭議的是日本，大部分日本學者也認同古代日本也是古代中華文化圈的一部分，並且，正是日本學者的努力才讓這個概念在國際上流行了起來。如日本學者濱下武志指出：「中國中心論不僅是中國的偏見，也是各朝貢地區的共識。」[20-1]但近年來也有些學者開始強調日本的特殊性：它與中國隔海相望，這個海比英吉利海峽還要寬很多；日本的大名制度與歐洲中世紀的封建制類似、與中國秦朝之後的編戶齊民制度不同；再加上，近代日本又快速進入發達國家的行列，與清朝末年的積貧積弱形成了對照。

　　在我看來，東亞的每個地區都有自己的獨特性，而日本的海島地理決定了其獨特性更明顯罷了，但如果以此為由把古代日本當做工業革命可能的發生地，則屬於過度聯想──出於對現代日本科技的崇拜，西方學者往往有這樣的聯想衝動。要知道，即便隔著那麼寬的海峽，古代日本也始終密切地關注中國的風向，主動地跟風，甚至執行得更過分。它從來是最好的學習者和超越者。

　　讓我舉幾個它在歷史上「過度學習」的例子。中國從秦朝開始就把人

分類為士、農、工、商，而古代日本則更進一步，把分類變為世襲，出身什麼就要做什麼。再如，明清中國禁止外國人隨便進入，同時期的日本不僅禁止外國人來，還禁止本國人出海，還禁止已經出海的回國。又如，明清中國專制，那時的日本更惡劣，19世紀的孟德斯鳩評論道（由於他還沒有見到日本後來的經濟起飛，因此意見尚未被污染），「幾乎所有的罪犯都會判死刑，違反天皇被判死刑，在法官前說謊會判死刑，賭博會判死刑。最普通的犯罪也按照知情不報罪。一個日本少女會因為沒有舉報另一位的姦情而被關在布滿釘子的櫃子裡，一直到死。」[20-2] 至於19世紀末日本的開放，說實話，也歸功於它對中國的密切關注。在1840年的鴉片戰爭中，昔日的「偶像」清政府慘敗於英國艦隊，日本人迅速注意到了這一風向轉變，生怕重蹈覆轍，接著才出現了美國黑船一到、日本人立即同意開放的場景；如果沒有清政府敗仗在前，改弦更張不會這麼快。

可以理解，上述與今人對現代日本的印象不同，但歷史就是歷史：古代日本專制、僵化、鎖國，如果古代中國先發生工業革命，那麼，它跟進甚至超越都有可能的，但如果沒有前者發生，它率先自行發生的可能性很小。這意味著，我們要回答：「為什麼工業革命沒有發生在古代日本、古代朝鮮、古代越南？」還是要回到：「為什麼沒有發生在古代中國？」的問題。

釐清問題

其實，不僅東亞人基於古代中華在古代東方的地位關心上述問題，西方學者基於古代中華在古代世界的地位也關心，如大衛蘭德斯評價道，就經濟、技術、科學等方面的水準而言，在古代世界中，「曾經有可能超過歐洲成就的唯一文明是中國。」[20-3] 但當務之急，我們最好先澄清下問題本身，因為如果追問的出發點太發散，那麼答案也分散。

比如，從經濟視角出發進行中西方對比的，有著名的韋伯問題。韋伯是

德國社會學家，他追問：「為什麼資本主義革命發生在歐洲，而沒有發生在古代中國？」[20-4]

再如，從科學視角出發進行中西方對比的，有著名的李約瑟問題。李約瑟是英國科學史家，他的主要工作是對古代中國技術考據，而追問的是：「為什麼古代中國沒能產生現代科學？」類似的，以技術為論據、以科學為論題的追問還很多。[20-5]

再如把不同視角混在一起提問的，這種提問方式我以為最混淆，因為它就像高度散光的眼睛，什麼都看了，什麼又看不清楚。[20-6]

當然也有從技術視角出發、進行中西對比的。[20-7]

本書正是基於這樣的出發點。我們追問的是：「為什麼工業革命沒有率先出現在古代中國？」不是：「為什麼古代中國沒有產生現代科學？」不是：「為什麼古代中國沒有產生資本主義？」不是：「為什麼古代中國沒有發現新大陸？」……因此，我們比較的是中西方技術層面的不同，不是科學層面，不是文化層面，不是經濟層面，不是軍事層面……

聚焦主題，這是澄清問題的第一步，而接下來，這個主題究竟包含了幾個問題？細想下，當我們追問：「工業革命為什麼沒有率先發生在古代中國？」時，其實隱含著一種轉折：

從漢到宋朝這一千多年，出現了舉世震驚的四大發明以及無數的實用發明，漢朝還打開了從西域通往波斯、再由波斯通往羅馬帝國的通路——後來被命名為「絲綢之路」。沿著這條通路，東西方的交流加速了很多，沿途的證據也有跡可循。在這段時期，東方技術向西方輸出的很多，反向輸入的很少；歐亞大陸刮的是東風，所以我們的追問才有基礎。[20-8]

轉折出現在宋元之交。在之後的近八百年間，中國的重大發明逐漸乾涸，而西方的技術逐漸興起直到工業革命的出現，工業化的浪潮傳播到世界各個角落，包括中國、日本、朝鮮、越南。今天的電燈、照相機、顯微鏡、

第四篇｜潛能——為何沒能更早或在別處？

洗衣機、電視機、收音機、答錄機、電腦、電報、行動電話、微波爐、製冷機、內燃機、電動機、汽車、輪船、飛機、全像攝影、人造衛星、飛船、太空梭、導彈、核能、潛艇、納米、鐳射等都出自西方。在這段時期，歐亞大陸刮的是西風，所以我們的追問才有必要。

　　通常，讚揚派會列舉中國古代技術的前期來說明其先進性，批評派會列舉中國古代技術的後期來說明其落後性，但完整畫面是一種先抑後揚的轉折，那麼我們的答案就必須解釋兩種相反的趨勢：一，為什麼從漢到宋朝的這一千多年間，中國的技術如此先進，以至於領先於世界？二，為什麼在元明清這八百年間，中國的技術又落後了，以至於沒能產生工業革命？[20-9]

古代中國重大發明統計圖

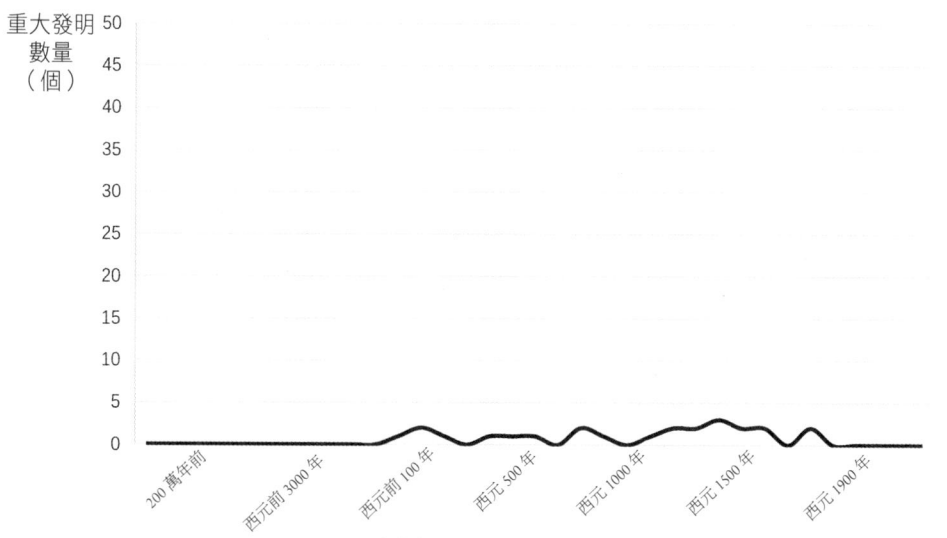

古代中國重大發明統計表

時間	發明數量	時間	發明數量	時間	發明數量	時間	發明數量	時間	發明數量	時間	發明數量
一百萬年前到兩百萬年前	0	前5000年到前4000年	0	前1000年到前400年	0	0年-100年	1	500年-600年	1	1000年-1100年	3	1500年-1600年	0
二十萬年前到一百萬年前	0	前4000年到前3000年	0	前400年到前300年	1	100年-200年	1	600年-700年	0	1100年-1200年	1	1600年-1700年	0
一萬年前到二十萬年前	0	前3000年到前2000年	0	前300年到前200年	2	200年-300年	1	700年-800年	1	1200年-1300年	2	1700年-1800年	0
前6000年到一萬年前	0	前2000年到前1500年	0	前200年到前100年	1	300年-400年	0	800年-900年	2	1300年-1400年	0	1800年-1900年	0
前6000年到前5000年	0	前1500年到前1000年	0	前100年到0年	0	400年-500年	2	900年-1000年	2	1400年-1500年	2	1900年-2000年	0

圖表具體發明資料來自：傑克·查羅納主編，改變世界的1001項發明[M]，張芳芳、曲雯雯譯，北京：中央編譯出版社，2014.6。古代中國「重大發明出現頻率」在世界範圍所占比例示意圖。

為四大發明辯護

一個可以幫助我們把問題具象化的工具是「四大發明」——火藥、造紙、印刷、指南針，它們都是活生生的改變生活的具體技術，都出現在漢朝到宋朝之間，產生了舉世矚目的影響，而在它們之後，可以相提並論的重大發明變得銷聲匿跡。這再次證明重大發明與技術進步的軌跡吻合，不僅本書定義如此，而且古代中國的事實也證明如此。

我們在中學時都學過四大發明，但沒學過對它們的爭議，讓我們通過為它們辯護來補上這一課。最新版本的爭議是說，「四大發明不是科學，因此不算偉大。」如果分析下這句話的邏輯，其三段論如下：

大前提：偉大的都是科學的；

小前提：四大發明不是科學；

結論：所以，四大發明不偉大。

這裡的大前提就站不住腳：偉大與科學之間沒有必然的聯繫。耶穌、佛陀、孔子、蘇格拉底、華盛頓、曼德拉等被認為偉大，小說《戰爭與和平》、電影《刺激1995》等被認為偉大，卻與科學無關。偉大的未必一定科學，科學的也未必就偉大，毒氣戰、克隆人可能是科學，但很邪惡。

有人說：技術不一樣；偉大的技術必然科學、科學的技術才偉大，仍然未必：中國道士在煉丹過程中發明了偉大的火藥，但那時還沒有無機化學的知識；我曾經在實驗室發現過一種罕見的絡合物，但在有生之年難見其實際用途，於是轉而投入更實際的工業之中。究其原因，科學講求原理，而偉大指的是功效。

就功效而言，四大發明是無可置疑的。之所以西方學者最早提出這個概念，就是因為它們已經改變了歐洲乃至近現代歷史的進程。下面是兩段廣為流傳的文字。

培根在16世紀寫道：「印刷術、火藥和指南針……曾改變了整個世界

事物的面貌和狀態，……由此產生了無數的變化。這種變化是這樣大，以至沒有一個帝國、沒有一個教派、沒有一個赫赫有名的人物，能比這三種機械發明在人類的事業中產生更大的力量和影響。」（培根的原著《Opus Majus》）

馬克思在19世紀寫道：「這是預告資產階級社會到來的三大發明。火藥把騎士階層炸得粉碎，指南針打開了世界市場並建立了殖民地，而印刷術則變成了新教的工具和科學復興的手段，變成對精神發展創造必要前提的強大槓桿。」（馬克思《機器、自然力和科學的應用》）

尤其與本書主題「工業革命」相關的是四大發明中的火藥。要知道，古代王朝可能不重視別的技術，但不可能不重視火藥與火炮，而它們正是人類利用礦物能源來驅動機械的原型。因為有了火藥與火炮，才有了對炮筒精度的要求，才有了工業革命中威爾金森發明的鏜床，才讓瓦特有了解決蒸汽機洩露的辦法，才讓蒸汽機實現了高效與安全運行。

但請注意：培根與馬克思肯定火藥、指南針、印刷術的貢獻，都沒有提到它們的源頭。這就涉及更早出現的對「四大發明」的爭議。[20-10] 歐洲人早就知道這些新技術來自歐洲之外，但基於當時中國積貧積弱的狀況，也眾說紛紜：它們是否是東、西方各自獨立的發明？或者來自東方的其他地區，如阿拉伯和日本？

好在上個世紀，艾約瑟、李約瑟等人通過詳實的考據，證明了四大發明的確產生於古代中國，並且，至少四項中的三項，有從中國傳播到中亞及歐洲的清晰路徑：

造紙：中國漢朝的蔡倫在2世紀改良發明了造紙術。在8世紀唐朝對阿拔斯王朝的塔拉斯河戰役中，阿拉伯人俘獲了造紙的工匠並獲得了造紙技術，不久，巴格達就出現了造紙廠。12世紀，義大利通過貿易引進了阿拉伯紙張，並取代了羊皮紙，一個半世紀後，義大利就出現了自己的造紙廠。

俗人的壯舉：當我們遭遇工業革命

指南針：又名司南、羅盤。在戰國時，類似的裝置已經被用於陸地作戰的指向之用。到了宋代，羅盤被用於航海。12世紀後，阿拉伯人引進了它，與星圖一併作為阿拉伯海上的導航工具。再到15世紀，葡萄牙與西班牙又引進了它，作為大航海中遠洋的必備工具。

火藥：唐代的道士在煉丹過程中發明了火藥。宋朝為了抵禦北方遊牧民族，開發出了火柴、火炮、火箭、照明彈、炸彈和地雷等全系列裝備。這些技術陸續落入遊牧民族手中，並在12世紀，被蒙古人帶入阿拉伯世界。阿拉伯人稱火藥為「中國鹽」與「中國雪」，對應能發出「紅火」與「白火」的兩種硝石。到阿拉伯世界解體後，三個分解出來的帝國，小亞細亞的鄂圖曼王朝、波斯的薩法維王朝、印度的蒙兀兒王朝，都號稱「火藥帝國」。其中，鄂圖曼土耳其用一門巨型火炮攻破了君士坦丁堡的城牆，這讓火炮的威力傳遍了西方，也讓火藥技術普及開來。

印刷：雕版印刷在唐代就出現了，到北宋發展出活字印刷，在韓國更發展出金屬活字印刷，廉價的印刷書籍在東亞普及開來。在15世紀，歐洲出現了谷騰堡印刷機，可以確定的是，它與東方的印刷術有明顯不同，但也無疑，東方的印刷術出現在先。於是，這成為了四大發明中唯一擴散路徑存疑的一項。

對四大發明更有力的證明是對其背景的核實。想想看，如果四大發明憑空冒出，那會顯得可疑，但李約瑟在其巨著《中國科學技術史》中列舉了早期古代中國發明的清單，它們大都出現在宋朝或宋朝之前：中醫、紙幣、茶葉、水鐘、瓷器、絲綢、治療牛痘的方法、鐵鍊吊橋、拱橋、船尾舵、密封船艙、運河水閘、織布機、水利紡紗機、穀物條播機、獨輪車、天然漆、馬具、馬鐙、長城、運河等。在如此深厚的技術沉澱背景下，四大發明的出現就毫不奇怪！

總之，我們既沒有理由否認四大發明的偉大，也沒有理由躺在上面睡

覺,我們的思路需要前行:是什麼原因導致了中國古代前期產生了四大發明,又是什麼原因讓重大發明在之後的八百年間絕跡?我們能從中學到什麼,又能從中避免什麼?這才是真正的四大發明之謎、中國古代技術盛衰之謎。

從漢到宋的一路走高

讓我們從古代中國前期的狀況考察起。在周朝末年的春秋戰國時期,技術進步的苗頭就顯現了,但這些技術的源頭也很難考據清楚,但應用是清楚的:鐵製品被用作武器與農具,以及都江堰與吳越運河等地區性工程,都在富國強兵的壓力下開展了。但同時,連綿戰爭也帶來了破壞與中斷。直到漢朝建立後,隨著政治形勢穩定下來,重大發明與技術進步才變得連續。因此,我們把漢代當做打引號的「發明潮的起點」。

在漢代,基礎材料與基礎能源得到普及。鐵製品受益於模具鑄造技術而變為標準化產品,量與質都得到提升,鐵製兵器與鐵製農具在中華大地上普及開來。相比之下,那時歐亞大陸上的大部分地區仍用鍛造打鐵,產量零星、品質不穩定。漢代的鑄鐵技術還催生出對自然能的利用:為了達到鑄鐵冶煉的溫度,人們開發了鼓風爐來引風;為了驅動風箱,人們又開發了水力驅動的水車。【20-11】

新材料與新能源的基礎,為新應用打開了大門。今天人們記住的漢代最重要的技術成就是四大發明中的造紙術,它是東漢末年宮廷中的太監總管蔡倫組織發明改良的,但顯然,它僅僅是漢代技術浪潮的尾聲。在整個漢代,對農業帝國最重要的農業技術、軍事技術,乃至紡織、工程、交通、航運技術等都得到發展。

作為古代中國技術浪潮的第一個高峰,漢代被提到的機會卻不多。除了時間久遠的緣故,還有就是它被後續的發展蓋過了勢頭。在漢代之後,三國、魏晉南北朝、隋、唐、五代的技術都在持續進步,並最終達到了宋朝的頂峰。

這座頂峰讓所有山前的叢林都顯得黯然失色。

宋朝創造出的鐵產量在古代世界中驚人。麥克萊倫在《世界科學技術通史》中考證，「在宋代，鐵的生產量直線上升，從西元 806 年的 13,500 噸陡升至 1078 年的 125,000 噸，這無疑是出於軍事上的需要。可以比較一下，英國在 1788 年的鐵產量只有 68,000 噸，當時工業革命已經在歐洲興起。中國的製鐵業有許多創新，也相當先進，它在 11 世紀就已經在使用水力鼓風機，使用焦炭來熔化礦石，這比歐洲出現相應的工藝要早大約 700 年。憑藉如此先進的技術，宋朝的軍工生產每年可以提供 32,000 副鎧甲和 1,600 萬支箭鏃，同時還要滿足農業生產對鐵的需要。」【20-12】【20-13】

宋人的煤炭開採量也是古代世界中最高的。民間用煤的趨勢從唐朝末年就開始了，到宋朝時變得普及。為了避免煙氣，宋朝用的是預熱中除去了煙氣的焦炭，這比第一次工業革命中達比的焦炭發明提前了七百年。【20-14】在家庭取暖外，更大量的煤炭被用於鐵器的鑄造。

在新材料與新能源的支援下，宋代出現了各式各樣的新應用。今天人們印象中的宋朝技術主要是四大發明中的印刷、火藥、羅盤，它們代表了宋代整體技術水準的高峰不假，但也是基於更深厚的技術背景：多錠紡織車、封閉船艙、航海用的指南針、踏水輪的船艦、火藥、三弓床弩、占儀、水鐘等重大發明，也出現於宋代。

在古代世界中，古代中國早期的重大發明最接近工業革命時期，應該無疑；但那時的中國沒發生工業革命，也是事實。這該如何解釋？

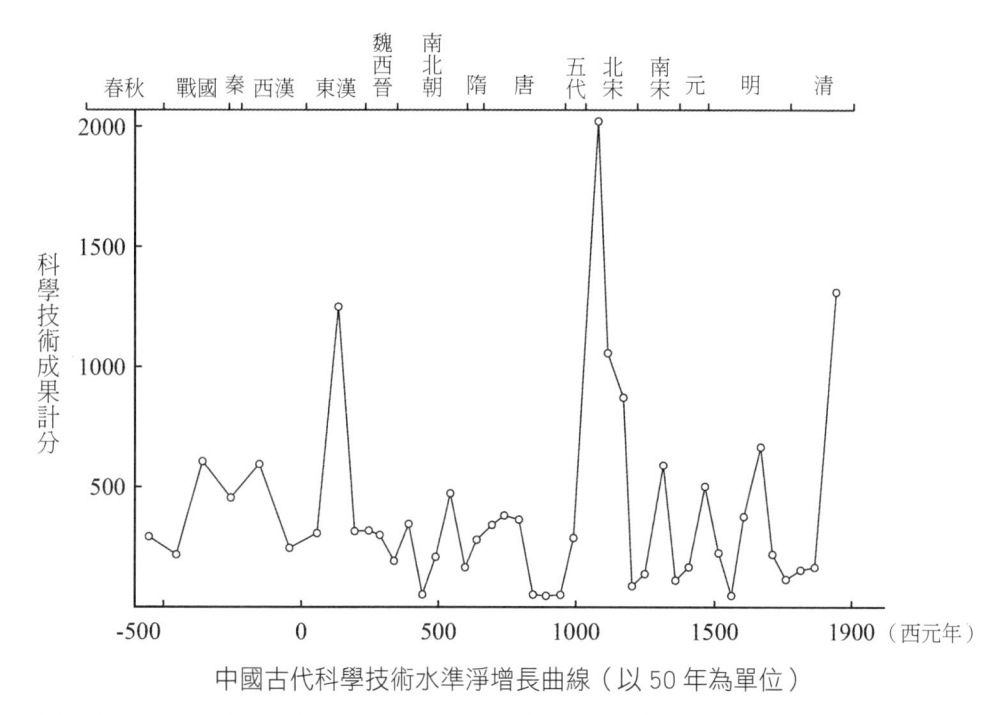

第四篇｜潛能──為何沒能更早或在別處？

中國古代科學技術水準淨增長曲線（以 50 年為單位）

圖示出自：金觀濤、劉青峰，興盛與危機：論中國社會超穩定結構[M]，北京：法律出版社，2010：331。北宋是中央集權、商品經濟和技術發展的高峰。

商業的國度

前面我們把工業革命的發生歸因於俗人的崛起、市場經濟與法治的形成，那麼一種自然的聯想是：古代中國沒能率先出現工業革命，肯定是商業與法律環境差的緣故。錯。在我看來，有一種環境在古代中國從開始就不差，就是商業環境。

如果橫向比較下古代世界中的市場，在大多數時段中的大多數區域都是分散的；只在少數時段、少數地區統一，比如常常被提到的是羅馬帝國、波斯帝國、亞歷山大帝國、阿拉伯帝國、古印度帝國、古代中國等，它們之所以被提到，恰恰是因為罕見的緣故。即使與這些統一帝國建立的統一市場相

比，古代中國的統一市場還有兩個額外的優勢：

一是相對持續。秦始皇在統一中國後，在北邊興建了對付北方遊牧民族的屏障，長城。以今天歷史知識的後見之明來看，這是非常有遠見的舉措。要知道，在火器發明之前，定居文明拿遊牧民族真沒辦法，後者或者趁虛而入，或者搶了就跑。秦始皇用一堵牆把麻煩擋在外面，簡單、粗暴而有效。在遮罩了外敵後，秦始皇還統一了內部的行政、語言、道路、貨幣、度量衡，乃至在戰國運河的基礎上繼續開鑿，最終這條運河在隋朝時成為總管南北的京杭大運河。這些——政權穩定、交通便利、地域龐大——都為統一市場打下了基礎。秦始皇還做了長遠規劃：始皇帝、二世、三世、四世，乃至千秋萬世，他的私心很快破產了。但從一定程度上講，漢、魏晉、南北朝、隋、唐、宋延續了統一市場的計畫，一個接一個的王朝完善了它。這中間經歷了三國、南北朝、五代等分裂時段，但分裂時各區域內部也是統一的，而且分久必合，最終會回歸一個更巨型的市場。到宋朝時，市場制度已經變得十分先進：從《清明上河圖》可以看出內貿的繁榮；從沉沒的寶船中可以看到外貿的興旺；為了支持巨大的內、外貿總量，宋朝開始發行紙幣（交子），數量達到了超過銅幣的地步。【20-15】

只要對比下就會發現，在古代世界乃至古代帝國中，類似的市場很難找到。

比如西羅馬帝國，如果加上前面的羅馬共和國，總共存續了一千年左右，但地區差異、民族矛盾也從未消除，市場就談不上徹底統一，並且最終因為地區差異與民族矛盾，帝國崩潰。在西羅馬帝國瓦解後，歐洲進入了中世紀，蠻族割據、語言不通、交通不便，市場很快就消失了。

再如東羅馬帝國，它比西羅馬帝國還多存續了約一千年，但同樣，帝國內部的語言、文化、民族、市場從未徹底統一過。在西羅馬帝國滅亡後，東羅馬帝國先與波斯交戰、後與伊斯蘭國交戰，常常面臨亡國風險。即使偶爾擴張，也還來不及整合當地資源，就又重新喪失領地。最後，它乾脆退居於

人口有限的小亞細亞半島上，市場變得十分有限。

再如中東地區，阿拉伯帝國和波斯帝國都曾在名義上實現過統一，但由於高山與沙漠的隔絕，各地也保持了半自治狀態，從未徹底整合過。

又如古代印度大陸，它的面積與古代中國差不多大，但由於缺少長城之類的屏障，西北角又存在缺口，於是屢屢被遊牧民族入侵，以至於長期處於支離破碎中。即使在少數統一的時間與地區，由於地理與氣候環境複雜、道路與運河的缺乏，村落間也相互隔離，只能自給自足。

古代中國的統一市場還有另一個獨特優勢，就是生產要素的相對流通。

在春秋時期，秦國的商鞅變法就廢除了集體耕作的井田制、改為私人登記使用的「名田制」。從漢朝到唐朝基本承襲了秦朝的土地法，儘管歷朝也在試圖遏制土地兼併。這中間出現過兩次土地公有制的嘗試，都以失敗告終：一次是兩漢之交的王莽把所有土地收回國有，最終造成天下大亂；一次是魏晉南北朝到隋唐的均田制，最終造成唐末的財政危機。在經歷上述教訓後，宋朝之後的朝代都開放了土地使用權的流通。

土地之外，另一個生產要素勞動力也是相對流動的。這倒不是由於中國皇帝額外開明，而是由於歷朝都努力消滅貴族的私人武裝，秦朝廢除了奴隸、唐宋削弱了氏族大戶、清朝康熙年間「除賤為良」，次次都把勞動力投入市場。古代中國的知識分子也是流動的：孔子宣導「有教無類」，即教育的平民化，到了唐宋時期，科舉制度更為平民打開了仕途的通路。

土地與勞動力之外，還有一個生產要素資本可謂發達。在古代中國，貨幣早就統一了，而匯票（飛票）與紙幣（交子）的出現都早於時代許多。

如果對比下，在古代世界中，類似古代中國的市場，又難找出第二個來。羅馬帝國盛行的奴隸制，中世紀歐洲盛行的農奴制，鄂圖曼帝國的半軍事奴役制，乃至古印度的種姓制度，都極大限制了勞動力的流動；除了羅馬帝國，這些地區的土地交易都受限；在中世紀的基督教與伊斯蘭教地區，資本又被宗教規則限制。

商業實用主義

　　這裡我們有必要回應兩種極端的說法，一種說法誇讚古代中國具備了「某種現代經濟制度的特徵」，「世界上第一個市場經濟」（李約瑟、伊懋可、麥克尼爾等）。另一種則把輕視商業當做古代中國的弊端乃至不可能產生工業革命的根源。其實，這兩個極端都可以解釋為同一種實用主義態度，它貫穿了古代中國社會的上上下下。

　　先看官員。《呂氏春秋》開了重農輕商的先河，「士、農、工、商，以農為本，以商為末。」【20-16】但相反的說法出現得更早，《管子》曰：「聚者有市，無市則民乏。」【20-17】想找哪種依據都能找到，這是執行層面的實用主義。

　　再看聖賢。儒生們講道理正氣凜然：「君子喻於義，小人喻於利。」可談治國實際很多，「富與貴，人之所欲也。貧與賤，人之所惡也。」（《論語》）。正反兩面都有理，這是知識層面的實用主義。

　　更特殊的是古代中國商人對本職業的態度，一邊賺錢，一邊以商業為跳板，買地、捐功名、送兒子考科舉，這是精神分裂式的實用主義。古代百姓對商業的態度，則可以從世界上其他地方人的評價中略見一斑，「天生的商人」，「最精明的討價還價者」，「對於貿易有著獨特好感的人群」。這些都只是對最樸實的實用主義的描述。【20-18】

　　最後看朝廷。它在動盪的亂世，往往因為求穩定而抑商；在繁榮的盛世，又往往因為稅收而重商。商業只是管控的工具，隨時拿得起，也隨時放得下，這是政策層面的實用主義。

　　為什麼說在古代世界，實用主義的態度總體對商業是利好呢？因為它的反面是教條主義，比如《聖經》、《可蘭經》中都有否定世俗利益的教條，於是只要信奉天主教與伊斯蘭的社會在任何時段都輕商，在原則問題上沒有變通餘地。而古代中國不存在教條，在大多數持續統一的時間裡，商業利益

與政治利益一致；只是在少數時段，政治利益才壓過了商業利益；於是加起來，王朝重商的時期遠遠多於輕商的時段。這就解釋了為什麼古代中國的商業環境較中世紀其他地區為優。

但又該如何解釋中國古代早期沒有發生工業革命呢？因為古代社會的普遍情況是皇權凌駕於法律之上，而官員凌駕於普通人之上。實用主義在本質上也是因人而治，為「治」而不是為「人」服務，為短期而不是長期服務，調動不了人的長期積極性。事實也證明，秦始皇可以發配七十萬人去修長城、阿房宮、運河，卻沒聽說這七十萬人中誰留下了什麼發明，只留下了孟姜女哭長城的故事。

總結下古代世界早期的情況，在法律環境上，相比起其他文明普遍得「零分到半分」的情況，從漢到宋的中國提供了穩定的秩序、嚴格的律法，能得「半分」、並列最高。在商業環境上，相比起其他文明普遍得「零分」的情況，從漢朝到宋朝的中國的市場統一而流通，能得「半分」、唯一最高。由於早期中國人的心態是相對積極的，所以古代中國的早期技術成果豐碩、並領先於西方，只是還沒達到工業革命的地步。這是故事的前一半。

參考文獻和注釋

【20-1】 轉引自貢德·弗蘭克，白銀資本[M]，劉北成譯，成都：四川人民出版社，2017：112。

【20-2】 孟德斯鳩，論法的精神[M]，許明龍譯，北京：商務印書館，2012：28、72。

【20-3】 大衛·S·蘭德斯，國富國窮[M]，門洪華等譯，北京：新華出版社，2010：57。

【20-4】 馬克斯·韋伯，中國的宗教：儒教與道教[M]，康樂、簡惠美譯，桂林：廣西師範大學出版社，2016：151。「在一個被根深蒂固且具有神聖性的傳統所盤踞的王國，一個帝王具有絕對裁量權與恩寵的王國中，產業資本主義發展所必須的、理性的、可計算的行政與法律機能並不存在。」

【20-5】 以中國古代技術為論據、追問古代中國科學落後原因的追問，包括：
A、李約瑟，文明的滴定[M]，張卜天譯，北京：商務印書館，2016：176。「當時我認為最重要的問題是：一，為什麼現代科學沒有在中國（或印度）文明中發展，而只在歐洲發展出來？不過隨著時光的流逝，我終於對中國的科學和社會有所瞭解，我漸漸認識到還有一個問題至少同樣重要，那就是二，為什麼從西元前1世紀到西元15世紀，在把人類的自然知識應用於人的實際需要方面，中國文明要比西方文明有效得多？」
B、本傑明·艾爾曼，中國近代科學的文化史[M]，王紅霞等譯，上海：上海古籍出版社，2019：92。「假如到1800年時，中國已經能夠製造出供三億五千萬中國人口使用的書籍、紙張、瓷器、絲綢和棉紡織品，那麼，科學史家們為什麼會認為歐洲人在現代技術科學的興起過程中占主導地位呢？」
C、何兆武、柳卸林，中國印象：外國名人論中國文化[M]，北京：中國

人民大學出版社，2011：70。法國詩人、評論家、思想家，瓦萊里寫道：「歐洲人發問：他們發明了指南針之後怎麼沒有延伸這一才幹，繼續努力，一直到有磁性科學呢？而有了指南針之後，他們怎麼沒有想到率領艦隊到遠洋去認識並征服大洋彼岸呢？中國人還發明了火藥，但沒有進而研究化學，進而造出大炮，而是把火藥濫用於煙火和晚間無聊的娛樂之中。」

【20-6】 僅舉一例。帕爾默在《世界史》中追問道：「為什麼中國沒有像歐洲在那幾個世紀中那樣，產生出最終能導致現代科學和工業社會的各種力量呢？客觀事實是，像馬可波羅這樣的歐洲人到過中國，而不是中國人去過歐洲。發明印刷術的是中國人，但通過印刷書籍而引起變革的卻是歐洲人。中國人懂得火藥，而歐洲人發明了槍炮。」

【20-7】 肯尼斯·斯科特·拉圖雷特在《中國人，他們的歷史和文化》中的一段話：「中國人是如此工業化，在發明創造中表現得如此心靈手巧，而且借助經驗主義過程，在農業發展和醫藥知識上如此遙領先於西方世界，因此他們，而不是西方國家，在理解和主宰人類的自然環境的科學手段上，可能曾經被視為先驅和領導者。一個率先發明了紙張、印刷術、火藥和指南針的民族（這只是他們最著名的發明中的一部分），卻沒有率先發明力織機、蒸汽機，以及其他在18世紀和19世紀出現的革命性機械設備，這不能不讓人驚訝。」轉自馬歇爾·麥克盧漢，古登堡星漢璀璨[M]，楊晨光譯，北京：北京理工大學出版社，2014：101-102。

【20-8】 查理斯·辛格（Charles Singer）在《技術史》中所述，從西元500年到1500年，「在技術方面，西方幾乎沒有傳給東方任何東西，技術的傳動是沿著相反方向的。」查理斯·辛格，技術史：第II卷[M]，潛偉譯，上海：上海科學教育出版社，2004：540。

【20-9】 林毅夫教授也曾強調同一個答案應該能解釋這兩種趨勢。

【20-10】 關於四大發明的爭議及解決，參考科學史家江曉原先生的著作。

【20-11】 關於漢代的技術成就，請參考：瓦茨拉夫·斯米爾，能量與文明[M]，吳

玲玲、李竹譯，北京：九州出版社，2020：92-93、399。「在農業的根本變化方面，沒有任何朝代能與漢朝相比（Xu and Dull 1980）。漢朝之後的農業發展逐漸趨緩，西元14世紀以後，農業技術幾乎停滯不前。」「如果要挑選一個古代社會，說明它在燃料使用和原動力發展方面的顯著進步，就必須選擇漢代中國（西元前206至西元220年）。它的創新在幾個世紀，甚至一千多年後才被其他地方採用，漢朝人最顯著的貢獻是用煤煉鐵、鑽探天然氣、用鑄鐵煉鋼、廣泛使用帶彎曲刮土板的鑄鐵犁、開始使用項圈輓具以及多管條播機。在接下來的一千多年裡、再沒有出現這樣的大規模重要進展。」

【20-12】詹姆斯·E·麥克萊倫三世、哈樂德·多恩，世界科學技術通史[M]，王鳴陽譯，上海：上海教育出版社，2020：142。

【20-13】關於鼓風機最早使用的時間，它大約從14世紀開始出現與歐洲，這點爭議不大。但它從中國開始的時間不明確，有說中國比歐洲早700年的，有說早1,000年的，也有說早1,500年的。

【20-14】南宋莊綽所著《雞肋篇》中記載：「汴都數百萬家，盡用石炭，無一家燃薪者。」另外，元代來華的馬可波羅（1254-1324）也記載，由於煤炭應用之廣，中國人可以在冬天每天洗熱水澡。請參考宮崎市定，《亞洲史論考下卷——宋代的煤與鐵》，P965-1012。

【20-15】《夢溪筆談》中記載：「國朝初平江南，歲鑄錢七萬貫；自後稍增廣，至天聖中，歲鑄一百餘萬貫；慶曆間，至三百萬貫；熙寧六年以後，歲鑄銅鐵錢六百餘萬貫。」

【20-16】明朝的《牧民心鑒》中分得更細：官、軍、醫、筮、士、農、工、商，商人再次名列最後。

【20-17】另外，姜子牙曰：「王者之國，使民富；霸者之國，使士富；僅存之國，使大夫富；無道之國，使國家富。」

【20-18】馬克斯·韋伯，中國的宗教：儒教與道教[M]，康樂、簡惠美譯，桂林：

廣西師範大學出版社，2016：106-319。「中國的小店東是分文必爭、錙銖必較的，並天天檢點其現金盒。據可靠的旅行者的描述，本土中國人日常交談中談錢與金錢事務的程度，顯然是少有他處能及的。」

第二十一章

四大發明之後發生了什麼

　　故事的前一半很精彩，後一半則乏善可陳，只是，沒結果的結果更有待解釋——在元明清三朝長達七百多年的時間裡，再沒有出現過能與四大發明相媲美的任何重大發明；在同一時期，西方出現了一波波新技術浪潮；今天我們熟知的火車、飛機、冰箱、彩電、電報、電話、化纖等，大都是從西方傳播到世界其他地區的。一個未必準確但可以參考的統計是：中國在世界重大發明中的占比，從 6 世紀到 17 世紀的 54%，降低到 19 世紀的 0.4%。不管從橫向比較，還是從縱向比較，這都與古代早期形成強烈反差。

　　一種混淆的描述是說晚期的中華帝國「一直在緩慢的進步」、「緩慢的創新變化」（李約瑟、牟複禮），這指的是原有技術的普及與海外技術的應用。比如，明朝的大型工程，鄭和下西洋的寶船、長城、紫禁城等，用的是宋朝就有的技術。明清大面積推廣的「新」作物，玉米、馬鈴薯等，則是南美引進過來的。明朝的「四大技術名著」也印證了這樣的趨勢：徐霞客著《徐霞客遊記》、宋應星著《天工開物》、徐光啟著《農政全書》、李時珍著《本草綱目》，均屬於實用資訊的彙集，而全新與自主的重大發明，則蹤跡難覓！

　　另一種混淆的說法是所謂「洪武盛世」或「康乾盛世」，那只是人口爆炸的結果。明清的經濟總量看似很大，但只要平均到「人均」——人均財富、人均產量、人均收入、人均攝取的能量、人均休閒時間、人均發明量、人均工具用量、人均從土地上得到的回報——就少得可憐。人口爆炸加劇了與土地的緊張關係，在缺乏重大發明支撐下，明清不得不採取精耕細作的方式來

應對，於是在小農經濟的道路上越走越遠。【21-1】

上述再次證明我們以重大發明來定義技術進步的必要性：因為從單位面積的土地養活了更多的人口看，技術總量與舊技術的普及都增加，如果將此視為技術「進步」的話，那麼，小農經濟愈演愈烈就很奇怪！反之，用重大發明的匱乏來衡量技術的「倒退」，就清楚解釋了上述事實！橫向比較也同樣說明問題：世界其他地區受限於小農經濟是因為連續性不夠造成技術水準之低，而元明清三朝在數百年間超級穩定，技術水準仍然低，其瓶頸就不在於舊技術，而在於新發明！

缺乏保障的繁榮

要解釋中國古代後期重大發明的枯竭，又會出現想當然的聯想：一定是商業環境與法律環境倒退的緣故，錯！古代中國的商業環境從開始就沒問題，到明清時更成熟；古代中國的法律環境從開始就專制，到明清也變本加厲。兩者都在沿著既有的軌道前行，並各自達到了各自的極限。

元朝的情況可以帶過，因為在介紹蒙古帝國的時候已經介紹過：它無意中加速了東西方的交流，但其統治者視人如牲畜，官員想的是如何掠奪，老百姓想的是如何逃亡，少有人關心生產、建設、技術、投資等正常的事情。再加上，蒙古入侵還造成了文化水準的退化，被占領區在很長時間內都找不出幾個識字的人，那自然，在經濟、技術、文化，乃至人口等各方面，元朝都差了宋朝一大截——它在發明數字上仍有少許餘額，那僅僅是因為它在飛速消耗宋朝留下的「技術餘糧」的緣故。

明、清兩朝的情況大致可以合併起來講：兩朝恢復了中國自古以來就有的市場機制，並加以完善。尤其在兩朝中晚期的統治者看來，商業對稅收有利，何樂而不為。於是，那時出現了統一市場下的勞動力、土地、資本流通的繁忙景象。在統一市場走向完善的同時，王權也走向無限；清朝把所有人

都名正言順地當做「奴才」,談何權利!王朝一般不干涉俗人的事情,但隨時有權介入;王朝一般按照律法辦事,但可以隨時改變;王朝給了百姓一定的產權承諾,但隨時徵用。既然頭上永遠懸著王朝的劍,那「富不過三代」絕非虛言!

這樣就好理解明清的投資者:精神加劇分裂。對比下普通人在幾種社會中的選擇:在古代亂世中,沒機會也沒保障,躺平即可;在現代社會中,有機會也有保障,努力即可;而明清的環境是分裂的,繁榮的市場意味著改善物質生活的機會,專制的法律意味著沒有安全的保障,於是,理性經濟人只能選擇追求短期利益,既沒必要做長遠打算,也沒必要放棄眼前利益,如果賺到錢的話,就及時行樂吧,還有剩餘的話,就買地、買功名吧。事實也證明,在明清巨大的社會資本中,周轉的多、投資的少;在投資中,短期的多,長期的少!

這樣也好理解明清的發明者:地位大不如前。明初把工匠們固定戶籍為匠戶、織工、陶工、木匠、泥瓦匠,一半時間要完成政府的勞役,因此也被稱為「工奴」。工奴們成天想著逃跑或耗時間,哪有激情去發明?[21-2] 勞役制度到明朝中期解禁,原因實屬無奈,打混摸魚的人太多,朝廷也就接受了既成事實。但即便工匠有全部時間經營手工製品,在缺乏對技術與產權的法律保障下,他(她)們也面臨與商人同樣的困惑:沒必要不靠手藝吃飯,但也沒必要搞費時費力的發明,最合理的選擇是利用「現成技術」。產品品質也沒必要太好,因為顧客也沒那麼長遠的預期,短期能用、價格便宜就行。[21-3]

這裡我們同樣要排除自己給自己埋下的一個雷:既然商業環境的優勢在古代中國晚期始終存在,為什麼它不足以支撐後期的技術創新?答案還是「相對而言」。相對於古代早期的中國,明清的中國沿著既有的軌跡前行,注意,前行而非轉型。其商業與法律環境,大致從過去的「0.5 分」緩慢上行到「0.6 分」。市場更成熟,對現有技術的推廣有利,而王朝更專制,又

極不利於新發明。

相比之下，1500 年後的歐洲經歷了商業革命、文藝復興、大海航行、宗教改革、憲政革命、啟蒙運動等一系列轉型，注意，是轉型而非前行。其商業與法治環境從最落後的封建農奴制一躍接近了現代的雛形，從過去的「零分」躍升為「0.9 分」。市場經濟與法治的雛形激勵了普通人的創造，而與此同時，明、清則步入了壓制人性的死胡同，就這樣，一個曾經創造出四大發明的偉大文明的偉大國度，在近現代的科技浪潮中沉寂下去了。

為什麼中國沒有率先產生工業革命？

總結古代中國的情況，它同樣印證了之前的結論：沒有良好的商業與法律環境，就沒有俗人的崛起、工業革命的發生。但在這兩種環境中，古代中國的例子尤其提醒我們法治的必要性。這樣說是因為中國的商業環境從來超前，但法律環境從來嚴苛。具體到工業革命，還有下面的例證作為補充：

一個不太明顯但足以致命的細節是古代中國的山林制度。第一次工業革命被稱為煤鐵的革命，其前提是民間被允許開採煤礦與鐵礦，而古代中國歷代都限制百姓對山林沼澤的開採權，那何談煤礦、鐵礦的大開發，何談動力機器的大發展？僅此一條，就將極大降低了古代中國發生工業革命的可能性。《大唐六典・索令》規定：「諸知山澤有異寶、異木及金玉銅鐵彩色雜物處，堪供國用者，皆奏聞。」《大明律例》裡規定：「盜掘金、銀、銅、錫、水銀等項礦砂，每金砂一斤折錢二十貫，銀砂一斤折錢四貫，銅、錫、水銀等砂一斤折錢一貫，俱比照盜無人看守物准盜竊論。若在山洞捉獲，分別輕重治罪。」清朝皇帝自康熙到雍正也多次詔令禁止私人採礦。[21-4]

另外一個工業革命難以發生在古代中國的原因，還要回到工業革命中重大發明的特殊性。相比起造紙、火藥、指南針、印刷術等發明，構成的部件及需要的人較少，工業革命中出現的火車、蒸汽機、輪船等都具有元件多、

參與人多的特點,這就離不開普通人的參與,既然古代社會的法律環境難以調動老百姓的積極性,那就只能看皇帝的積極性。在現代蒸汽機持續改進的一百年中,預計要換四五代君主,每位君主都有自己的主意,很難想像他們都能堅持開發蒸汽機;即使哪位明君下令製造這種機器,這主意本來就太超前,有數不清的免費奴工可以徵用,何必要發明節省人力的機器?於是,繼任者很難有同樣的雅興,鄭和寶船被終止又是例證。

洋務運動為何失敗

那麼,近代中國是如何實現工業化的呢?謹此,我們可以列舉失敗與成功的例子各一。失敗的例子就是洋務運動。那段歷史我們不需要詳細講,因為它太慘痛。但為什麼洋務運動會失敗,恐怕不能簡單地把責任推到「腐朽的清政府」或「喪權辱國的李鴻章與慈禧太后」身上,因為清政府與歷朝相比是非昏庸的朝代,他與她也絕非糊塗之士。清政府之所以啟動「洋務運動」,正是出於「自強」的目的,所以也被稱為「自強運動」。

從 1860 年開始,洋務運動如火如荼地展開起來,歷時三十多年,時間不可謂不長;其負責人是滿清四大名臣:曾國藩、左宗棠、李鴻章、張之洞,級別不可謂不高;其興辦的產業涉及軍械、造船、紡織、礦山,聲勢不可謂不大。讓我們看看這張龐大的清單:1861 年安慶軍械所,1862 年上海洋炮局、江南製造局,1865 年金陵製造局,1865 年福州船政局,1866 年天津機器局,1867 年西安器局,1869 年蘭州機器局,1871-1872 年廣東機器局,1874 年湖南機器局,1875 年山東機器局,1875 年四川機器局,1877 年吉林機器局,1881 年旅順海軍兵站,1881-1882 年威海衛造船廠,1882 年北京神機營機器局,1883 年山西機器局,1884 年雲南機器局,1884 年杭州機器局,1885 年台灣機器局,1885 年台灣製造局,1895 年大治鐵礦,1890 年漢陽鐵廠,1890 年漢陽兵工廠,1892 年浙江機器局。只是最終的結局不盡人意:在 1895 年

甲午戰爭中，北洋水師覆滅，此後，李鴻章被免職，北洋水師被解散，洋務運動就此終結。[21-5]

上述告訴我們，洋務運動的失敗也不能怪堅船利炮，因為洋務運動本身就成功引進並製造出了大量的堅船利炮！可以說，它的方法是正確的，工業化乃富國強兵之路，但方向值得商榷：「中學為體、西學為用」、「師夷長技以制夷」，即，體制不變而引進西方技術，用西方技術打敗西方。這兩句話的前提是，首先，清政府的體制與工業化不矛盾，其次，技術足夠解決技術本身的問題。很遺憾，兩個前提都不成立：技術背後是人，人的背後是體制。洋務運動中的企業不是官辦、就是官督商辦、或者官商合辦，都是「官」字開頭，可想其市場度之低、公平度之低、與普通百姓關係之遠。[21-6] 慈禧太后將紡紗機器的專賣權授予李鴻章，本意是想借鑒紡織技術在英國工業革命中的作用，而李鴻章從1882年到1895年下野前無暇顧及，別人也無法涉足，就這樣把中國紡織業耽誤了十幾年。[21-7]

用舊體制來搞新技術，不僅效率低，還隨時可能流產，因為新技術只要帶來一點點隱患，就面臨無可抗拒的王室威權。火車進入中國就是例子，清王朝明知火車正在改變世界，但也因此，視其為「隱性的侵略」。當一名中國商人在北京修建了一公里的鐵路試運行時，清政府以「影響龍脈」為由勒令拆除。當英國商行怡和洋行修建了吳淞到上海的鐵路，清政府花錢收購後拆除。我們聽到的詹天佑造京張鐵路的故事，已經是1905年、距離清政府倒台不遠的事。晚至1911年，清政府依然霸道不變，它將通過股份制的方式籌集民間資金修建的四川鐵路，在不退款的情況下收歸國有，由此引發了四川護路運動，由此引發武昌兵力被抽調到過去鎮壓，由此引發了武昌起義！

改革開放為何能成功？

　　成功的例子當屬中國的改革開放。1978 年後，先是貿易活躍起來，內貿開始滿足民間的需求，外貿開始連接中國與世界；同時，農村的聯產承包責任制將土地的使用權充分分配給個人，鄉鎮企業開始出現，多餘的農民進城打工；接著，一波波的工業化、城鎮化、科技化浪潮來臨。與此同步，政府開始放權於市場，人民代表大會通過了物權法，每個公民得到前所未有的財產保障與前所未有的機遇，勞動者的積極性空前高漲，由此創造出改革開放的「奇蹟」。

歸根到底是環境

　　我們的成功來的那麼快，但摸索的時間又那麼長，這就引出一個遺留問題：如果說在漫長的古代，各民族都在摸索中，所有發展路徑有快有慢，還好理解，但在 18 世紀之後，工業革命震驚了整個世界，並把全世界各民族拉回到同一資訊的起跑線上，那麼在接下來的兩百多年間，為什麼有些國家最早就快速地實現了現代化、成為發達國家；有些國家後來崛起、晉級到發達國家的行列；更多還沒有達到現代化的標準、仍屬於發展中國家？【21-8】

　　最廉價的說法仍然是人種不同：某國追趕現代化的速度快，是因為那裡的人先天智慧勤勞，某國追趕現代化的速度慢，是因為那裡的人先天愚笨懶惰。但今天的科學已經反覆證實，所有人類的 DNA 相同。再從歷史看，人類作為整體花了那麼長時間才實現工業化，每個民族都顯得那麼愚笨，但最終又都聚攏到工業化的方向上，顯得那麼聰慧。我們的民族更同時提供了反例與正例。說到底，全世界的人都嚮往更好的物質生活、都具備實現工業化乃至現代化的潛能；至於如何將理想化為實現，還是在於環境。

　　比人種說更理性的關於追趕現代化速度的解釋，還有先發優勢說、後發

優勢說、小國優勢說、大國劣勢說等。——先發優勢指的是發達國家在製造、流通、倉儲上的規模優勢，讓發展中國家競爭，典型的例子是在19世紀的英國紡織業、瓷器業、機械工具、船舶製造等基於機器製造的品質與價格優勢，很快占領了殖民地國家市場，迫使後者只能從事較低端的原料與農業生產。與之相對應的是後發優勢，即落後國家可以照搬領先國家的既有模式，從而避免錯誤、加速現代化的進程。日本及俄國的工業化，都是沿著這條途徑，快速趕上了發達國家間的步伐。【21-9】——小國優勢指的是像韓國、新加坡等，在幾十年間因為某個領袖的決策而迅速轉型，就像一艘小船看準風向就可以掉頭。鮮明對照的是，清政府、鄂圖曼土耳其、印度的蒙兀兒王朝等大國背負了沉重的歷史與體量的包袱，都曾在轉型的過程中步履蹣跚，像一輛巨型卡車明知方向錯也難轉彎，但最終，這些國家也都在新體制下走上工業化的道路。

在我看來，所有上述優勢與劣勢，都歸結為「環境」二字。【附2-33】如果一個國家儘早法治與市場經濟，就會快速激發普通人的積極性、開始工業化的進程，即先發優勢。如果一個國家錯過了第一班車，但能很快轉變體制到市場經濟與法治，那麼同樣會激發普通人的積極性、及時跟上工業化的進程，即後發優勢。反之，如果一個國家遲遲拒絕市場經濟與法治，那儘管它在時間上已經進入現代，在結構上卻仍然停留在古代，於是，只能在「現代的古代」中繼續摸索。

參考文獻和注釋

【21-1】 易勞逸，家族、土地與祖先[M]，苑傑譯，重慶：重慶出版社，2019：146。「中國人的財富大部分都集中在農業方面，但他們因此得到的回報卻很低。人們每年種地的收入只能達到土地價值的 5%-6%，而人們通過商業活動得到的年度回報卻能達到他們投入的 10%-20%，而放貸通常會帶來 30%-40% 的回報。不過，人們還是把大部分財富都投入到購置田產上了，因為他們覺得這是財產保值較為安全的方式。」

【21-2】 關於明朝工匠境遇，請參考：
A、趙岡、陳鐘毅，中國經濟制度史[M]，北京：中國經濟出版社，1991：262。「政府對他們的管制十分嚴格，平日匠不離局，沒有行動之自由，其家人與兒女也沒有婚姻之自由。這種身分是世襲的，不得更改，事實上已超過前朝的征役制度下的工匠。故有的學者認定系官人匠是工奴。」
B、謝和耐，中國社會史[M]，黃建華、黃迅餘譯，南京：江蘇人民出版社，2010：345。「酬金低於市價，有時甚至要長途跋涉趕往南京或北京，自由支配時間甚少。」

【21-3】 對明清工藝的評價，請參考：
A、利瑪竇，利瑪竇中國札記：兩卷[M]，何高濟等譯，北京：中華書局，1983：19-20。「中國的手藝人並不為了獲得更高的售價而在他創作的物品上精益求精。他們的勞作是被買主的需求所引導的，而買主通常滿足於不很精美的東西。結果，他們常常犧牲產品的品質，而只滿足於表面好看以便吸引買主注目。這在他們為官員們做活時似乎特別明顯，因為官員們根本不管所買物件的實際價值而只憑一時好惡向工匠付錢。有時候，他們還強迫工匠們去設計他們並無此聰明才智去做的東西。」
B、衛禮賢，中國心靈[M]，北京：國際文化出版社，1998：381。「商品在

歐洲人看來不牢固，一是出於經濟考慮，萬世不壞顯然不是經濟考慮，二是世事太難料，未來充滿了太多不確切的東西。結果，房屋建造時就沒人想讓它屹立千年不倒，三五十年就已經夠本了。」

【21-4】皮爾·弗里斯，從北京回望曼徹斯特：英國、工業革命和中國[M]，苗婧譯，杭州：浙江大學出版社，2009：99。「政府對大規模的採礦活動喜憂參半，因為它對年輕人的聚合深感不安。為此，有時政府對煤礦開採徵收重稅。」

【21-5】洋務運動進展詳見入口網站。

【21-6】對洋務運動只引進技術，不改變本質的做法，請參考如下評價：

A、理查·H·托尼，中國的土地和勞動[M]，安佳譯，商務印書館，北京：商務印書館，2014：139。

「把近代工業看作一種設計精巧的發明品，就好像英國倫敦珠寶商人製造並獻給清朝皇帝們的玩意兒——北平故宮裡的鍍金鐘錶一樣，任何國家都可以隨心所欲地從外國輸入，完全不顧及使用這種新技術所要求的社會環境，這種想法實在是幼稚到荒謬的程度，彷彿西方人要學習中國的書法，只需進口中國的筆墨就可以了。」

B、梁漱溟，東西文化及其哲學[M]，北京：商務印書館，2012：60。「我敢說：如果歐亞的交通不打開，中國人的精神還照千年來的樣子不變，那中國社會的經濟現象斷不會有什麼變遷，歐洲所謂『工業革新』（Industrial Revolution）的，斷不會發生。」

【21-7】嚴中平，中國棉紡織史稿1289-1937[M]，北京：科學出版社，1963再版。轉自科大衛，近代中國商業的發展[M]，周琳、李旭佳譯，杭州：浙江大學出版社，2010：115、184。

【21-8】根據經濟學家麥迪森的資料，從1500-1820年世界人均產值年增長率為0.04%，西歐與撒哈拉以南的非洲的差距為3：1，從1820-1992年，人均產值年增長率提高到了1.21%，但富國與窮國的差距也拉大到20：1。

【21-9】亞歷山大·格申克龍，經濟落後的歷史透視[M]，張鳳林譯，北京：商務

印書館，2018：55。「一個國家的工業發展越晚，其工業化的大爆發在實際來臨時所具有的爆炸性程度就越大。」

不妨讀的附錄

科學魅影

至此,我們還沒有提及科學。理論上,科學也屬於環境要素中的一種,雖然我們說了,一切環境要素都要通過人來發揮作用,因此,人的作用永遠比環境更直接,但我們今天生活在一個「科技是第一生產力」的時代中,而且,在工業革命前約一個世紀,恰好發生了一次名為「科學革命」的歷史事件,於是,要證明這兩件事之間沒有直接關聯,怕是不能簡單帶過,我們只能在本書的最後,來更細微地審視那段歷史。

科學革命與工業革命,常常被認為是共同開創現代世界的兩件大事,[附1-1]這只是從結果上看。而從歷史進程來看,它們屬於時間、空間、性質不同的獨立事件。

科學革命發生在 17 世紀,一般認為其高峰期是從 1543 年到 1689 年(以 1543 年哥白尼發表《天體運行論》為開始的標誌,1689 年牛頓發表《天體運行論》為結束的標誌)。而第一次工業革命則發生在 1760 年到 1830 年間,中間間隔了約一個世紀。

在空間上,科學革命發生在歐洲大陸,後來才波及到英國,其主角也以歐洲大陸人居多:哥白尼是波蘭人,第谷是丹麥人,伽利略是義大利人,笛卡爾是法國人,萊布尼茨是德國人,當然,培根與牛頓是英國人。而第一次工業革命發生在英國,有人把工業革命誤說成是歐洲/西方事件,那是混淆了兩次工業革命的緣故。

在性質上，科學革命中的哥白尼日心說、克卜勒三大定律、牛頓定律無不屬於抽象的理論，開啟的是精神層面的現代。而工業革命中的珍妮紡織機、蒸汽機、火車、輪船、海軍裝備，都屬於具體的現實，開啟的是物質層面的現代。【附1-2】

好，科學革命不等於工業革命，但一前一後的兩件事，是否正好構成因果關係呢？按照因果性的要求，我們說甲是乙的原因，不僅需要乙緊接著甲發生，還需要甲對乙直接促進的機制。關於這點，歐洲大陸提供了反例：科學革命對歐洲大陸的影響更早、範圍更廣，假如科學革命對工業革命有直接促進作用，那工業革命應該發生在歐洲大陸早於英國才對，而事實正好相反。

但顯然，要說服人們這兩次革命之間無關，絕不會像到此為止那般簡單。接下來，人們會說：科學革命產生了科學家、科學知識、科學文化，這些算不算醞釀工業革命的機制呢？關於這些，反例又來自英國工業革命本身。

科學家的缺席

首先是科學家缺席。如果科學家是第一次工業革命的決定因素的話，那麼英國工業革命的主力軍應該是科學家才對，但情況不是這樣。英國工業革命的主導者是工匠和商人，不是貴族，不是知識精英；而在發明者中，工匠居多、貴族較少、科學家則不見蹤影。【附1-3】並且，也不存在他們同時身兼工匠的可能性，羅伯特艾倫形容第一次工業革命中的工匠為「文盲發明家」，達比、斯蒂文森等都沒有受過基礎教育，更不用提科學教育。【附1-4】

這背後的不利因素在於，直到18世紀中葉，普通人階層的教育水準尚未普及。但這背後的有利因素在於，第一次工業革命中的重大發明主要在動力機械領域。不論機械，還是動力，都高度依賴於直覺，靠反覆摸索就能走

通,甚至,反覆摸索比原理來得更直接。於是不奇怪,無數工匠、幾代工匠通過試錯法,而不需要什麼教育基礎,就足以完成紡織機、焦炭、蒸汽機、火車等偉大發明。【附1-5】

科學知識關係不大

有人會說:科學家缺席工業革命,不等於科學知識也缺席。但其實,科學與技術原本就分屬不同的界域:科學屬於精神的、形而上的範疇,技術屬於物質的、形而下的範疇;形而上的理論可以通過邏輯演繹,形而下的東西可以通過機械傳導,但在古代,跨界間的轉換並沒有明確的機制。再加上,古代思考科學的與搞技術的也是兩撥人:科學是僧侶和貴族的事,技術是工匠的事,分屬不同的階層。這些都造成古代的科學與技術的發展始終類似兩條平行線。【附1-6】

這種情況一直持續到科學革命之後,那時,牛頓力學已經解釋了宇宙的運行,卻「與技術運用基本無關」。【附1-7】在從科學革命到工業革命之間的一百年間,工業「非常緩慢且不穩定」,更意想不到的是,「革命」後的科學居然自己陷入了很長的低谷期。【附1-8】

這種情況一直延續到第一次工業革命期間。——18世紀的冶金行業都起飛了,達比發明了焦煤煉鐵法、科特發明了熟鐵攪煉法,而那時現代化學還沒有誕生,直到19世紀化學家才發現了碳元素、氧元素,顯然,達比與科特沒有也不需要這些知識。【附1-9】——18世紀的蒸汽機都改進了三代並安裝到各行各業了,而那時現代熱力學還沒誕生,直到19世紀的法國物理學家卡諾(Sadi Carnot)才基於對蒸汽機的熱效率分析提出了原理。【附1-10】顯然,薩弗里、紐卡門、瓦特,沒有也不需要這樣的原理。【附1-11】

直到19世紀中期,情況才發生轉變。在第二次工業革命中,科學與技術成熟到了能跨界轉換的程度,兩條平行線擰成了一股繩;與此同時,科學

家開始走向社會、工匠的教育水準普遍提高，兩撥人合併成了一撥人。從那時起，「科技」才成為改變世界的力量，這是十分現代的事情。【附 1-12】

科學文化的模糊影響

有人說，科學家與科學知識缺席工業革命，不等於它們的影響缺席。比如學者莫基爾提出所謂「工業啟蒙」的說法，即，近代科學的啟蒙，加上印刷術、翻譯、百科全書等知識工具的普及，由此形成的科學氛圍潛移默化地影響了幾代英國人，讓技工階層的「智力發展狀況」整體改善，這就可以解釋工業革命的發生及持續。【附 1-13】

但氛圍之所以是氛圍，就在於它說不清有，也說不清沒；無法被證實，也無法被證偽。因此合理的評價是，就像所有文化影響那樣，科學文化對工業革命的影響即使存在也未必直接。

儘管如此，尋找科學影響工業革命的努力仍在繼續，只是找到的「線索」大都經不起推敲。退一步講，假設「線索」真成立的話，那科學家缺席於第一次工業革命就更難解釋：他們自己有手、有腳、有知識，與其影響別人，為什麼不自己發明呢？他們錯過了焦炭的發明，錯過了紡織機的發明，錯過了蒸汽機的發明，錯過了火車與輪船的發明，錯過了轉床、銑床、車床、壓機的發明……唯一合理的解釋是，人們在追逐一個本來就不存在的影子。讓我們來分析下具體的「線索」。

說法一，「薩弗里的蒸汽機受到科學家帕潘的蒸汽泵的啟發」。

有些學者把蒸汽機的發明歸功到帕潘身上，因為考慮到帕潘算科學家、發表過科學文章。但其實，帕潘原本是學醫的，只是半路出家才搞起了機械。而且，他發明的蒸汽泵和高壓鍋與現代蒸汽機差距很明顯，不僅缺少做功的效果，還缺少真空的環節。而英國人瓦薩里發明的「大鍋」，第一次把蒸汽、

真空、機械組合起來做功，現代蒸汽機由此誕生，很遺憾，薩弗里僅僅是個技工。

說法二，「紐卡門的發明與科學家胡克的交流有關」。

部分學者把紐卡門的發明歸功到胡克那裡，因為紐卡門只是技工兼五金店主，而胡克是當時知名的科學家，兩人之間有過書信溝通，那自然的聯想是，前者的主意一定來自後者！

但注意，胡克與紐卡門，除了書信外，沒有工作互動、沒有日常交流、沒有過節串門，「紐卡門基本是一名活動範圍很小的鍛工，不是科學家，也沒有周遊四方去交流訪問。」【附1-14】更重要的是，紐卡門對蒸汽機所做的改進實在不需要指導，槓桿是已經存在了數千年的普通機械，所以紐卡門在原來的「大鍋」邊上伸出了一根橫樑作為槓桿。很遺憾，這靠一個技工的聰明即可實現。【附1-15】退一步講，就算胡克真對紐卡門有幫助，在之前，薩弗里已經把蒸汽機發明出來了！顯然，薩弗里沒經過也不需要胡克的指導！

說法三，「瓦特受布萊克的潛熱理論啟發」。

部分學者把瓦特的發明歸功到大學教授布萊克那裡，因為瓦特在大學當技工修理蒸汽機時，曾經接觸過大學教授布萊克，而布萊克曾經向瓦特介紹了潛能的概念，聯想又油然而生：瓦特一定受了潛熱的啟發！

但首先，記錄這件事的羅比森就有自吹自擂、吹捧老師的嫌疑，他是布萊克教授的學生，而他的「紀錄」是在瓦特成名之後，他宣稱是自己將瓦特引薦給導師布萊克，是自己向瓦特勾畫出蒸氣的前景……即便他說的都是事實，也不能證明瓦特的發明就受布萊克潛熱理論啟發，因為老款的蒸汽機因冷熱交替而浪費燃料，如果分離冷熱將節省燃料，這是燒過水的人都知道的常識，所以瓦特發明了「一種減少火力發動機中蒸汽和燃料的新方法」。至於潛熱，古人也知道物質形態改變時吸收或釋放熱量，布萊克只是啟用了個

新名詞來稱呼老常識罷了。更不用說，在瓦特與布萊克前，薩弗里早已把蒸汽機發明出來了，而紐卡門已經把蒸汽機投入實用了！顯然，薩弗里與紐卡門都沒聽過也不需要「潛熱」的概念！

說法四，「瓦特發明了『馬力』的定量概念，『瓦特』又被當做功率單位，因此瓦特是科學家」。

這又是部分學者一廂情願地改變了瓦特的身分。瓦特出身於技工家庭，從來以工匠為職業。他口中的「馬力」只是「一匹馬的力量」。這樣的類比在古代也存在，因為馬匹是古代最常見的運輸工具。瓦特沿用了這樣的類比，是為了說明一台蒸汽機的功率能頂上多少匹馬的功率，從而證明一台蒸汽機能頂上多少匹馬的價值。至於被當做功率單位的「瓦特」（1馬力＝746瓦），那完全是科學界基於瓦特貢獻的追認，與其生前的身分無關。

說法五，「真空是義大利科學家伽利略的學生，托里拆利發現的，而真空是蒸汽機的一部分」。

古希臘的亞里斯多德曾留下一句名言：「自然厭惡真空」，顯然，那時的人已經知道真空的概念，如果說發現了真空就等於發明了蒸汽機，那就要把發明蒸汽機的功勞歸於古希臘人，這顯然是荒謬的，因為亞里斯多德的「真空」沒蒸汽，也沒做功，與「蒸汽機器」無關。在科學革命中，義大利人托里拆利通過實驗發現倒立的水銀柱上會有一段空隙，這證明了真空確實存在，但同樣沒蒸汽、沒做功。直到工業革命中，薩弗里的蒸汽機才第一次用真空、蒸汽、機械的組合來做功，這是名副其實的第一台現代蒸汽機。而且話說回來，真空出現於英國工業革命中的蒸汽機之中，不等於必然如此。今天普遍使用的汽輪機，由帕森斯（Charles Parsons）於1884年發明，就是用蒸汽推動汽輪旋轉、直接將蒸汽能轉化為電能，越過了真空環節！

說法六，「博爾頓與瓦特在協會認識，而月光協會裡有很多科學家」。

從 17 世紀開始，英國的民間俱樂部如雨後春筍般出現。據統計，1750 年倫敦有 1,000 家民間俱樂部，一般都以地區為中心、由知名人物發起。【附1-16】其中幾個以知識為話題的著名俱樂部包括：位於曼徹斯特的「文學與哲學會」，位於愛丁堡的「擇優學會」，位於伯明罕的、每逢滿月時聚會的月光俱樂部等等。它們討論的話題包括科學、技術、時政、經濟、奇聞軼事等。這些都告訴我們，月光俱樂部是一個地區性的俱樂部，而非「學會」。

作為地區性的俱樂部，它當然為本地區提供鬆散的社交功能。發展到工業革命時代，陶器實業家韋奇伍德、鐵器實業家威爾金森、蒸汽機的發明者博爾頓與瓦特等都成為月光協會的會員。據說瓦特和博爾頓也是在協會認識的。據說瓦特關於行星裝置的專利也是受了協會討論的啟發。但這樣的作用是籠統的，而且肯定沒到達到非有不成的程度。理由很簡單：飛梭、珍妮紡織機、達比煉鐵法等革命性的發明者，都沒加入月光協會，但完成了同樣偉大的發明！

俗人的壯舉

真正的困惑不在於歷史，而在於今天的人們執著地尋找一種歷史上本不存在的科學與技術的關聯。對普通人來說，這大概來自一種「時空錯置」的心理假象。今天我們生活在一個「科技為第一生產力」、科學指導技術的時代，會想當然地把現實投射到過去。這就好像因為現代人喜歡洗澡，而想像猿人也如此；因為現代的歐洲講求平等，而想像中世紀的歐洲也如此。這當然不符合歷史事實。

與普通人相比，專業的學者會有意識地避免「時空錯置」，這是優勢，但也有一個劣勢，就是他（她）們生長於科學體制下、生活於學術團體中，難免把對自己的職業與團體的自豪感融入於自己的潛意識：像工業革命這樣重要的歷史事件，怎麼可能是由非專業、非科學人士完成呢？不，背後一定

有科學體制與科學團隊的作用！即使現在沒證據，那只是沒找到，還要繼續找！這就像在牛頓出生之前，蘋果已經落地幾百萬年了，但牛頓迷會堅持說，「不，沒有牛頓，蘋果就不可能自己落地！」

歷史是成功者寫成的，學者是今天的成功者。儘管少數科學史家已經在還原歷史的原貌，但混淆論調仍然占據著輿論的主流且層出不窮。工匠們創造了工業革命，卻無法為自己代言，作者不得不代為發聲：正是這些身分最普通、目的最世俗的人，開啟了工業革命，乃至一個新的時代！

參考文獻和注釋

【附1-1】 斯塔夫里阿諾斯，全球通史：從史前史到21世紀下冊 [M]，吳象嬰等譯，北京：北京大學出版社，2006：479。

斯塔夫里阿諾斯在《全球通史：從史前史到21世紀》中寫道：「這一偉大變革都源自科學革命和工業革命；這兩大革命是西方文明對人類發展的傑出貢獻。回顧歷史，似乎這兩大革命比新石器時代的農業革命具有更大的意義。」

【附1-2】 關於科學革命與工業革命無關，請參考：詹姆斯·E·麥克萊倫三世、哈樂德·多恩，世界科學技術通史 [M]，王鳴陽譯，上海：上海教育出版社，2020：285-286、344。

「總的來說，在16和17世紀的歐洲，在進行科學革命的同時並沒有發生技術革命或者工業革命。那時儘管也有印刷機、大炮和炮艦一類的發明起到了劃時代的影響，然而它們的發展並沒有用到科學或者說自然哲學……總之，歐洲的科學和技術在那時基本上仍然是互不相干，無論在智識上還是在社會學意義上，兩者仍停留在自古以來的那種狀況上。」「科學革命不管對工業革命產生過什麼文化影響，卻終歸未曾深入到能夠把學理論應用於技術發明的程度。歐洲各國政府雖然抱有培根式的理性主義觀點希望科學能夠幫助社會，但是它們關注的還是局限於科學如何幫助進行國家管理。至於工業革命技術層面上的問題，則仍然留給沒有受過學校教育的技師工匠和企業家們去解決，而他們卻又未掌握理論知識或受過任何科學訓練。那時，這樣的理論知識還沒有被編進教科書中，大學也沒有工程科學方面的計畫甚至課程。那時也還不存在職業的工程學會，直到1771年斯米頓土木工程師協會才成立。那時能夠用來把抽象的數學原理轉換成工程公式的物理學常數和參數表也沒有確定下來，更沒有編纂成冊。同樣，那時

也沒有任何一所工程研究實驗室。要出現這些發展以及出現應用科學，還得再等待一些時日。」

【附1-3】　關於工匠是科學革命的主力軍，請參考：
A、南森·羅森堡、L·E·小伯澤爾，西方致富之路[M]，劉賽力等譯，三聯書店（香港）有限公司，1989：22。「在西方經濟增長最初的幾個世紀裡，西方的工匠發明者和企業的大多數技術都是由他們自己創造的。在1800年以前，西方科學的發展幾乎與西方的工業無關。科學對工業技術的貢獻在19世紀初仍然很少，以後才逐漸多起來。」

B、亞瑟·路易斯，經濟增長理論[M]，周師銘、沈丙傑等譯，北京：商務印書館，2016：201。「事實是18世紀和19世紀的偉大發明都不是出於科學家之手——如蒸汽機、紡織機的發明，新的農業輪作制，熔煉礦石的新方法，機床——所有這些都是做實際工作的人發明的，他們並不懂科學或知之甚少。只是到了20世紀，科學教育才對未來的發明家成了至關重要的，或者說只是到20世紀，或者科學發現才成為推動技術不斷進步的主要泉源。」

C、湯瑪斯·庫恩，必要的張力：科學的傳統和變革論文選[M]，紀樹立等譯，福州：福建人民出版社，1981：142。「直至19世紀末，重要的技術革新幾乎從來不是來源於對科學有貢獻的人、機構或社會集團。雖然科學家有時也作試驗，雖然他們的代言人常常宣稱他們的成功，但有效的技術改革者主要是手工匠、工頭和靈巧的設計者。」

【附1-4】　關於工匠的教育程度，請參考：
A、羅伯特·艾倫，近代工業革命揭秘：放眼全球的深度透視[M]，毛立坤譯，杭州：浙江大學出版社，2016：379、397、407。67位重要發明家家庭出身分類統計表、重要發明家所屬行業統計表、發明家是否借助試驗來推動研發進程按照所屬行業統計表。

B、湯瑪斯·索維爾，財富、貧窮與政治[M]，孫志傑譯，杭州：浙江教育

出版社，2021：93。「開創工業革命的人大多沒有接受過正式教育，他們都是有實際工作技能和經驗的人，而非精通科學的科學家或系統研究過工程的工程師。在正式的科技研究普及之前，工業革命已經在進行中了。甚至後來的工業先驅如馬斯·愛迪生和亨利·福特接受的正式教育也很少，懷特兄弟高中就退學了。」

C·羅傑·奧斯本，鋼鐵、蒸汽與資本 [M]，曹磊譯，北京：電子工業出版社，2016：11。「紐科門曾經是一個鐵器店的學徒工；約翰·凱伊是個織布機械製造工；亞伯拉罕·達比是個賣麥芽酒的人；阿克萊特是個理髮師也是個做假髮的；特雷維西克是個礦井工程師；哈格里夫斯和克隆普頓都是紡紗工；亨利·科特是個鐵匠，而瓦特是個造船工人的兒子。這些人的背景驚人地相似：學徒或技工出身，都沒有大學學歷（備註：除了織布機的發明者艾德蒙·卡特萊特）。」

【附1-5】關於工匠的試錯法導致第一次工業革命的發明，請參考：特倫斯·基萊，科學研究的經濟定律 [M]，王耀德等譯，石家莊：河北科學技術出版社，2010：15。「熟練工人為了提高勞動生產力，為了增加利潤，在反覆試驗的基礎上有了一次又一次的新發明，他們只是以技術為基礎的技術專家，所發明的技術與純理論研究沒有關係。」

【附1-6】關於歷史上科學與技術的分離，可參考：

道格拉斯·C·諾思·經濟史上的結構和變革 [M]，厲以平譯，北京：商務印書館，1992：186、182。「從歷史上看，在科學知識與人類已應用的工藝之間總是脫鉤？的確實，只有在現代，新知識的系統發展對人類取得巨大進步才是必不可少的。只有在最近一百年，基礎知識的進展對於技術的不斷變革也才是必不可少的。」「工業革命時期的技術事件大體上與基礎科學的發展無關。另一方面，最近的過去的技術事件都需要科學上的重大突破。邊幹邊學可以解釋工業革命時期技術的發展，但只有科學實驗才能說明原子能或石油化學工業的發展。」

俗人的壯舉：當我們遭遇工業革命

【附1-7】 易勞逸，家族、土地與祖先[M]，苑傑譯，重慶：重慶出版社，2019：255。

【附1-8】 關於科學在科學革命到工業革命間的低潮，請參考：

A、菲利普·鮑爾，好奇心：科學何以執念萬物[M]，王康友等譯，上海：上海交通大學出版社，2017：377。

B、斯蒂芬·F·梅森，自然科學史[M]，周煦良等譯，上海：上海譯文出版社，1984：240。波動可以從英國皇家學會會員數反映出來：英國皇家學會創立時有100名會員，到1670年增加到約200名會員，到1700年的時候又減少到100名出頭的會員，之後經過逐漸提升到1800年達到500名會員。

C、約翰·德斯蒙德·貝爾納，歷史上的科學：卷一[M]，伍況甫等譯，北京：科學出版社，2015：389、391。1690-1760年，即科學革命到工業革命之間的時期，「毋寧是科學的死水」，「在文藝復興時期創造科學並帶著17世紀中葉大爆發的那股原始衝動，到了17世紀末似乎舉步不前而瀕臨死去。」

D、湯瑪斯·庫恩，必要的張力：科學的傳統和變革論文選[M]，紀樹立等譯，福州：福建人民出版社，1981：144。工業革命前後一個世紀的英國科學為「普遍落後」，並由此推斷，當時的科學不可能對技術革命發揮重要作用，因為科學與技術在那時都尚未成熟到直接彼此轉化的程度。

【附1-9】 關於科學知識與工業革命無直接影響，請參考：

A、I·伯納德·科恩，科學中的革命[M]，魯旭東、趙培傑譯，北京：商務印書館，2017：262。「工業革命（Industrial Revolution）並非科學中發生的一次革命，甚至也不是直接或主要以科學的運用為基礎的一次革命。」

B、詹姆斯·E·麥克萊倫三世、哈樂德·多恩，世界科學技術通史[M]，王鳴陽譯，上海：上海教育出版社，2020：221。「歐洲的發展產生了如此廣泛而又深遠的影響，科學思想在其中起到了什麼作用呢？答案是基本上沒有什麼作用……當時的炮兵、鑄造匠、鐵匠、造船工人、工程師和航海家在從事他們的工作的時候，在進行發明創造的時候，沒有靠別的東西，憑藉的只是他們的經驗、技藝、直覺、大致的估計和勇氣。」

C、特倫斯・基萊，科學研究的經濟定律 [M]，王耀德等譯，石家莊：河北科學技術出版社，2010：123。「從總體上回顧一下工業革命，我們很難看出科學給技術提供了什麼東西，因為當時的科學本身尚處於未成熟階段。從 19 世紀情況來看，科學家們總是慌慌忙忙地追趕技術人員，也就是說，不是科學促進技術，而是技術促進和推動科學。」

【附 1-10】 卡諾定理：熱機效率 =$1-T_2/T_1$。

【附 1-11】 關於蒸汽機與科學知識的無關，請參考：

A、羅伯特・斯圖爾特・米克爾姆於 1824 年的《描述蒸汽機史》（Descriptive History of the Steam-Engine）中寫道：「我們現在已經不得而知，是誰散播這樣的說法：（蒸汽機的）發明是科學歷來奉獻給人類的最貴重的禮物之一。事實是，科學或科學家在這件事上始終什麼也沒有做。誠然，在今天，理論家給任何機器或機構所做的那點工作並不比過去更形無益。然而，這發明是實際工作的機工——而且僅僅是他們作出的，也是他們加以改良和完善的。」轉自亞・沃爾夫，十八世紀科學、技術和哲學史：下冊 [M]，周昌忠等譯，北京：商務印書館，2012：786。及鄭延慧，工業革命的主角 [M]，長沙：湖南教育出版社，2009：176。

B、特倫斯・基萊，科學研究的經濟定律 [M]，王耀德等譯，石家莊：河北科學技術出版社，2010：119、123。「不是工業革命時期的技術人員依賴於科學家，而是科學家依賴於技術人員。鄧尼斯・帕平是世界一流的研究空氣的科學家，他常常說，正是因為紐卡門的成功促使他研究真空蒸汽機。」「蒸汽機是最能體現工業革命成果的典型機械，但蒸汽機的不斷改進過程表明它與科學沒有任何關聯，而是源於已經存在的技術。而且蒸汽機都是由一些沒有受過正規教育的孤立的個人創造出來的，這些沒有什麼文化的發明家不過用最清楚明白的道理處理一直困擾他們的機械問題，當然他們的這種解決辦法能帶來明顯的經濟效益。」

C、詹姆斯・E・麥克萊倫三世、哈樂德・多恩，世界科學技術通史 [M]，

王鳴陽譯，上海：上海教育出版社，2020：309：「蒸汽機是一項改變了工業發展進程的技術創新。蒸汽機的最初出現甚至同傳統技藝都沒有太大關係，靠的是直覺和試試改改，還有一點運氣。科門和他的管子工助手考利（John Cawley）偶然發現，把壓縮蒸汽通入一個圓筒能夠產生局部真空，於是大氣壓力就可以推動圓筒裡的活塞。即使連大氣壓力是一種潛在動力的想法，在當時也可以說是不明確的，所以，蒸汽機的實際設計同科學毫無關係。」

D、喬爾・莫基爾，富裕的槓桿：技術革新與經濟進步[M]，陳小白譯，北京：華夏出版社，2008：97。「雖然有一門學科（熱力學）用公式表示了蒸汽機所依據的原理，但是蒸汽機的成功卻先於這門學科的建立。」

E、湯瑪斯・庫恩，必要的張力：科學的傳統和變革論文選[M]，紀樹立等譯，福州：福建人民出版社，1981：102。科學文獻中關於能量轉換的討論，在1760年以前很少；在1800年（蒸汽機啟動）後，才開始增多。這說明，在蒸汽機的發明中，科學是被帶動的而非前置的。

【附1-12】科學與技術交叉於19世紀，可見任何一本科學史書，這個時間點爭議很小。

【附1-13】關於科學啟蒙的概念，是科學史家喬爾・莫基爾提出並詮釋的：

一方面，他承認科學革命與工業革命之間沒有明確的證據，「即使在1800年之前，只有很少的一些重要發明可以直接歸功於科學發現。」「我們今天稱之為科學知識的東西在1850年之前很少成為對技術進步有約束力的阻礙。」見喬爾・莫基爾，富裕的槓桿：技術革新與經濟進步[M]，陳小白譯，北京：華夏出版社，2008：29、186、252。另一方面，莫基爾又爭辯說：「在英國，各個科學研究領域的專家與不同行業的製造者之間交流極為便利，無形中也就取得了豐碩的交流成果。一種新發明投入工業應用以後，在英國顯然能夠獲得更為豐厚的利潤，這也是在實際操作層面英國能夠勝出的原因所在。」「在1850年之前，不存在技術與科技的結合，因而技術進步缺乏持續的動力。」「1850年後，科學與技術的協同進化才明確。」見喬爾・

莫基爾，雅典娜的禮物 [M]，段異兵、唐樂譯，北京：科學出版社，2010：98、283。

另見，科學史家瑪格麗特·雅各，科學文化與西方工業化[M]，李紅林等譯，上海：上海交通大學出版社，2017：149。她一方面承認，「18世紀英國的土木工程師或技師幾乎都不是專業人士，他們通常是在像讓·德薩吉利埃、約翰·斯密頓和詹姆斯·瓦特這樣的先鋒的影響下自學成才和自我塑造的。」但又在前言中寫道，「一種全新的科學的自然觀引導了工業化。」

【附1-14】 喬爾·莫基爾，雅典娜的禮物 [M]，段異兵、唐樂譯，北京：科學出版社，2010：47。

【附1-15】 亞·沃爾夫，十八世紀科學、技術和哲學史：下冊 [M]，周昌忠等譯，北京：商務印書館，2012：788。「紐卡門發明的功績不在於發現了有關科學原理。因為，這一、二條原理簡單而又平常：平衡的組合；蒸汽冷凝產生真空；以及活塞在汽缸中作用。他應得的聲譽維繫於他的技能和才智。他憑藉這些，根據這幾條簡單原理，利用原始工具，花費使用生疏材料和器具時所必須付出的體力，製造出了一種設備，它成功地完成了繁重工作，而以往試用的動力都已證明無法勝任這類工作。這樣，紐卡門便解決了深礦井排水這個緊迫問題。」

【附1-16】 詹姆斯·弗農，遠方的陌生人 [M]，張祝馨譯，北京：商務印書館，2017：113。

（可不讀的）附錄

關於工業革命為何發生的太多答案

我認為，本書已經回答了問題：人的作用永遠比環境更直接，一切環境要素都要通過人來發揮作用。但顯然，這不是對此問題的唯一回答，環境、經濟、技術、市場、制度、人口、文化等因素都曾被不同的學者當做工業革命的直接原因。公平地講，它們可能都對工業革命有某種促進作用，但都未必直接；於是，它們有時發揮作用，有時又不發揮作用；這讓支持的學者很容易找出論據，也讓反對的學者及作者很容易找出反例！為了給窮其究竟的讀者提供完整的背景資料，作者還是將這些之前的破案「卷宗」一一列出。作者的評述未必公允，僅供最終的評判者（您）參考。

正確到無意義的答案

i) 綜合因素、合力說

這些學者認為，歷史事件是眾多因素「合力」的結果。從這種視角來解釋工業革命的發生，那它就應該歸因於技術、經濟、軍事、文化、制度、自然環境等諸多因素的相互作用。【附 2-1】

ii) 路徑依賴說

「路徑依賴說」可以視為「綜合因素說」的變種之一，因為「路徑」一

詞涵蓋了過去的所有因素。有學者指出，任何歷史都是連續的，後一個歷史狀態取決於前一個歷史狀態。以這種視角來解釋工業革命，為什麼它在英國率先發生、又為什麼沒在其他地方發生，就都可以歸因於不同的文明路徑。

評：竊以為，如果不加分析地列出所有可能的理由，大概等於把工作原封不動地交還給了讀者自己。再深究「合力」間的關係，恐怕還有循環論證的嫌疑，哲學家羅素不無諷刺地評論道，「工業制度緣自現代科學，現代科學緣自伽利略，伽利略緣自哥白尼，哥白尼緣自文藝復興，文藝復興源自君士坦丁堡的陷落，君士坦丁堡的陷落緣自突厥人移民，突厥人移民緣自中亞的乾燥，因而，尋求歷史原因的根本在於研究水文地理學。」【附2-2】著名的歷史學家卡爾則從正面指出，歷史分析應該考慮最多的可能性，然後篩選出最直接的因果關係，「如果僅滿足於一個接一個，羅列十幾個俄國革命原因並僅止於此，或許他得到二等成績，但幾乎不能得到一等成績；『知識淵博，但缺乏想像』，可能是老師的評語。真正的歷史學家，當他面對這堆收集的原因時，會有一種職業的衝動，把這些原因歸類，並梳理為某種順序，確定這些原因在這種順序中的彼此關係，或許也會決定將哪一種原因或哪一類原因當作主要的原因或全部原因中的原因來『窮究到底』或『歸根結底』。」【附2-3】

對綜合因素說的批判也適用於路徑依賴說：它可以輕易地解釋正、反兩面的結果，而這樣的解釋等於沒有解釋。比如，我吃了早飯，是因為八點鐘起床的緣故；我沒吃早飯，也是因為早上八點鐘起床的緣故。再如，古代中國早期發明明顯領先於西方並向西方輸送，如果嚴格按照早期路徑發展下去，中國應該永遠領先、西方應該永遠落後，但事實相反。我們只能說，過去是死的、當下是活的，路徑是死的、人的選擇是活的！

在排除了上述「正確到無意義」的答案後，剩下的答案才有批判的價值。根據其隨時間的可變性，分為偶然因素、固定因素、可變因素三大類。

一、偶然因素類，即，單次出現、已經過去、再也無法重複的因素

特殊人物與事件很容易來解釋歷史的特殊性。以這種視角來解釋工業革命的發生，歷史上的英國學者們常常指向英國文化、英國國民性、英國的某位國王、某任首相、某位天才、英語、英國文化、英國的民族性、英國的特殊資源、英國的特殊地理位置等。而關於工業革命為什麼沒在古代中國發生，加州學派則歸因於恰好在 19 世紀前出現的某種偶然情況：如煤炭資源的位置、殖民網路、【附2-4】歐洲的持續戰爭、【附2-5】白銀供應、【附2-6】新大陸的發現、【附2-7】煤鐵資源【附2-8】，乃至大炮、鐘錶與啤酒。【附2-9】，評：偶然因素說可以輕易解釋歷史事件的特殊性，卻無法解釋歷史跨度的連續性。從俗人在工業革命中的崛起，到現代變為「俗人」的社會，這是一種愈演愈烈、不可逆轉的趨勢，其背後必然存在著某種結構性的支撐。工業革命發生在 18 世紀的英國，意味著那時那地具有某種特殊性，但工業化浪潮迅速席捲全球的事實，又說明背後的原因不可能那麼特殊，相反，它應該是全人類可以共用的元素。這並不意味著偶然因素可以忽略，而只是說，我們有必要從中提取出更通用的元素，因為這樣的因素才能解釋歷史的延續性，並且，為今天的讀者帶來可以借鑒的啟迪。【附2-10】

二、固定因素類，即，在人類文明存續的時段內變化很小的因素

自然環境因素，包括氣候、海陸、植被、動物等，常常被用來解釋不同區域間文明形態的不同。【附2-11】用這種視角來解釋工業革命的發生，它的發生就往往被歸因於英國的島國環境：因此，英國海軍發達；因為島國難以入侵，英國遠離了歐洲大陸的連綿戰爭，處於相對穩定的政治經濟格局中；因為島國經不起長期戰爭、因此國王與貴族只能妥協共治，才有 1125 年形成的《大憲章》。因為該島的面積不大不小，於是採用半農、半牧、半漁、半手工的混合型經濟，並商業發達。

評：自然環境決定論可以很好解釋人類早期的文明形態，因為越往前，

自然環境就在越大程度上制約不同地區早期文明的發展軌跡。但越靠近代，受益於科學與技術的進步，人類越來越把命運掌握在自己手中，假如自然地理因素仍然對歷史起決定性作用的話，那麼各文明的發展軌跡應該從一而終才對，但我們能看到無數的反例。最極端的反例來自古代中國：它在古代早期出現了發明潮，又在古代晚期出現了發明荒，又在今天實現了發明潮的復興。如此跌宕起伏，顯然不是任何不變因素可以解釋的。

具體到工業革命，它發生在兩百年前，但英國的自然環境在幾百萬年前就已經形成了，從時間看就不可能直接。從機制看也不太可能，因為與英國類似的島嶼（儘管在歐洲不多見），在世界其他地區並不少見：日本、台灣、馬達加斯加、福克蘭群島等、紐西蘭島、印尼群島、菲律賓群島等。英國國土面積類似的情況也類似，它面積居中，比荷蘭、義大利城邦的面積大，又比法國、西班牙小，但這樣的類型也恰恰是最常見的類型。

三、可變因素類，即，短期相對穩定、長期看可能改變的因素

3.1 技術、制度、市場及經濟要素決定論

1836 年，人類學家 C・J・Thompsen 將歷史按工具劃分為：石器時代（遠古），青銅器時代（古代），鐵器時代（中世紀），鋼鐵時代（近代），開始了以技術作為歷史斷代的方法。從這個視角來解釋工業革命的發生，則蒸汽機、火車、鐵路、紡織技術、冶金技術、動力機械、發明、工廠制度等都曾被作為其發生的直接原因。[附2-12]

制度對一個國家的經濟、技術、軍事等各方面的影響毋庸置疑，從這個視角來解釋工業革命的發生，綜合制度、[附2-13] 經濟制度、[附2-14] 法律制度、[附2-15] 宗教制度、[附2-16] 政治制度[附2-17] 等都曾被當做答案。另外，制度的缺失也常常被作為中國沒有發生工業革命的原因。[附2-18][附2-33]

市場整體[附2-19] 及各經濟要素，包括勞動分工、[附2-20] 生產力水準、[附2-21] 工資水準、[附2-22] 海外殖民地網路、[附2-23] 農業改革、[附2-24] 專利法、商業

改革、行會解體等，從這些視角來解釋工業革命，是它們的改變直接刺激了財富增長與技術進步。

評：本書認可技術進步的意義，並把重大發明的空前湧現作為工業革命的核心。只有鑒於技術進步與工業革命在時間上與機制上都重合，因此，前者更適合作為後者的核心，而非原因。本書也完全認同市場與制度的意義。但與一般的市場決定論、制度決定論不同，本書認為，它們並非工業革命發生的直接原因，而頂多是間接原因，因為它們唯有通過人，才能作用於歷史事件。並且，本書認為，市場經濟與法治是不可分的，因為它們加起來，才賦予了現代公民完整的經濟與法律權利。

3.2 人口決定論

人口多或少都可能被當做對經濟與技術進步的有利或不利的因素，具體到工業革命中，人口的變化也是混淆的：在之前的一個世紀，英國人口還僅僅在緩慢增長，到工業革命時才開始加速，到工業革命後更突飛猛進。於是，有學者解釋說，工業革命發生在18世紀的英國是那時英國人口增長的緣故；也有學者解釋說，那是之前的英國人口控制好的緣故，「彷彿勞動力的充足和匱乏都成為英國的優勢。」[附2-25]

評：人口數量對古代社會影響的機制異常複雜。一方面，人口多意味著發明者的數量多、成功概率大，也意味著市場需求大，也意味著勞動力充足；但另一方面，紙張、火藥、印刷機、指南針都不是人多就可以發明出來的，勞動力便宜還降低了機械化的動力，馬爾薩斯循環下的人口增長還會降低人均收入水準。[附2-26] 即使在今天的世界經濟中，對應關係也千奇百怪：人口多如美國、日本、中國等是創新大國，但印度、印尼、巴西等又不是。人口少如以色列、新加坡也是創新強國，但太平洋的島國又不是。這些都暗示，人口總數與重大發明之間，似乎沒有絕對而必然的關聯。

人口品質決定論，前面已經多次評述過，不再贅述。[附2-27]

3.3 文化決定論

文化是把人類社會與動物社會區別開來的主要特徵。以此來解釋工業革命，答案就包括不同精神要素的出現，包括現代觀念、【附2-28】個人主義、【附2-29】創新精神、【附2-30】勤儉奮鬥精神、【附2-31】宗教精神【附2-32】等。儒家精神也常常被作為中國沒有產生工業革命的解釋。

評：人類互通的精神特質屢見不鮮，而某一民族獨具、其他任何民族絕無的精神氣質，恐怕一種也找不出來。比如，個人主義、宗教寬容、冒險精神，新教精神、宗教精神等，在18世紀的英國存在，也在那時的西歐普遍存在。再如，勤奮、勤儉、自強、講求實際等詞，常常被英國人用來讚譽本民族，也常常被中國人用來讚譽中華民族。

總之，回到人、回到俗人，人創造了歷史，而俗人創造了現代，這是本書的主旨。

參考文獻和注釋

【附2-1】 A、尼爾‧弗格森，文明 [M]，曾賢明、唐穎華譯，北京：中信出版社，2012：前言VI。列出了西方於1500年以後領先世界其他地區的六個要素：1.競爭，2.科學革命，3.法治和代議制政府，4.現代醫學，5.消費社會，6.工作倫理。

B、薩謬爾‧杭亭頓，文明的衝突與世界秩序的重建 [M]，新華出版社，2018：49。「什麼是西方文明？個人主義，政教分離，多元社會，代議政府，歐洲的語言，基督教，希臘哲學和羅馬法律的傳承。」

C、約翰‧R‧麥克尼爾、威廉‧H‧麥克尼爾，全球史 [M]，北京：北京大學出版社，2017：321。是英國的各種內部特徵，各種社會發展，以及世界網路導致了工業革命的發生。

D、羅傑‧奧斯本，鋼鐵、蒸汽與資本 [M]，曹磊譯，北京：電子工業出版社，2016：18。歷史上從未有一個時間和地點能同時使四個條件同時存在並持續一點時間，即，沒有阻礙制度創新的制度，勞動分工，經濟要素，發明家本人。

E、傑克‧戈德斯通，為什麼是歐洲？世界史視角下的西方崛起（1500-1850）[M]，關永強譯，杭州：浙江大學出版社，2010：181、193。西方崛起源於技術、農業、工業、人口城市化、海外貿易、宗教等綜合因素。

F、阿爾溫‧托夫勒，第三次浪潮 [M]，朱志焱，等譯，北京：生活‧讀書‧新知三聯書店，1983：170。「任何對工業革命原因的探索都是徒勞的，因為它沒有一個簡單的和主要的原因。技術本身並不是推動歷史的力量。意識形態或價值觀念本身也不是。階級鬥爭也不是。歷史也不僅僅是生態變化、人口趨勢統計或者交通工具發明創造的紀錄。單單用經濟因素也不能說明這個或其他任何歷史事件。這裡沒有超乎相互依賴的可變因素之上的

其他『獨立的不變因素』。這裡只有相互聯結的可變因素，其複雜性深不可測。」

G、阿克頓，自由史論[M]，胡傳勝等譯，南京：譯林出版社，2001：43。「英格蘭的解放應該歸功於它把大陸上這些事物史無前列地結合起來。」

H、馬克斯·布特，戰爭改變歷史：1500年以來的軍事技術，戰爭及歷史進程[M]，上海：上海科學技術文獻出版社，2011：108。「（工業革命）首先出現在英國，英國擁有以下有利條件：長期的和平，穩定的政府，個人自由，財產權和專利權，注重契約的法庭，商業文化和大量資本。」

I、大衛·S·蘭德斯，國富國窮[M]，門洪華等譯，北京：新華出版社，2010：299。工業革命之前的英國普通的特殊性體現在技術領域和社會政治體制，他各列出了12條：1.它懂得如何操作，管理和製造生產工具，如何創造，調整並且掌握技術先進的新技藝；2.它能夠向年輕一代傳授這種知識和技藝，不管是通過正規教育還是通過收徒的方式；3.它根據才幹和相關優點為工作崗位選擇人才；根據實際表現提拔和降職；4.它為個人和集體發揮企業精神提供機會，鼓勵首創，競爭和向別人學習；5.它允許人們享有自己的勞動和創業成果；6.它保障私有財產，鼓勵儲蓄和投資；7.它保障個人自由，即保障不受暴政劣待，也保障他們不受私人騷擾；8.它執行契約權利；包含明確的和含蓄的；9.它提供穩定的行政管理，不一定是民主的，但是按照法規進行的。如果是民主的，即建立在定期選舉基礎上的，那麼多數獲勝，但不侵犯失敗者的權利；而失敗者則接受失敗，著眼於下一次的選舉；10.它提供順應民意的行政管理，即聽取意見，改進工作；11.它提供正直廉潔的行政管理，因此經濟角色不會心生邪念去尋求好處和特權。用經濟術語說，沒有尋租收益。12.它提供穩健高效的行政管理。其效應是減少稅負，減少政府對社會的索取和特權。「首先是體制和文化，其次是錢，但從頭看起而且越看越明顯的決定因素，是知識。」

【附2-2】 尼爾·弗格森，未曾發生的歷史[M]，丁進譯，南京：江蘇人民出版社，

2001：19。序言：19。

【附 2-3】 E·H·卡爾，歷史是什麼 [M]，陳恒譯，北京：商務印書館，2020：189。

【附 2-4】 彭慕蘭，大分流：歐洲、中國及現代世界經濟的發展 [M]，史建雲譯，南京：江蘇人民出版社，2003：261。他認為，英國的煤炭資源恰巧接近工業區，並恰巧發現了新大陸，建立了殖民網路，從而避免人口陷阱。中國雖然有煤礦，但煤礦距離中心城市過遠。他遐想，假如中國長三角地區也能同樣幸運的話，完全可能產生資本主義；如果同樣幸運的話，日本、印度也能產生資本主義。

【附 2-5】 王國斌、羅森塔爾，大分流之外 [M]，周琳譯，南京：江蘇人民出版社，2021：105-106。他們認為，歐洲戰爭恰好在近代把製造業推向城市，城市中的資本投入導致機器增加，從而實現了從農村手工業到機械化工廠的轉型，走出了傳統的「史密斯型」經濟模式。中國的情況相反，長期和平使製造業在農村，農村的低資本投入維持了手工勞動，因而始終停留在傳統的「史密斯型」經濟模型中。

【附 2-6】 貢德·弗蘭克，白銀資本 [M]，劉北成譯，成都：四川人民出版社，2017：265-324。他認為，東方恰好出現混亂而西方正好出現轉機。在1750年之前，印度的蒙兀兒帝國，波斯的薩法維帝國，草原上的烏茲別克汗國，鄂圖曼土耳其帝國不是已經瓦解了，就是自行衰落了，碰巧之後歐洲變強了。這裡的一個特例是衰落晚了一個世紀的中國，但弗蘭克仍然認為是偶然原因：南美白銀供應的中斷造成中國明朝出現經濟混亂，而西方恰好在那時出現了技術革新。

【附 2-7】 布勞特的解釋是歐洲在地理上比東方更接近新大陸，於是恰好發現了新大陸，並形成了殖民地經濟大循環，而東方則沒有。

【附 2-8】 傑克·古迪，金屬、文化與資本主義 [M]，李文鋒譯，杭州：浙江大學出版社，2018：365。他認為，是鐵與煤資源導致了工業革命的發生。

【附 2-9】 英國歷史學家西蒙·謝弗認為大炮、鐘錶與啤酒恰恰是18世紀英國領先

的，促進工業的技術。薩利·杜根、大衛·杜根，劇變：英國工業革命[M]，孟新譯，北京：中國科學技術出版社，2018：24。

【附2-10】 E·H·卡爾，歷史是什麼[M]，陳恒譯，北京：商務印書館，2020：111-116。

【附2-11】 如孟德斯鳩、杰拉德·戴夢得、埃爾斯沃斯·亨廷頓、斯塔夫里阿諾斯、莫里斯等。

如莫里斯寫道：「生物學法則和社會學法則決定了全球的歷史形態，地理法則決定了東西方差異。」見伊恩·莫里斯，文明的度量：社會發展如何決定國家命運[M]，李陽譯，北京：中信出版社，2014：前言、36、374。「如果有足夠的時間，東方人也可能會有同樣的發現，也會有自己的工業革命，但是由於地理的原因，西方人更容易發現美洲——這意味著西方人會首先開始工業革命。」見伊恩·莫里斯，西方將主宰多久[M]，北京：中信出版社，2014：374。

【附2-12】 技術決定論，可參考：

A、里格利認為：英國工業革命的原因在於，史無前例的礦物能源，以煤和蒸汽的形式，成為了通用機械的動力，從而提高了生產力。

B、懷特海《科學與現代世界》：「工業革命最重要的發明就是發明本身。」

C、喬爾·莫基爾，富裕的槓桿：技術革新與經濟進步[M]，陳小白譯，北京：華夏出版社，2008：120。技術積累導致了文化進步。

D、伊恩·莫里斯，西方將主宰多久[M]，北京：中信出版社，2014：328。技術進步導致西方的霸權。

E、伊懋可：古代中國在宋朝陷入了經濟上的馬爾薩斯陷阱，唯一走出這個陷阱的可能就是從手工勞動轉向石化能源；而由於沒有發展出這種技術，工業革命沒有發生。

【附2-13】 綜合制度，請參考：

A、沃勒斯坦在《現代世界體系》中指出，現代國家機器的綜合體系的形成，

造成西方在 17 世紀後優於東方國家體系。

B、赫德遜，歐洲與中國 [M]，李申等譯，北京：中華書局，2004：前言 9。「在封建地主和資產階級的結合中，兩個機制發揮了重大的作用：議會代表制和合股特許公司。」

C、艾立克·沃爾夫，歐洲與沒有歷史的人 [M]，賈士蘅譯，台北市：麥田，城邦文化出版，2013：356。「一連串相關的必要變革確保了新的秩序。1. 去除國家對於生產資源的壟斷，降低統治君主對於國家機器的控制；2. 國家投資必須重新引導至交通與運輸等基礎建設，有利於資本而毋庸額外的支出；3. 還有法令的翻新，一方面保護私有財產積累的權利；4. 另一方面推行新的勞動契約。必須動用國家的干預以去除國境內限制資本，機器，原料與勞工流通的藩籬；5. 要國家的支持保護初萌的工業免於外部競爭，或打開外銷市場；6. 提升商人和工程師的社會地位。」

【附 2-14】關於經濟制度，布羅代爾指出：城市貿易及遠距離貿易離不開政府支持，只有在一種非常穩定的社會秩序中，所有權被認為神聖不可侵犯，資本家才能歷經很多代人積累財富。只有歐洲具備這種條件。在中國和伊斯蘭教社會，政府的權力太大了；在印度，種姓制度對商人既有保護，也有限制。

【附 2-15】關於法律制度，請參考：

A、道格拉斯·C·諾思、羅伯斯·湯瑪斯，西方世界的興起 [M]，厲以平、蔡磊譯，北京：華夏出版社，2009：4。「一個有效率的經濟組織在西歐的發展是西方興起的原因所在。」其中，有效率的經濟組織被定義為通過法律對所有權進行安排，從而刺激個人的經濟努力、緩解了人口壓力，進而促進了創新，教育，投資，甚至技術進步。

B、羅素認為，西歐率先實現現代經濟增長，是智慧財產權及財產權的原因。

C、赫爾南多·德·索托，資本的秘密 [M]，于海生譯，北京：華夏出版社，2017：84。「政治家最終意識到，問題不是人，而是法律。法律打消了人

們的積極性，限制了他們的創造性。」

【附 2-16】關於宗教制度，請參考：

A、伏爾泰，哲學通信 [M]，高達觀等譯，上海：上海人民出版社，2014：28。「要是在英格蘭只有一種宗教，怕的是可能要鬧專制；要是在那裡有兩種宗教，它們自己相互之間可能要互相扼殺；但是那裡有了三十多種宗教，而它們卻都能和平地與幸福地生活著。」

B、弗雷德里克·L·努斯鮑姆，現代歐洲經濟制度史 [M]，羅禮平、秦傳安譯，上海：上海財經大學出版社，2012：82。「幾乎所有英國工業都是在外國移民的影響的基礎上建立起來的。愛德華三世帶回了法蘭德斯的紡織人（14 世紀）；亨利六世（1452 年）允許撒克遜、波希米亞和奧地利的礦工進入本國；亨利八世幾乎完全在外國工人的幫助下引入了武器製造。像普魯士一樣，英國也在《南特敕令》廢除後接納了無以數計的法國手藝人。」

C、維爾納·桑巴特，猶太人與現代資本主義 [M]，安佳譯，上海：上海人民出版社，2015：12。「英國資本主義的成長，很大程度上與來自西班牙和葡萄牙的猶太人的遷入相呼應。」

【附 2-17】關於政治制度，請參考：

A、帕特里克·阿利特在《工業革命》中評述道：「古希臘、波斯、埃及和羅馬帝國無法克服嚴重的技術瓶頸。他們從未將技術創新和改進的過程制度化……工業革命始於 18 世紀中葉的英國，當時紡織製造業、煉鐵業和煤礦業都有所發展。英國之所以能夠帶頭，是因為到了 18 世紀初，它已經達到了穩定的政治保障。」

B、羅森伯格，探索黑箱 [M]，王文勇、呂睿譯，北京：商務印書館，2004：106。書中指出，「進行實驗的自由對於任何致力於技術革新和提高生產效率的社會都至關重要。」

【附2-18】關於古代中國的制度障礙，請參考：

A、馬克斯·韋伯，世界經濟簡史[M]，李慧泉譯，上海：立信會計出版社，2018：257。「只有西方瞭解現代意義的國家，它有專門行政機構、專職官員以及以公民權概念為基礎的法律。在古代或東方的發端，這種制度絕不可能獲得發展。」

B、黃仁宇，現代中國的歷程[M]，北京：中華書局，2011：14。「所有這些（發明），在中國都比歐洲更早出現，有些要早很多，毫無疑問，它們都沒有獲得原本應該做到的充分利用，因為對一個官僚體制竭力要保護和穩定的農業社會來說，沒有應用它們的需求。」

C、皮爾·弗里斯，從北京回望曼徹斯特：英國、工業革命和中國[M]，苗婧譯，杭州：浙江大學出版社，2009：103。19世紀的中國並不缺少「工業化的萌芽」，問題在於它們沒有獲得更多的機會茁壯成長。

D、尤瓦爾·赫拉利，人類簡史[M]，林俊宏譯，北京：中信出版社，2017：263。「中國和波斯其實並不缺乏製作蒸汽機的科技（當時要照抄或購買都完全不成問題），他們缺少的是西方的價值觀、故事、司法系統和社會政治結構。」

【附2-19】關於市場與工業革命，請參考：

A、亞當·史密斯雖然沒有意識到工業革命的發生，但他指出英國在工業革命前經濟增長的原因在於，英國的內貿易自由而發達，海外貿易又有龐大的殖民網路支撐，這決定了市場規模龐大，而市場規模龐大引發了勞動分工的細化，細化又促進了市場的進一步發展，市場的發展又促進了勞動分工的進一步細化……如此循環演進。

B、馬克斯·韋伯，世界經濟簡史[M]，李慧泉譯，上海：立信會計出版社，2018：256。「這一時期的所有發明者都受降低生產成本這一目標影響，把持續運動作為能量來源的想法僅僅是這一非常普遍的運動的諸多目標之一。」

C、詹姆斯·E·麥克萊倫三世、哈樂德·多恩，世界科學技術通史[M]，王鳴陽譯，上海：上海教育出版社，2020：108。「把利潤當作合理追求目標的資本主義觀念完全不符合那個時代人們的心態，這種觀念在當時簡直是不可理喻的。因此，為了那樣的目標而可以或者應該去掌握大規模生產的技術，也是不可能有的想法。在古代，根本不可能想到要進行工業革命。」

D、威廉·麥尼爾，競逐富強：西元1000年以來的技術，軍事與社會[M]，倪大昕譯，上海：上海辭書出版社，2013：139。

「（在英國）市場行為的高度靈活性為技術革新提供了寬闊的餘地」，而在其他國家，發明創造或傳播新發明的動力只會間歇出現。

E、大衛·S·蘭德斯，國富國窮[M]，門洪華等譯，北京：新華出版社，2010：60。「創新的興趣從何而來？歸根到底，我強調市場的價值。歐洲的企業是自由的。發明能見效並得到應有的報酬。統治者和既得利益阻礙創新的能力受到限制。」

F、保爾·芒圖，十八世紀的產業革命[M]，楊人梗、陳希秦、吳緒譯，北京：商務印書館，2009：68。「商業發達走在工業變化前面，而且，它也許決定著工業的變化。」

【附2-20】關於勞動分工的作用，請參考：

A、亞當·史密斯列舉了生產大頭針的例子。勞動分工導致了市場擴大，市場擴大導致儲蓄增加，這解釋了英國從1500年到亞當·史密斯所在的1760年之間的經濟連續增長。

B、馬克貝維爾《歷史語境中的市場》中指出，市場經濟導致了勞動分工，勞動分工進而導致了工業革命。

【附2-21】關於生產力水準的作用，馬克思把人類歷史劃分為原始社會、奴隸社會、封建社會、資本主義、社會主義。他指出，生產力發展的客觀規律決定了人類社會的發展，歐洲只是先行進入了資本主義社會；而古代印度和古代中國仍然停滯於一種僵化的「亞細亞生產方式」。

【附2-22】關於工資的作用,傳統的說法是,技術引進只有工資相對於資本較高時才變得有利可圖。這正是歐洲中世紀晚期的情況:由於黑死病造成人口大量死亡而造成勞動力短缺,工資上漲。火上澆油的是,由於土地空閒造成土地價格很低,有限的勞動力還很容易購買土地變為自耕農。高工資的好處是增加消費需求,增加人口自由流動和土地流動,促進技術改進和機械化。羅伯特・艾倫,近代工業革命揭秘:放眼全球的深度透視 [M],毛立坤譯,杭州:浙江大學出版社,2016:34。書中指出,英國工業革命的原因在於英國高工資及低煤礦價格的組合。「在勞動力成本較高而能源資本成本較低的地方,使用這些機器才有利可圖。」尼爾・弗格森,文明 [M],曾賢明、唐穎華譯,北京:中信出版社,2012:188。書中重複了上述分析。

【附2-23】關於海外殖民地的作用,請參考:

A、埃里克・霍布斯鮑姆,工業與帝國 [M],梅俊傑譯,中央編譯出版社,2017:9。工業革命發生的原因「沒有任何內在的東西」;原因在於海外:英國海上軍事霸權所掌控的龐大殖民地,讓英國擁有了其他國家所沒有的工業原材料供應和工業產品的海外市場。

B、布勞特的解釋,歐洲在地理上比東方更接近新大陸,於是恰好發現了新大陸,並形成了殖民地經濟大循環,而東方則沒有。

【附2-24】關於農業生產率提升對工業革命的作用:

A、尼爾・弗格森,文明 [M],曾賢明、唐穎華譯,北京:中信出版社,2012:232。「不同於多數其他國家,英國的農業不是保守主義的強大基地,它是一種促進經濟變革的力量。」

B、費爾南・布羅代爾,文明史:人類五千年文明的傳承與交流 [M],常紹民等譯,北京:中信出版社,2019:401。

C、羅傑・奧斯本,鋼鐵、蒸汽與資本 [M],曹磊譯,北京:電子工業出版社,2016:276。

D、羅伯特・布倫納:英國的圈地運動中,形成了大規模的農業和有自由

無財產的城市勞動力：從此形成工農分開的經濟結構。相比之下，法國的改革形成了有自由和財產的小農經濟，工業難以興盛。

【附2-25】大衛·蘭德斯，解除束縛的普羅米修斯[M]，謝懷築譯，北京：華夏出版社，2007：114-116。

【附2-26】A、亞當·史密斯，國富論[M]，郭大力，王亞南譯，南京：譯林出版社，2011：79。「勞動者人數越多，他們分工就越精密，想發明優秀機械的工人越多，機械越容易發明。」

B、馬爾薩斯，人口論[M]，郭大力譯，北京：北京大學出版社，2008：131-132。「在主要經營農業的國家，農民將度過較豐富的生活，從而人口增加迅速。」這又將帶來貧困。

C、范贊登、李伯重等都強調，勞動力過於便宜是對經濟及技術發展的阻礙因素。

【附2-27】A、O·蓋勒，統一增長理論[M]，楊斌譯，北京：中國人民大學出版社，2017：43。

蓋勒指出：歐洲從古代的重人口數量轉變為近代的重人口品質，高品質的人口推動了技術進步，進而推動人類社會走向持續增長。

B、格里高利·克拉克，告別施捨[M]，洪世民譯，桂林：廣西師範大學出版社，2020：6-7、241。見第六章與第九章的標題。克拉克教授進而把歐洲人的變化歸因於生育政策：歐洲人獨特的生育決策，導致了從古代的重人口數量到近代重人口品質的轉變，高品質的人口推動了技術進步，進而推動人類社會走出了馬爾薩斯陷阱。

【附2-28】關於現代觀念的意義，請參考迪爾德麗·N·麥克洛斯基，企業家的尊嚴[M]，沈路等譯，北京：中國社會科學出版社，2018：446、27。「常規的貿易盈虧不可能引發在1700-1719年發生的突如其來、獨一無二、規模巨大的經濟大飛躍。恰是人動機裡的非功利部分讓奇蹟成為可能。」即，企業家的自由與尊嚴激發了市場與創新，從而導致了工業革命。

【附2-29】關於個人主義精神的意義，請參考艾倫·麥克法蘭，英國個人主義的起源[M]，管可穠譯，北京：商務印書館，2018：215。「至少從13世紀始英格蘭的大多數平民百姓就已經是無拘無束的個人主義者了，他們在地理和社會方面是高度流動的，在經濟上是『理性』的、市場導向的和貪取的，在親屬關係和社交生活中是以自我為中心的。」

【附2-30】關於創新精神的意義，請參考：

A、熊彼特指出，工業革命來自技術創新及企業家精神。

B、大衛·S·蘭德斯，國富國窮[M]，門洪華等譯，北京：新華出版社，2010：278。「發明的發明」即一種有利於創新的文化，交流、自主權以及對新事物和進步的崇尚。

【附2-31】關於勤儉奮鬥精神的意義，請參考：

A、史密斯指出，新商人有「長時間勤勉、節約和小心經營」的習慣。

B、簡德弗里斯指出，英國在工業革命之前或與之同時，還發生了一次名為勤勉革命，即人們的生活態度改變為勤勞＋投資＋消費。

【附2-32】關於宗教精神的意義，請參考：

A、韋伯在《新教倫理與資本主義》中提出：現代經濟中所體現的經濟理性來自新教。新教宣導用勤奮性、平等、實用性、工作、積蓄來證明對上帝的信仰，這是資本主義誕生的關鍵，因為勤儉保存財富與勤奮創造財富的結合只會導致財富積累，對資本主義有利。馬克斯·韋伯，新教倫理與資本主義精神[M]，陳平譯，西安：陝西師範大學出版社，2007：234。

B、經濟學家桑巴特與托尼修正了上述觀點：資本主義的源頭在於猶太教的逐利欲，而非新教。是資本主義產生了新教，而非反之。

C、雅克·勒高夫，試談另一個中世紀[M]，周莽譯，北京：商務印書館，2018：91。資本主義的源頭在於獲利的欲望，而非宗教，「一種精於算計的精神，一種吝嗇的虔誠發展起來，是按照金錢的模式，是通過對商人的模仿。」

【附 2-33】制度經濟學是近年來興起的經濟學分支，其領軍人物道格拉斯・C・諾思、羅奈爾得・H・科斯等的著作，在本書中，已經被頻繁引用。作者對制度經濟學家的工作，深表敬佩及感謝，但對該領域，仍然屬於外行。在本書即將出版之際，2024 年的諾貝爾經濟學獎頒發給了三位經濟學家，Daron Acemoglu、Simon Johnson、James Robinson，以表彰其在制度經濟學方面的貢獻。由於作者並非經濟學人士，所以之前並未聽說過三位專家的名字及工作、成書過程也沒有受影響。但在獲悉其得獎的消息後，作者大致領略了其理論，並以為：本書所列舉的歷史事件——工業革命——或許可以被作為其理論的實證之一，本書的主角——俗人——大概可以被理解為為從制度到結果間的轉化機制。總體來說，本書是歷史分析書籍，而非經濟學著作；本書的主題不是制度，而是人——俗人與現代人。特此說明。

致謝

很高興，能把最希望寫的東西留到最後寫。

我清晰地記得下面的場景：十五年前的某個春節之夜，大概與剛剛看完的電視節目有關，我在床上、輾轉反側、難以入眠，突然間，一股莫名的衝動從胸中湧起，讓我一躍而起，躍到桌邊的電腦前寫下了一行標題：為什麼工業革命沒能來得更早、沒能發生在古代中國？

關於對此話題的衝動，在序中已有詳述，不再重復，但總之，我在「春晚」之後，奮筆寫下了七十多頁，就寫不下去了。因為我很快意識到，不管搞工業，還是寫作，光憑衝動是不足的，尤其是，這個標題牽涉面異常之廣：一場名為「工業」的「革命」必然涉及到技術，技術又涉及產生它的經濟及法律環境，經濟與法律環境又涉及到社會、文化、軍事等現代的各個方面；談及現代，我們又須講清楚它與古代之不同：古代何以為古代、現代何以為現代，如此下去，將不得不延伸到人類的整個歷史……

好在，關於人類這個奇怪物種的種種歷史，始終在本人的閱讀書單上，從小就陸陸續續讀過幾百本不止，在「春晚」後的幾十年間，更讀了所有能找到的、帶「工業革命」標題的書籍，又幾百本不止。通過閱讀，我愈發感謝上天阻止了本書的過早成型，如果那樣，我寫的東西只會衝動有餘。而今天，我願以更謙卑、謹慎的心態來面對這個話題：事實是，無數同我們一樣深愛這片土地的先賢們，早就發出過類似的追問，而隨著時間的沉澱，任何新的回答都有必要在回應之前答案的基礎上，給出更新的視角，才有意義。

因此，首先需要感謝之前就對工業革命沉思過的先哲們，本人雖非牛頓，但本書無疑站在巨人的肩膀上所成。

在完稿後，我的朋友及同事趙景陽、毛麗君、蔣莉等，及朋友甄進明博士、謝邵成博士、朱衡博士、徐兵、周群等，閱讀書稿並給與了寶貴反饋，深表感謝。清華大學的吳國盛教授，在百忙中為此書做序，致敬並致謝。本次是與時報出版社的陳萱宇副主編第二次合作，萱宇為台大歷史系畢業，編輯此話題最適合不過，感謝點睛之改。最後，親愛的讀者您，如果本書能讓您徹夜難免、拍案而起，那感謝，我們相遇相知！

作者，2024 年底，於旅途中

歷史與現場 371
俗人的壯舉：當我們遭遇工業革命

作　　者—金木水
圖片提供—金木水
副 主 編—陳萱宇
主　　編—謝翠鈺
行銷企劃—鄭家謙
封面設計—魚展設計
美術編輯—菩薩蠻數位文化有限公司

董 事 長—趙政岷
出 版 者—時報文化出版企業股份有限公司
　　　　　108019 台北市和平西路三段二四〇號七樓
　　　　　發行專線—（〇二）二三〇六六八四二
　　　　　讀者服務專線—〇八〇〇二三一七〇五
　　　　　　　　　　　（〇二）二三〇四七一〇三
　　　　　讀者服務傳真—（〇二）二三〇四六八五八
　　　　　郵撥—一九三四四七二四時報文化出版公司
　　　　　信箱—一〇八九九 台北華江橋郵局第九九信箱
時報悅讀網—http://www.readingtimes.com.tw
法律顧問—理律法律事務所 陳長文律師、李念祖律師
印　　刷—勁達印刷有限公司
初版一刷—二〇二五年三月二十一日
定　　價—新台幣四八〇元
缺頁或破損的書，請寄回更換

時報文化出版公司成立於一九七五年，
並於一九九九年股票上櫃公開發行，於二〇〇八年脫離中時集團非屬旺中，
以「尊重智慧與創意的文化事業」為信念。

俗人的壯舉：當我們遭遇工業革命／金木水著.
-- 初版. -- 臺北市：時報文化出版企業股份有限公司, 2025.03
　　面；　公分. --（歷史與現場；371）
ISBN 978-626-419-226-2（平裝）

1.CST: 工業革命 2.CST: 文明史

555.29　　　　　　　　　　　　　114000706

ISBN 978-626-419-226-2
Printed in Taiwan